Clemens Ronnefeldt

Die Neue NATO, Irak und Jugoslawien

mit einem Vorwort
von Prof. Dieter S. Lutz

Internationaler Versöhnungsbund - Deutscher Zweig

Impressum:

Herausgeber und Bestelladresse:
Internationaler Versöhnungsbund - Deutscher Zweig
Geschäftsstelle
Ringstr. 9a
D-32427 Minden
Tel. 0571-850875
Fax: 0571-8292387
e-mail: Geschaeftsstelle@versoehnungsbund.de
homepage: www.versoehnungsbund.de
Preis: 15.- DM (+3.- DM Porto und Versand)
Bestellungen bitte nur an die Geschäftsstelle des Versöhnungsbundes.

Verantwortlich für den Inhalt:
Clemens Ronnefeldt
Ortsstr. 13
D-56288 Krastel
Tel.: 06762-2962
Fax: 06762-950511
BuC.Ronnefeldt@t-online.de
homepage: www.versoehnungsbund.de

Druck und Gesamtherstellung:
Knotenpunkt Offsetdruck GmbH,
Beller Weg 6,
D-56290 Buch (Hunsrück)
Tel.: 06762-2261
Fax: 06762-2995
e-mail: knotenpunkt@t-online.de

1. Auflage, 2001

ISBN: 3-9804408-3-4

Gewidmet
den Menschen
in
Irak und Jugoslawien

Inhalt

Vorwort von Prof. Dieter S. Lutz

Unbemerkt von den Medien hat die Parlamentarische Versammlung der Nato – ein von der Nato unabhängiges Gremium, das als Bindeglied zwischen dem Bündnis und den nationalen Parlamenten fungiert – im Dezember 2000 einen „Generalbericht“ verabschiedet. Eigentlich hätte er einen Aufschrei provozieren müssen. Denn in diesem Bericht über „Die Folgen des Kosovo-Konfliktes und seine Auswirkungen auf Konfliktprävention und Krisenmanagement“ wird erstmals das Versagen der westlichen Politiker im Kosovo-Konflikt offiziell eingestanden.

Mit Blick auf die „Befreiungsorganisation“ UCK der Kosovo-Albaner wird unverblümt zugegeben, die UCK habe im Kosovo eine Verschärfung der Notlage angestrebt, um die Bevölkerung zum Aufstand für die Unabhängigkeit zu bewegen: „So nutzte die UCK das Holbrooke-Milosevic-Abkommen als Atempause, um ihre Kräfte nach den Rückschlägen des Sommers zu verstärken und neu zu gruppieren. Die serbischen Repressionen ließen unter dem Einfluß der KVM in der Zeit von Oktober bis Dezember 1998 nach. Dagegen fehlte es an effektiven Maßnahmen zur Eindämmung der UCK, die weiterhin in den USA und Westeuropa – insbesondere Deutschland und der Schweiz – Spenden sammeln, Rekruten werben und Waffen über die albanische Grenze schmuggeln konnte. So nahmen die Angriffe der UCK auf serbische Sicherheitskräfte und Zivilisten ab Dezember 1998 stark zu. Der Konflikt eskalierte neuerlich, um eine humanitäre Krise zu erzeugen, welche die NATO zur Intervention bewegen würde.“

Mit anderen Worten: Nach dem aktuellen Generalbericht der Parlamentarier-Versammlung der Nato und entgegen offiziellen Nato-Darstellungen, insbesondere vor dem Krieg, waren also nicht die Serben, sondern die UCK verantwortlich für die Konflikteskalation und die Erzeugung der Krise im Kosovo. Eine späte, eine zu späte Einsicht! Kritiker, die sie bereits vor und während des Kosovo-Krieges artikulierten, wurden als Verschwörungstheoretiker und Serbenfreunde bezeichnet (F.A.Z. vom 18. Mai 1999). Der einzige deutsche Soldat, der die Dinge beim Namen zu nennen wagte, hat dafür gebüßt: Brigadegeneral Heinz Loquai hat nach einer Intervention des Bundesverteidigungsministeriums seinen Posten bei der OSZE in Wien verloren, gegen den erklärten Willen der OSZE.

Und was ist mit all den Menschen, die als sogenannte Kollateralschäden ihr Leben verloren haben? Nimmt man das späte Geständnis der Parlamentarischen Versammlung der Nato ernst, wer trägt dann die Schuld für den Tod all der unschuldigen Menschen, die bei den Nato-Angriffen das Leben verloren? Wirklich der Dämon in Belgrad, wie uns die westlichen Demokraten glauben machten?

Oder doch die demokratisch legitimierten Abgeordneten, Staatssekretäre, Minister, die einen Luftkrieg beschlossen, ohne daß die meisten von ihnen gewußt hätten, was „cruise missiles“ oder „Kasetten-Bomben“ sind?

Wer hätte sich vor dem Kosovo-Krieg vorstellen können, daß westliche Demokratien einen Krieg aus Gründen einer „humanitären Katastrophe“ führen, vor den militärischen Aktivitäten aber keineswegs Vorsorge für die Opfer eben dieser humanitären Katastrophe treffen, sondern, im Gegenteil, Lebensmittel und Zelte, Vorbereitungen für medizinische Versorgung und Wasseraufbereitung mit oder ohne Absicht einfach vergessen? Und vor allem: Wer hätte sich auszumalen gewagt, daß deutsche Demokraten dazu beitragen, Menschenleben zu vernichten, ohne die Fakten und Daten wirklich zu kennen, und dafür noch Applaus bekommen von Journalisten, Philosophen, Dichtern, Juristen, Friedensforschern?

Nach deutschem Verfassungsrecht ist die Entscheidung für Krieg ohne Kenntnis der Daten und Fakten verfassungswidrig. Artikel 26 Absatz 2 des Grundgesetzes verlangt vielmehr zweifelsfreie Gewißheit. Die Entscheidung der Nato, einschließlich Deutschlands, Jugoslawien zu bombardieren, basierte aber gerade nicht auf zweifelsfreier Gewißheit, sondern auf einem unbestimmten „Gefühl“, wie die Parlamentarierversammlung heute zugibt: „Mit dem bis heute nicht restlos aufgeklärten angeblichen Massaker von Racak entstand das Gefühl eines Handlungsbedarfs, das nach dem Scheitern der Rambouillet-Verhandlungen zu den von der UCK herbeigesehnten Nato-Luftangriffen führte.“

Keine Massenflucht

Allerdings: Waren die Daten und Fakten vor Kriegsbeginn wirklich unbekannt? War der Kosovo-Krieg schon allein deshalb unvermeidbar, weil die Lageberichte der Ämter und Dienste gegenteilige Schlußfolgerungen – oder auch gegenteilige Gefühle – von vornherein nicht zuließen?

Klammern wir einmal die vielen „dirty secrets“ wie das erwähnte „Massaker“ von Racak oder das angebliche Massaker von Rugovo oder das angebliche KZ in der Fußballarena von Prishtina oder den selbstgezeichneten sogenannten Hufeisenplan und vieles Vergleichbare einfach aus. Lassen wir also all die bewußten Manipulationen zur Erzeugung von „Gefühlen“ beiseite, die nicht nur von Nato-Strategen, sondern auch von deutschen Politikern betrieben wurden. Was besagen die vertraulichen – der Öffentlichkeit nicht bekannten – Lageanalysen der Dienste vor Kriegsbeginn? Entsprechen oder widersprechen sie dem Bild des Kosovo-Konfliktes und seiner Eskalation, das die Parlamentarierversammlung heute, zwei Jahre später, so unverblümt zeichnet?

Aus einer Lageanalyse des Auswärtigen Amtes vom 19. März 1999 geht hervor, dass die politischen Entscheidungsträger bereits vor dem Krieg Bescheid gewußt haben müssen. In der internen Vorlage, die wenige Tage vor Beginn des Nato-Bombardements vom 24. März angefertigt und an den Außenminister sowie an das Bundesverteidigungsministerium weitergereicht wurde, heißt es expressis verbis, daß der Waffenstillstand nicht allein von den Serben, sondern „von beiden Seiten nicht mehr eingehalten“ wird. Als Ziele der Operationen der jugoslawischen Streitkräfte (VJ) werden ferner auch nicht Völkermord und Vertreibung angegeben. Ziel sei vielmehr, „durch gezielte Geländebereinigung sämtliche Rückzugsmöglichkeiten für die UCK zu beseitigen“.

Die Zivilbevölkerung werde in der Regel sogar „vor einem drohenden Angriff durch die VJ gewarnt“. Allerdings werde „die Evakuierung der Zivilbevölkerung vereinzelt durch lokale UCK-Kommandeure unterbunden“. Nach Abzug der serbischen Sicherheitskräfte kehre die Bevölkerung meist in die Ortschaften zurück. Eine Massenflucht in die Wälder sei nicht zu beobachten. Und dann heißt es: „Von Flucht, Vertreibung und Zerstörung im Kosovo sind alle dort lebenden Bevölkerungsgruppen gleichermaßen betroffen. Etwa 90 vormals von Serben bewohnte Dörfer sind inzwischen verlassen. Von den einst 14 000 serbisch-stämmigen Kroaten leben nur noch 7000 im Kosovo. Anders als im Herbst/Frühwinter 1998 droht derzeit keine Versorgungskatastrophe.“

Kein Völkermord

Erhärtet wurde diese Lageanalyse des Auswärtigen Amtes vom 19. März 1999 durch den vertraulichen Lagebericht der Nachrichtenoffiziere des Verteidigungsministeriums vom „23. März, 15.00 Uhr“. In diesem Bericht, erstellt einen halben Tag vor Kriegsbeginn, heißt es ausdrücklich: „Das Anlaufen einer koordinierten Großoffensive der serbisch-jugoslawischen Kräfte gegen die UCK im Kosovo kann bislang nicht bestätigt werden.“ Zu einer großangelegten Operation gegen die UCK im gesamten Kosovo seien die serbisch-jugoslawischen Kräfte nicht fähig.

Schon damals formulierten die Nachrichtenoffiziere eine Aussage, die sich beute auch im Generalbericht der Nato-Parlamentarier findet: „Die UCK ihrerseits wird wahrscheinlich weiter versuchen, durch die bekannten Hit-And-Run-Aktionen die serbisch-jugoslawischen Kräfte zu massiven Reaktionen zu provozieren in der Hoffnung, daß diese in ihren Ergebnissen hinsichtlich Zerstörungen und Flüchtlingen ein Ausmaß annehmen, das sofortige Luftschläge der Nato heraufbeschwört.“

Wer diese Berichte erstmals liest, ist höchst erstaunt. Zum Beispiel über die Information, daß die Albaner von den serbischen Streitkräften vorab gewarnt wurden und dann auch wieder in ihre Dörfer zurückkehren konnten. Diese Information paßt so gar nicht in das Bild des seinerzeit Gehörten. Man ist ferner überrascht darüber, daß von Flucht, Vertreibung und Zerstörung im Kosovo alle dort lebenden Bevölkerungsgruppen gleichermaßen betroffen gewesen sein sollen – ist die öffentliche Meinung in der Bundesrepublik doch stets davon ausgegangen, die Leidtragenden und Opfer seien zuallererst die Albaner.

Mit Bestürzung liest man auch, daß „lokale UCK-Kommandeure die Evakuierung der Zivilbevölkerung unterbunden" haben. Man fragt sich: Warum wurde der Öffentlichkeit dies alles bislang vorenthalten? Und schließlich fällt auf, daß das soeben Gelesene doch wohl eher die Lagebeschreibung eines Bürgerkrieges oder eines bürgerkriegsähnlichen Geschehens ist als ein Bericht, der es rechtfertigte, von Völkermord, Auschwitz, Konzentrationslagern, ethnischer Säuberung und systematischer Vertreibung zu sprechen.

Das Bild vom Kosovo-Konflikt ist vor allem durch die jugoslawische Unterdrückungspolitik seit 1989, durch die Manipulationen des Westen vor und während des Nato-Krieges sowie durch die Verbrechen an den Kosovo-Albanern nach dem Beginn der Nato-Luftangriffe im März 1999 geprägt.

Durch die Manipulation der öffentlichen Meinung vor und während des Nato-Bombardements erscheint die Entwicklung gemeinhin als Abfolge einseitig von der jugoslawischen Seite ausgehender Gewalt und verbrecherischer Handlungen, die geradezu zwangsläufig zum Eingreifen der Nato führen mußten, damit noch Schlimmeres verhindert werde. Ganz so klar lagen die Dinge indes nicht. In den vergangenen Jahren gab es immer wieder Zeiten, in denen es Chancen zur Verständigung gegeben hätte. Sie wurden jedoch nicht genutzt. Das gilt insbesondere für den Herbst 1998.

Diese Überlegungen sollen nicht darauf hinauslaufen, die Verbrechen der Serben an den Kosovo-Albanern in der Zeit vor dem Holbrooke-Milosevic-Abkommen vom Oktober 1998 und nach dem Beginn der Nato-Luftangriffe am 24. März 1999 zu verharmlosen oder zu entschuldigen. Der Punkt ist vielmehr dieser: Wenn die internationale Staatengemeinschaft, internationale Organisationen oder einzelne Staaten bereit sind, mit vermeintlichen oder tatsächlichen Rechtsbrechern Verträge und Vereinbarungen zu schließen – das Dayton-Abkommen oder das Hoolbroke-Milosevic-Abkommen sind ebenso Beispiele dafür wie die entsprechenden Vereinbarungen mit Saddam Hussein – , so sind danach alle Vertragspartner gleichermaßen verpflichtet, die Vereinbarungen auch einzuhalten.

Die einseitige Parteinahme zu Lasten eines Vertragspartners oder dessen Bevölkerung unter Verweis auf das Geschehen in der Zeit davor ist nach Abschluß der Vereinbarung jedenfalls nicht mehr erlaubt – weder politisch noch rechtlich und schon gar nicht moralisch. Die Nato aber hat sich im Kosovo-Konflikt sehenden Auges zum Instrument der UCK machen lassen. Aus der Perspektive der Charta der Vereinten Nationen war es ein Völkerrechtsbruch mit unabsehbaren Folgen für die künftige Entwicklung der internationalen Ordnung. Aus der Sicht des Grundgesetzes war es ein verfassungswidriger Angriffskrieg mit verheerenden Auswirkungen auf die Glaubwürdigkeit von Politik.

Der Friede ist der Ernstfall

Zu denjenigen Organisationen, die bereits frühzeitig und lange vor der Eskalation auf die drohenden Gefahren der Kriege in Irak und Jugoslawien infolge des neuen strategischen Konzeptes der Nato aufmerksam machten und gleichzeitig Vorschläge für eine diplomatische Lösung erarbeiteten, gehört der deutsche Zweig des internationalen Versöhnungsbundes.
In Zukunft wird Nichtregierungsorganisationen wie dem Internationalen Versöhnungsbund eine wachsende Bedeutung im Bereich Konfliktprävention zukommen. Durch ihre unabhängige Haltung gegenüber Konfliktparteien, die nicht wie z.B. das Militärbündnis Nato eigene geostrategische Interessen verfolgt, sind diese Organisationen mit ihren Beiträgen bei der Bewältigung eskalierender Situationen oft wesentlich erfolgreicher als staatliche Akteure.
Aufgrund ihrer überparteilichen Unabhängigkeit können sie besonders auch an der „Heimatfront" klare Positionen beziehen, wo andere Rücksichten der verschiedensten Art nehmen müssen. Um ihre friedenspolitische Wirkung für eine zivilere Politik vermehrt zu entfalten, benötigen sie allerdings eine größere Wahrnehmung in den Medien und deutlich stärkere politische und finanzielle Unterstützung aus breiten Kreisen der Gesellschaft. Wir alle müssen - endlich - begreifen, dass nicht der Krieg, sondern der Friede der Ernstfall ist.

Solange diese Forderung des vormaligen Bundespräsidenten Gustav Heinemann nicht fest in unser aller Bewusstsein verankert ist, solange sie nicht unaufgebbarer Bestandteil von Politik ist, solange allerdings ist nicht auszuschließen, dass neue Kriege die Neue Nato begleiten werden. In diesem Sinn leben wir - noch immer - in einer Vorkriegszeit: Nach dem Krieg ist vor dem Krieg!

Kritischen Arbeiten, wie den hier vorgelegten, ist zu wünschen, daß sie Früchte tragen; das heißt, dass sie breit wahrgenommen werden und offen und intensiv diskutiert werden sowie zusammen mit anderen aufklärenden Studien dazu führen, die Schwelle für neue Militäreinsätze in weiten Teilen der Nato-Gesellschaften so anzuheben, daß Kriege innenpolitisch nicht mehr durchsetzbar werden. Nochmals: Nicht der Krieg, der Friede ist der Ernstfall.

Prof. Dr. Dr. Dieter S. Lutz

Direktor des Instituts für Friedensforschung an der Universität Hamburg (IFSH)

Januar 2001

Einleitung

Ein beliebter Satz nach jedem Krieg, gesprochen von denen, die ihn verantwortet und mitgetragen haben, lautet: „Hinterher ist man immer schlauer."
Wenn der Krieg nicht wie gewünscht ablief, ist auch zuweilen zu hören: „Wenn wir das alles vorher gewusst hätten, hätten wir anders gehandelt."
Dass das erste Opfer eines Krieges die Wahrheit ist, trifft bei genauerer Betrachtung nicht zu.
Die Wahrheit, genauer die wahrheitsgemäße Information der Bevölkerung, kommt meist schon zeitlich sehr viel früher unter die Räder, sonst könnten Kriege besonders in Demokratien gar nicht erst vorbereitet und später dann begonnen werden.

Mit dieser Veröffentlichung möchte der Versöhnungsbund zeigen, dass sowohl im Falle Irak wie auch beim NATO-Krieg gegen die Bundesrepublik Jugoslawien genügend Fakten jeweils vor den Bombardierungen bekannt waren, die funktionierenden Demokratien einen Verzicht auf einen Militäreinsatz bzw. dessen Unterstützung nahegelegt hätten.

Die Dimensionen dessen, was sich in den letzten Jahren an sicherheitspolitischen Rahmenbedingungen durch das neue Strategische Konzept der NATO vom April 1999 verändert hat, scheinen noch kaum ins tiefere Bewußtsein weiter Bevölkerungskreise gelangt zu sein. Die neue Doktrin hat bisher unmittelbare Auswirkungen vor allem in zwei Ländern gehabt: Irak und Jugoslawien.

In Irak sind seit 1991 rund eine Million Menschen an den Folgen des Embargos gestorben.
Selbst die Rücktritte der beiden für das „Erdöl-für-Lebensmittel-Programm" zuständigen UN-Koordinatoren, des Iren Denis Halliday und des Deutschen Hans Graf von Sponeck, die darauf hinwiesen, dass pro Monat allein rund 4000-5000, neueren Angaben zufolge sogar rund 8000 Kinder (FR, 12.9.2000) an den Folgen des Embargos sterben, konnten bisher keinen Beschluß zur Aufhebung der Sanktionen im UN-Sicherheisrat bewirken.

Im Falle Jugoslawien handelte die NATO bei ungleich geringeren Opferzahlen, erheblich geringeren auch als im kurdisch-türkischen Konflikt, wesentlich entschlossener. Dabei wurde das ganze Land in seiner Entwicklung um Jahrzehnte zurückgebombt, um angeblich eine „humanitäre Katastrophe" zu verhindern und einen Völkermord zu beenden.

Dass die dabei eingesetzte uranhaltige Munition, die seit zehn Jahren in Irak bei der dortigen Zivilbevölkerung für Krankheiten und schwerste Missbildungen verschiedener Art sorgt, problematisch sein könnte, wurde den NATO-Verantwortlichen erst bewußt, als NATO-Soldaten erkrankten.

Wie willkürlich mit dem Begriff „Völkermord" je nach politischem Interessenbedarf umgegangen werden kann, zeigt folgendes Beispiel:
Im April 1915 beschloß die mit Deutschland verbündete türkische Regierung die Ausrottung der armenischen Bevölkerung im osmanischen Reich. Rund 1,5 Millionen Menschen starben bei Massakern oder kamen bei Todesmärschen und durch Hunger ums Leben. Für die türkische Regierung waren die Massaker ein Guerillakrieg.

Bereits 1995 verurteilte ein französisches Gericht den britischen Historiker und Orientalistikprofessor Bernard Lewis zu einer Geldbuße von 10 000 Francs, weil er den Genozid am armenischen Volk geleugnet hatte.
Im Oktober 2000 lehnte der US-Kongreß nach einer Intervention von Präsident Bill Clinton eine Resolution ab, mit der anerkannt werden sollte, daß 1915 ein Genozid an den Armeniern stattgefunden hat. Die Türkei hatte zuvor mit der Stornierung von Rüstungsaufträgen und der Weigerung gedroht, künftig keine Flugbasen mehr für Irak-Einsätze zur Verfügung zu stellen.
Das Beispiel zeigt, wie selbst nach Jahrzehnten noch die Wahrheit verdrängt und somit den damaligen Opfern erneut Unrecht angetan werden kann.
Wie lange werden sich die Fakten über den NATO-Einsatz des Jahres 1999 für breitere Gesellschaftskreise noch unter der Decke halten lassen?

In Irak und in der Bundesrepublik Jugoslawien haben sich im Verlauf des Jahres 2000 erhebliche Veränderungen ergeben. Während die Regierungswechsel in Belgrad mit den Wahlsiegen Kostunicas und Djindjics große öffentliche Resonanz fanden, geht die für das Land Irak wichtige Aufhebung des Embargos eher schleichend daher. Bis Ende 2000 landeten bereits - trotz offiziell nicht aufgehobener Sanktionen - rund 120 Flugzeuge aus dem Ausland in Bagdad, unter den Gästen zwei ehemalige französische Minister.
Der für den 11.1.2001 geplante erste zivile Direktflug aus Deutschland seit dem zweiten Golfkrieg mit rund 180 Personen von Köln nach Bagdad mit humanitären Zielen erhielt die offizielle Zustimmung des Auswärtigen Amtes in Berlin und der UNO, wurde aber von der beauftragten Fluggesellschaft FTI Touristik München kurz vor dem Abflugtermin vertragswidrig abgesagt. Ein Vertreter von FTI Touristik teilte mit, dass die Absage aufgrund einer britischen Intervention bei der Muttergesellschaft erfolgt sei.

Die regionale Isolation Iraks ist weitestgehend beendet, außer Kuwait und Saudi-Arabien haben inzwischen wieder alle arabischen Staaten diplomatische Beziehungen zu Irak aufgenommen. Dennoch gehen die unregelmäßigen britisch-amerikanischen Bombardierungen weiter.
Wegen der Stimmen der beiden Vetomächte Großbritannien und USA im UN-Sicherheitsrat ist auf absehbare Zeit nicht mit einer offiziellen Aufhebung des Embargos zu rechnen. Da beide allerdings zunehmend gegen den Rest der Staatenwelt stehen, könnte sich die Situation in Irak auch ohne diesen formalen Akt durch die faktische Aushöhlung der weiter gültigen Sanktionen zukünftig immer mehr normalisieren.

Der Friedensbewegung in Deutschland ist es nicht gelungen, ein gesellschaftliches Klima zu erzeugen, in dem der Satz: „Nie wieder Krieg - und schon gar nicht von deutschem Boden" einen verbindlichen „Schutzwall" gegen die Zustimmung der Regierung zur Irakbombardierung und den dritten Krieg gegen Serbien in einem Jahrhundert hätte darstellen können. Dennoch waren etliche Organisationen keineswegs untätig, weder im Vorfeld, noch während der jeweiligen Bombardierungen, noch bei der nachfolgenden Aufarbeitung. Die vorliegende Veröffentlichung möchte darüber exemplarisch Rechenschaft ablegen, was sich auch in den Presseausschnitten des Anhangs widerspiegelt.

Die Texte dieses Buches sind zwischen Anfang 1998 und Ende 2000 entstanden und weitestgehend im jeweils ursprünglichen Wortlaut abgedruckt. Da zum jeweiligen Zeitpunkt der Abfassung bestimmte Fakten noch nicht bekannt waren, änderten sich im Verlauf der Zeit einzelne Interpretationen und Wahrnehmungen. Dies trifft besonders auf die Beiträge zum Jugoslawienteil zu, wo die Hauptverantwortung sehr stark der US-Regierung zugeschrieben wird. Nach der Lektüre u.a. von Matthias Küntzels Studie „Der Weg in den Krieg. Deutschland. Die NATO und das Kosovo", Berlin 2000 zeigt sich, dass sowohl die alte wie auch die neue Bundesregierung einen erheblich größeren Anteil der Verantwortung auch an der jüngsten Eskalation der Ereignisse auf dem Balkan trägt als von vielen wohl vermutet wird.

Dort, wo sich inhaltliche Teile einzelner Aufsätze weitgehend überschnitten haben, wurden die Doppelungen ganzer Abschnitte der besseren Lesbarkeit halber weggelassen, kleinere Überschneidungen dagegen blieben stehen. Sie geben dadurch auch Hinweise auf zentrale Aussagen.
Die Beiträge dieses Buches bildeten auch die Grundlage für zahlreiche Vorträge. Zwei immer wiederkehrende Fragen bei solchen Veranstaltungen lauteten: „Woher wissen Sie das?" und „Wie können Sie das belegen?" Diese Erfahrungen führten dazu, möglichst glaubwürdige Quellen eines breiten politischen Spektrums abzu-

gleichen, zusammenzustellen und der Zuhörer- oder Leserschaft selbst das Urteil zu überlassen, ob sie die Informationen daraus annehmen möchten oder nicht.

Sämtliche hier enthaltene Texte wurden sowohl in friedenspolitischen Zeitschriften und Zeitungen als auch in Publikationen des Versöhnungsbundes veröffentlicht, einige davon in verkürzten oder späteren überarbeiteten Formen. Jedem Text ist ein Datum vorangestellt, das anzeigt, wann der Text in seiner Urform fertiggestellt und an die verschiedenen Redaktionen oder Adressaten übermittelt wurde. In einigen Fällen ergaben sich durch redaktionelle Bearbeitungen der verschiedenen Publikationsorgane kleinere Abweichungen von den hier dokumentierten Artikeln. Am Ende jedes Beitrages findet sich jeweils eine Quellenangabe.

Über den Artikeldienst des Versöhnungsbundes gingen die längeren Texte nahezu allen großen Tageszeitungen sowie auch anderen Medien zu und wurden immer wieder zum Abdruck angeboten. Reaktionen der großen Presseorgane blieben in der Regel aus.
Wer sich über Jahre mit den hier ausgebreiteten Sachfragen beschäftigt, brauchte sehr viel innere Kraft, um angesichts der sich abzeichnenden Katastrophen und dem Verhalten einer großen Mehrheit der Medien darauf den Mut nicht zu verlieren.

Ein wesentlicher Antrieb für die hier vorgelegte Arbeit waren Begegnungen mit Menschen, die Opfer von Gewalt wurden.
Im November 1990 reiste ich im Rahmen einer internationalen Friedensdelegation nach Irak, um anschließend in Deutschland über die Erfahrungen vor Ort zu berichten. Da zu diesem Zeitpunkt bereits fast alle anderen ausländischen Gäste aus Sorge vor der drohenden Kriegsgefahr das Land verlassen hatten, fielen wir als europäisch aussehend im Straßenbild auf.
Eine Marktfrau in Bagdad sprach uns an, ob wir Teilnehmende der internationalen Friedensdelegation seien, von der sie in den Nachrichten gehört habe. Als wir dies bejahten, dankte sie uns herzlich für unseren Einsatz für das irakische Volk und schenkte uns die gesamte Ware köstlicher Früchte, die wir eigentlich kaufen wollten.

Im Sommer 1998 begegnete ich bei einem Einsatz in einem Flüchtlingslager bei Zenica (Bosnien-Herzegowina) einer jungen 20-jährigen Frau aus dem Kosovo, die vor serbischer Gewalt geflohen war. Sie sprach albanisch, englisch und serbisch, suchte sich allerdings in der kleinen improvisierten Bibliothek, die die Friedensorganisation Pax Christi im Lager eingerichtet hatte, bewusst ein Buch in serbischer Sprache. Mich beeindruckte ihr innerer Frieden, den sie sich bewahrt hatte - trotz allem, was ihr angetan worden war.

Während der NATO-Bombardierungen Jugoslawiens im Sommer 1999 riefen mich Freunde aus Serbien an. Sie erzählten, dass durch die täglichen Bombardierungen der Strom ausgefallen sei und sie deswegen nicht wüssten, ob wir demnächst noch miteinander kommunizieren könnten. Von mir wollten sie einen Rat, ob sie im Land bleiben oder über die Grenze nach Ungarn fliehen sollten.

Vor diesem Hintergrund sind die nachfolgenden Beiträge nicht als „neutral-unparteiisch" zu sehen, sondern bekennen sich zur Sichtweise der Opfer auf allen Seiten der jeweiligen Konflikte. Dies macht vielleicht einige Passagen und Formulierungen verständlicher, die unter dem Druck und der persönlichen Belastung sich abzeichnender oder bereits eingetretener Bombardierungen entstanden sind. Die Auswahl der Zitate erfolgte mit dem Ziel, die Opfer von Gewalt sichtbarer zu machen, neue Eskalationen zu vermeiden und Alternativen aufzuzeigen.

Die Thesen am Ende des Buches sind ein Plädoyer gegen Resignation und für eine lebenswertere Zukunft. Es gibt Alternativen, an denen es lohnt, weiterzuarbeiten. Besonders hinweisen möchte ich auf die Veröffentlichung von Richard Douthwaite und Hans Diefenbacher, Jenseits der Globalisierung. Handbuch für lokales Wirtschaften, Mainz 1998, wo viele Modelle einer gerechteren Gesellschaft dargestellt werden.
In diesen als Anstoß für die eigene Weiterarbeit gedachten Überlegungen werden größere Zusammenhänge vor allem ökonomischer Art hergestellt und grundsätzliche Gedanken für eine gesellschaftliche Erneuerung vorgetragen.
Der Verzicht auf jede Art von Gewalt, Bestrafung oder Vergeltung scheint mir im persönlichen wie im gesellschaftspolitischen Kontext grundlegender denn je für ein zukünftiges humanes Zusammenleben.

Diese Veröffentlichung ist das Ergebnis vieler Kontakte und Gespräche. Mein Dank gilt Prof. Andreas Buro, friedenspolitischer Sprecher des Komitee für Grundrechte und Demokratie, mit dem ich den Text „Nato global" (1.1.) sowie zwei Aufrufe im Anhang gemeinsam verfasst habe. Weiterhin möchte ich Uli Stadtmann, ehemaliger Geschäftsführer des Versöhnungsbundes, für seine Korrekturen und Anregungen bei einigen längeren Artikeln danken. Christine Schweitzer (Bund für soziale Verteidigung), Dr. Barbara Müller (Institut für Friedensarbeit und Gewaltfreie Konfliktaustragung), Otfried Nassauer (Berliner Informationszentrum für Transatlantische Sicherheit) und Tobias Pflüger (Informationsstelle Militarisierung) danke ich für viele Jahre Informations- und Gedankenaustausch.

Große Dankbarkeit empfinde ich auch allen gegenüber, die mir im Verlauf der letzten Jahre immer wieder Pressemeldungen zugesandt oder mich auf Spezialquellen hingewiesen haben. Den Redaktionen der Allgemeinen Zeitung Mainz (AZ), des Bonner Generalanzeiger, der Frankfurter Rundschau (FR), der Mainzer Rhein-Zeitung (MRZ), des Neuen Deutschland (ND) und der Tageszeitung (taz) in Berlin und Münster danke ich für die Abdruckerlaubnis der im Anhang dokumentierten Presseauschnitte.

Danken möchte ich auch dem Vorsitzenden des Versöhnungsbundes, Ullrich Hahn, der Geschäftsstelle in Minden mit Uschi Glitsch, Kurt Südmersen und Conny Timm sowie dem gesamten Vorstand des Verbandes, die mich seit vielen Jahren nach Kräften in meiner Arbeit unterstützen und für den organisatorischen Rahmen des Referates für Friedensfragen sowie den Vertrieb dieses Buches sorgen. Uli Suppus und Günter Klemm gilt mein Dank für vielfältige Hilfe und Unterstützung bei technischen Fragen. Herzlich danken möchte ich Martin Firgau für die graphische Gestaltung des Titelblattes mit der von ihm neu gezeichneten Landkarte (1.0.) sowie für vielfältigen Austausch.
Diejenigen, die seit Jahren meine Arbeitsstelle beim Versöhnungsbund durch Förderbeiträge ermöglichen, haben ebenfalls einen erheblichen Anteil an der vorliegenden Schrift.

Prof. Ulrich Gottstein, Vizepräsident in Europa der internationalen Ärzte für die Verhütung des Atomkrieges danke ich für die Überlassung des Fotos aus Basra/ Irak, Prof. Udo Steinbach, Direktor des Deutschen Orient-Institutes, für seine unterstützenden und ermutigenden Worte auf der Rückseite des Buches.
Mein besonderer Dank gilt Prof. Dieter S. Lutz für sein Vorwort und seine unermüdliche Aufklärungsarbeit, die inzwischen in zahlreichen Veröffentlichungen ihren Niederschlag gefunden und mich immer wieder gestärkt hat.

Zuletzt und am meisten möchte ich meiner Frau Beate danken, von der ich nicht nur viele fachliche Anregungen erhielt, sondern auch einen starken menschlichen Rückhalt in schwierigen friedenspolitischen Zeiten.

Clemens Ronnefeldt,
Referent für Friedensfragen beim deutschen Zweig des internationalen Versöhnungsbundes

Krastel, 16. Januar 2001,
zehn Jahre nach Beginn des 2. Golfkrieges am 17.1.1991,
zwei Jahre nach dem so genannten „Massaker“ von Racak/Recak am 15.1.1999, das wesentlich mit zum Beginn des Kosovo-/Jugoslawienkrieges führte.

1. Die Neue NATO

Wann Krieg begint, das kann man wissen,
aber wann beginnt der Vorkrieg?
Falls es da Regeln gäbe, müßte man sie weitersagen.
In Ton, in Stein eingraben, überliefern.
Was stünde da. Da stünde, unter andern Sätzen:
Laßt Euch nicht von den Eignen täuschen.

Christa Wolf, aus „Kassandra"

Legende:

■ NATO-Mitglieder bereits vor 12.3.1999
Belgien, Canada, Dänemark, Deutschland, Frankreich, Griechenland, Großbritannien, Island, Italien, Luxemburg, Niederlande, Norwegen, Portugal, Spanien, Türkei, USA

■ Neue NATO-Mitglieder seit 12.3.1999
Polen, Tschechische Republik, Ungarn

□ EAPR: Euroatlantischer Partnerschaftsrat
Albanien, Armenien, Aserbaidschan, Bulgarien, Estland, Finnland, Georgien, Kasachstan, Kirgisische Republik, Kroatien, Lettland, Litauen, ehemalige jugoslawische Republik Mazedonien, Republik Moldau, Österreich, Polen, Rumänien, Russland, Schweden, Schweiz, Slowakische Republik, Republik Slowenien, Tadschikistan, Tschechische Republik, Turkmenistan, Ukraine, Ungarn, Usbekistan, Weißrussland

▨ Seit 27.5.1997: NATO-Russland-Grundakte
Russland

□ Andere Staaten

Zum Nordatlantikrat (NATO) gehören 19 Mitgliedsstaaten.

Dem Euroatlantischen Partnerschaftsrat (EAPR) gehören seit der Aufnahme Kroatiens 29 Staaten (einschließlich Russland) an.

Mit Ausnahme Tatschikistans gehören alle EAPR-Mitglieder auch zum NATO-Programm Partnerschaft für den Frieden (PfP = Partnership for Peace).

Der Euroatlantische Partnerschaftsrat (EAPR) koordiniert die Aktivitäten der NATO-Mitglieder und der Staaten im Rahmen des Programms Partnerschaft für den Frieden (PfP).

Entscheidungen fällen die 19 NATO-Staaten. Der Euroatlantische Partnerschaftsrat (EAPR) – einschließlich Russland – wird über NATO-Entscheidungen lediglich informiert.

NATO- und NATO-Partnerschaftsstaaten

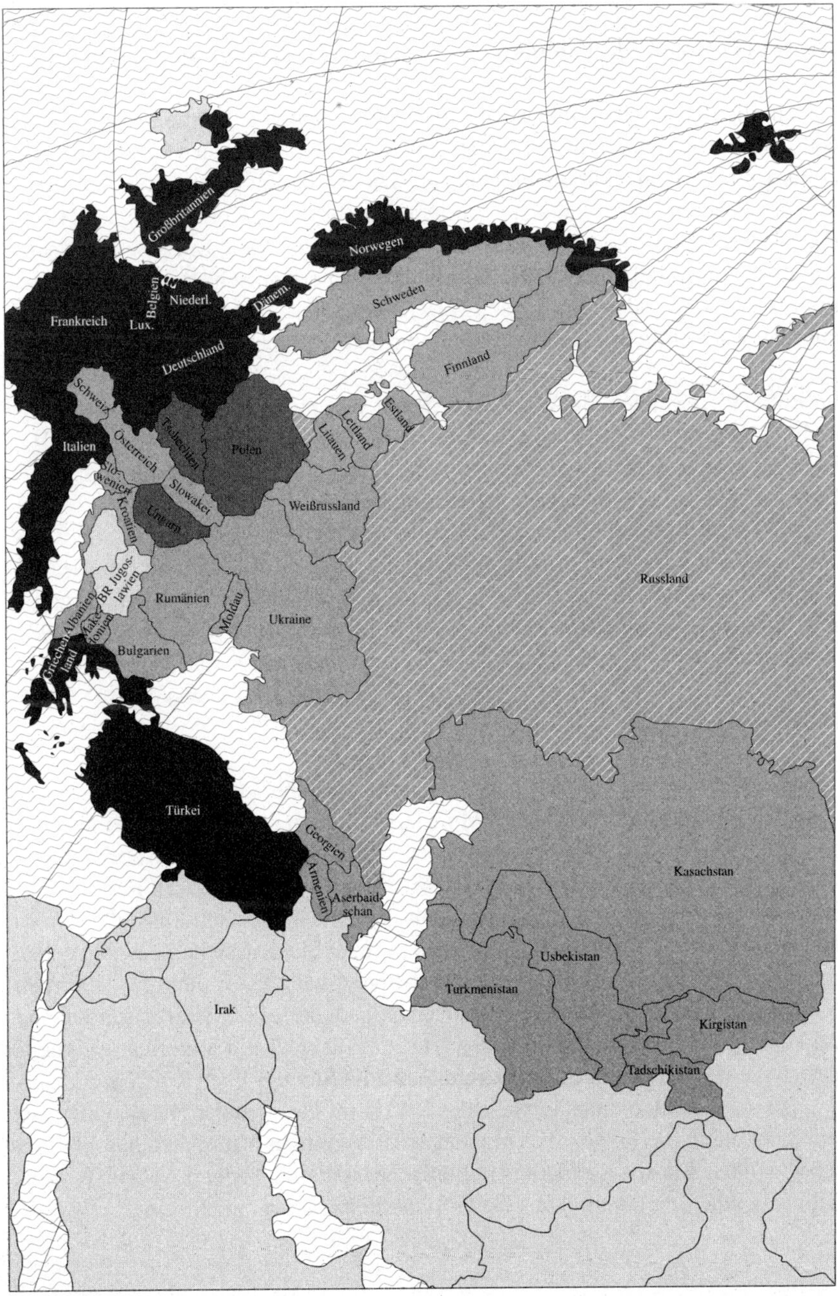

24.11.1998

1. Die Neue NATO

1.1. NATO global - Kernpunkte des neuen NATO-Grundsatzdokumentes

„`Transatlantische Übereinkunft für eine euro-atlantische Gemeinschaft´ nennt Nato-Generalsekretär Janvier Solana den Kernpunkt der zum 50. Jahrestag der Allianz im April angekündigten Doktrin. `Die weiße Rasse unter Waffen´ nennt dies provozierend der Londoner Guardian“ (zit. nach FR-Kommentar, 23.11.98). Die vorgesehenen Änderungen der NATO-Grundlagen (u.a. Einsätze grundsätzlich ohne UN-Mandat, weltweite Verteidigung amerikanischer und europäischer Interessen) sind jedenfalls so schwerwiegend, daß alle demokratischen und internationalrechtlichen Alarmglocken schrillen müssten.

Im Juli 1997 begannen die Arbeiten an dem neuen Strategischen Konzept. Schon im Dezember 1997 wurden die Kernpunkte der neuen Richtlinien auf der NATO-Herbsttagung in Brüssel gebilligt, bis Weihnachten 1998 wird die endgültige Unterschrift der Verteidigungs- und Außenminister der Allianz erwartet.
Derzeit ist der Entwurf noch nicht öffentlich. Den Diskussionsprozess allerdings beschreibt Dr. Karl-Heinz Kamp, Leiter der Abteilung Außen- und Sicherheitspolitik der Konrad-Adenauer-Stiftung, in dem Arbeitspapier „Das neue Strategische Konzept der NATO: Entwicklung und Probleme“ (St. Augustin, August 1998), aus dem wir im folgenden ausführlich die verschiedenen Positionen zitieren:

USA

... Bereits im Dezember 1997 hatte die amerikanische Außenministerin Madeleine Albright anläßlich der NATO-Ministerratstagung in Brüssel ihre Amtskollegen auf die Proliferationsgefahren (Weiterverbreitung von Massenvernichtungswaffen, A.B./C.R.) hingewiesen und dabei keinen Zweifel an der Entschlossenheit und dem Führungswillen der USA gelassen. Auch war nach Ansicht der amerikanischen NATO-Vertreter die NATO das zentrale Element sicherheitspolitischen Handelns. Die Relevanz anderer Organisationen wie OSZE oder die Vereinten Nationen wurde nicht abstrakt gleichwertig, sondern eher hierarchisch anhand der konkret vorweisbaren Erfolge bewertet. ... Entsprechend folgerichtig signalisierten die USA im Rahmen der Beratungen zum Strategischen Konzept frühzeitig, daß sie die Handlungsfähigkeit der NATO im Falle vitaler Herausforderungen nicht durch die Frage eines Mandates der Vereinten Nationen eingeschränkt sehen wollten. Statt dessen sollten militärische Operationen der NATO im Krisenfall auch ohne Legitimation des UNO-Sicherheitsrates möglich sein.“

Großbritannien

... „Sehr dezidiert äußerte sich Großbritannien ... hinsichtlich der Nuklearproblematik. Die künftige Rolle von Kernwaffen sollte nicht Gegenstand der Diskussion in der PCG (Policy Coordination Group, die das Dokument vorbereitet, A.B./C.R.) sein, um nicht unnötig eine allianzinterne Nukleardebatte auszulösen. Eine Auseinandersetzung über die atomare Komponente des NATO-Verteidigungspotentials würde aus britischer Sicht Spannungen in das Bündnis tragen und würde gegenüber der Öffentlichkeit mißverständliche Signale aussenden." ...

Frankreich

„Auch Frankreich ging eher offen in die ersten Diskussionen zum Strategischen Konzept, setzte aber einige Akzente von Anfang an grundlegend anders. So wurde anderen Sicherheitsorganisationen und insbesondere der gemeinsamen Europäischen Außen-und Sicherheitspolitik der Europäischen Union eine weitaus größere Bedeutung eingeräumt. Die NATO solle militärisch - außer im Falle der Selbstverteidigung - nur in Unterstützung der UNO oder der OSZE tätig werden. Mithin sei immer ein Mandat dieser Institutionen erforderlich." ...

Deutschland

„Die deutsche Ausgangsposition in den ersten Sitzungen der PCG tendierte eher zu den Auffassungen Großbritanniens und der USA - ohne allerdings in allen Punkten übereinzustimmen. Deutschland betonte die Rolle der NATO als Stabilitätsfaktor im gesamten euro-atlantischen Raum und maß insbesondere dem Mittelmeergebiet eine besondere Bedeutung bei. Dabei wurde diese Region allerdings nicht allein als eine Quelle möglicher Risiken gesehen, sondern weit eher als ein Raum für Politikgestaltung. Demgemäß wird eine Ausweitung des geographischen und funktionalen Handlungsrahmens der NATO aus deutscher Sicht nicht primär im Sinne militärischen Handelns verstanden, sondern bedeutet zunächst, daß die NATO bestimmten Regionen erhöhte Aufmerksamkeit beimisst, um dort politische Entwicklungen zu beeinflussen, bevor sie sich zu militärischen Krisen entwickeln. Auch wiesen die deutschen Vertreter in der PCG darauf hin, daß die künftigen Aufgaben der NATO jenseits des Bündnisgebietes im neuen Konzept sehr sorgfältig und vorsichtig formuliert werden müßten, um dem Eindruck einer sich künftig aggressiv gebärdenden Allianz entgegen zu wirken. Mit Blick auf das Verhältnis der NATO zu den übrigen Sicherheitsinstitutionen war die deutsche Haltung - abweichend von der Position der USA - weniger hierarchisch orientiert, sondern ging von einem engen, gleichwertigen Zusammenwirken dieser Institutionen aus." ...

Die Debatte in der Policy Coordination Group (PCG)

... „Auch die Debatte um den künftigen Handlungsspielraum der NATO jenseits der Bündnisverteidigung gemäß Artikel 5 des NATO-Vertrages (gegenseitige Beistandspflicht, A.B./ C.R.) verlief in der ersten Hälfte des Jahres 1998 relativ spannungsarm, obgleich dieses Problem erheblichen politischen Konfliktstoff in sich birgt. ... Ehemalige amerikanische Minister wie William Perry und Warren Christopher sahen es als `strategischen Imperativ´, daß die NATO zur umfassenden Verteidigung amerikanischer und europäischer Interessen in der Welt befähigt werde. Senator Richard Lugar konkretisierte diesen Aspekt und forderte, daß in den kommenden Diskussionen über den `strategischen Zweck´ der NATO auch mögliche Krisen in der Golfregion oder in der Straße von Taiwan berücksichtigt werden müßten. ...
Auch von deutscher Seite wurde ein hohes Maß von Zustimmung für ein erweitertes Verständnis der künftigen Rolle der NATO signalisiert. So forderte etwa Verteidigungsminister Rühe ein neues strategisches Konzept, welches die politisch-strategische Aufgabenstellung der Allianz so definiert, dass sie weit in die Zukunft trägt´. Die NATO müsse in Richtung einer Gemeinschaft verändert werden, die ihre gemeinsamen Interessen schützen kann und will´." ...

Der Mandatsstreit

„In der Mandatsfrage, die mit dem Aspekt der künftigen Verantwortlichkeiten des Bündnisses eng verbunden ist, stehen sich im wesentlichen Frankreich und die übrigen NATO-Partner gegenüber. ... In den folgenden Monaten verfestigte sich diese Haltung und die französischen Vertreter in der PCG bestanden darauf, in das neue Konzept eine Formulierung aufzunehmen, welche die Handlungsfähigkeit der NATO im Bereich des Krisenmanagments zwingend an ein Mandat der UNO oder der OSZE bindet. Darin sah die überwiegende Mehrheit der übrigen NATO-Mitglieder - allen voran die USA - eine unzulässige Einschränkung des Handlungsrahmens der Atlantischen Allianz. ...
Rückendeckung bekamen die Gegner der französischen Mandatsposition von den Mitgliedern des amerikanischen Kongresses. In der am 30. April 1998 mit 80 zu 19 Stimmen angenommenen Senatsresolution zur Ratifizierung der NATO-Osterweiterung ist die Ablehnung der unbedingten Mandatserfordernis deutlich zu erkennen. ...
Frankreich beharrte aber auf seiner Position und warnte vor einer möglichen `Selbstmandatierung´ unter Berufung auf den Artikel 51 (Recht auf Selbstverteidigung im Falle eines Angriffes, A.B./C.R.). Dies würde einerseits die Gefahr in sich bergen, daß auch Russland sich diese Argumentation zu eigen machen könnte, um in dem nach der Lesart Moskaus `nahen Ausland´ militärisch aktiv zu

werden. Auch würde ein militärisches Handeln der NATO ohne Mandat eine Änderung von Artikel 7 des NATO-Vertrages erfordern, in dem die Verantwortung des UN-Sicherheitsrates für die Aufrechterhaltung der internationalen Sicherheit betont wird.
Politische Aktualität gewann die Mandatsfrage mit den Entwicklungen im Kosovo seit dem Winter 1997/98. ... Während einerseits gerade bei den europäischen NATO-Partnern die Sorge wuchs, eine Verschärfung der Kosovo-Krise könnte eine erneute Fluchtwelle von Kosovoalbanern nach Westeuropa auslösen, wurde andererseits heftig diskutiert, welche rechtlichen Voraussetzungen für ein Eingreifen der NATO gegeben sein müßten. ...
Weit interessanter als dieser innenpolitische Disput (zwischen Rühe und Kinkel um die Notwendigkeit eines UN-Mandates, A.B./C.R.), der nicht zuletzt auch von Wahlkampfüberlegungen geleitet gewesen sein dürfte, ist der Beispielcharakter der Kosovokrise für die Problematik eines völkerrechtlichen Mandats als zwingende Voraussetzung für ein militärisches Eingreifen der NATO." ...

Die Frage der Kernfunktionen

„Ein zweiter Streitpunkt innerhalb der PCG bezog sich auf die künftigen Kernfunktionen der NATO und wurde zunächst zwischen Deutschland und Großbritannien ausgetragen. ... Das deutsche Bestreben, den Artikel 5 (gegenseitige Beistandspflicht, A.B./C.R.) als die primäre Kernfunktion zu etablieren, wird nicht zuletzt aus dem Interesse genährt, die Hauptverteidigungskräfte der Bundeswehr und damit den Erhalt der Wehrpflicht rechtfertigen zu können. Großbritannien hingegen sieht für seine auf rasche Verlegbarkeit und auf power projection ausgerichtete Berufsarmee einen wesentlichen Aufgabenbereich jenseits der derzeitigen Bündnisgrenzen. Das im Juli 1998 von der Labour-Regierung verkündete neue britische Verteidigungskonzept sieht explizit mobile Streikräfte für Einsätze überall in der Welt vor, um im Sinne einer defense diplomacy frühzeitig intervenieren zu können. ...
Ungeachtet dieser Auseinandersetzungen um Einzelaspekte sind derzeit keine wirklich fundamentalen Differenzen im Bündnis hinsichtlich des neuen Strategischen Konzeptes zu erkennen. ... Dieser relativ harmonische Beratungsverlauf kann sich aber verändern, sollten die Überlegungen zum Strategischen Konzept von anderen anstehenden Themen, wie etwa der Umsetzung der Ende 1997 im Grundsatz beschlossenen neuen Kommandostruktur der NATO, oder die Frage einer zweiten NATO-Erweiterungsrunde überlagert werden." ...

Der Handlungsrahmen des Bündnisses

„Der Versuch einiger NATO-Partner, den geographischen Handlungsrahmen der Allianz primär auf das Bündnisgebiet zu beschränken, entspricht kaum den künftigen Anforderungen. Statt dessen muß das neue Strategische Konzept der Tatsache Rechung tragen, daß geographische Entfernung einen immer geringeren Einflußfaktor in der sicherheitspolitischen Risikoanalyse darstellt. Durch die zunehmende Verbreitung weitreichender Trägermittel für Waffensysteme aller Art erlangen immer mehr Staaten die Fähigkeit zur militärischen Machtprojektion über weite Distanzen. ...
Die NATO ist keine rechtsetzende Organisation und damit auf eine völkerrechtliche Legitimation für Aktionen jenseits der reinen Selbstverteidigung angewiesen. ... Vorstellbar wäre, daß in den Situationen, in denen vitale Interessen einzelner NATO-Staaten berührt sind, ein explizites Mandat aber nicht zu bekommen ist, die betroffenen Länder individuell oder im Zusammenwirken mit Partnerstaaten ihre Interessen außerhalb des Allianzrahmens militärisch vertreten. Hier ermöglicht das NATO-Konzept der Combined Joint Task Force - die Zustimmung aller Bündnispartner vorausgesetzt - die Nutzung des militärischen Großgerätes der Allianz“. ...

Die Rolle von Nuklearwaffen

„Nach wie vor herrscht in der NATO mehrheitlich die Auffassung, innerhalb des neuen Strategischen Konzepts die Rolle von Kernwaffen nicht neu zu definieren, sondern sich statt dessen auf die Formulierungen des Konzepts von 1991 abzustützen. ... Auch glaubt die Mehrheit der NATO-Partner auf diese Weise eine erneute Nukleardiskussion und damit eine weitere Erosion der Akzeptanz von Kernwaffen in der Öffentlichkeit verhindern zu können. Gegen einen solch minimalistischen Ansatz spricht allerdings, daß es in den letzten Jahren eine stetige Veränderung im Verständnis der Funktion von Kernwaffen gegeben hat, die nur schwer ignoriert werden kann. So sind gerade die amerikanischen Kernwaffen konzeptionell aus dem Ost-West Kontext herausgelöst worden und gelten zunehmend auch als Mittel zur Abschreckung gegen biologische oder chemische Waffen im Rahmen regionaler Konflikte. Seit der versteckten Nukleardrohung der USA gegenüber dem Irak im Golfkrieg hat es immer wieder Äußerungen aus der amerikanischen Administration gegeben, die das Recht der USA auf nukleare Vergeltung im Falle eines Angriffs mit Massenvernichtungswaffen betont haben. Eine entsprechende Formulierung ist auch in den im Dezember 1997 von Präsident Clinton unterzeichneten nuklearstrategischen Richtlinien (Presidential Decision Directive - PDD) enthalten. Die USA haben mit dieser neuen Nuklearstrategie die längst überfällige Anpassung der nationalen Dokumentenlage an die veränderte Rolle von Kernwaffen vollzogen. Auch in diesem Dokument wird die Option nuklearer Vergeltung gegen Angriffe mit biologischen oder chemischen Waffen explizit erwähnt". ...

Mit folgenden „Schlußfolgerungen" endet Dr. Karl-Heinz Kamp:

„Bislang verliefen die Beratungen zum neuen Strategischen Konzept im Rahmen der NATO Policy Coordination Group sehr konstruktiv und vergleichsweise konfliktarm. Damit scheint die NATO trotz des äußerst ambitionierten Zeitplans in der Lage zu sein, ein neues Strategisches Konzept bis zum Frühjahr 1999 vorlegen zu können. Allerdings sind noch Differenzen in der zweiten Jahreshälfte 1998 möglich, wenn die bislang eher konzeptionellen Überlegungen in die konkrete Textformulierung umgesetzt werden müssen.
Sollte es dabei zu einer Blockade innerhalb der Policy Coordination Group kommen, welche den Zeitplan der Konzeptentwicklung in Frage stellen würde, so könnten die USA auf die mehrfach vorexerzierte Praxis zurückgreifen, einen eigenen Textentwurf in das Bündnis einzubringen und durchzusetzen". ...
Soweit die Arbeit der Konrad-Adenauer-Stiftung.

Der neue NATO-Kurs ruft förmlich nach Protest

Was die NATO-Politiker und ihre Militärs derzeit planen, läuft auf reine Machtpolitik der reichen Staaten über den Rest der Welt hinaus: Militärische Interventionen zur Durchsetzung der eigenen Wirtschafts- und Sicherheitsinteressen. Da es in einer militärisch-unipolaren Welt keinen ernst zu nehmenden Gegner mehr gibt, soll die NATO auf die Legitimation militärischen Handelns durch internationales Recht und die UN verzichten. Was daraus folgt, ist das „Recht der Stärkeren", also modernisiertes Faustrecht.
Wir fragen uns, wo der Aufschrei der neuen rot-grünen Regierung in Bonn bleibt? Wird selbst in diesem Falle nur Kontinuität regieren?! Es steht diesmal noch viel mehr auf dem Spiel als „nur" friedenspolitische Glaubwürdigkeit.

- Statt NATO-Faustrecht brauchen wir eine Stärkung des internationalen Rechts, das auch die schwachen Länder schützt. Deshalb müssen die UN und die OSZE gefördert und ausgebaut werden.
- Statt Interventionsarmeen mit schnellen Eingreiftruppen zur Interessendurchsetzung der wohlhabenden Staaten benötigen wir die Entfaltung der Methoden und Instrumente ziviler Konfliktbearbeitung. Diese sind möglichst vorausschauend einzusetzen, damit Gewalt und Kriege vermieden werden können.

- Statt der Nuklearwaffenstrategien mit dem Vorbehalt, Atomwaffen als erste einzusetzen, benötigen wir einen schnellen Abbau dieser Massenvernichtungsmittel sowie wirksame Kontrollen zu deren Nichtweiterverbreitung.
Am 8.7.96 verkündete der Internationale Gerichtshof in Den Haag: „Die Drohung mit und der Einsatz von Kernwaffen verstoßen generell gegen die Regeln des Internationalen Völkerrechts". 75 US-Bischöfe appellierten im Juni 1998: „Die Menschheit steht vor den schwerwiegendsten Konsequenzen, wenn die Welt von einem durch Kernwaffen repräsentierten Militarismus beherrscht wird, anstatt dem Völkerrecht Geltung zu verschaffen. ... Es gibt keine Rechtfertigung für sie. Sie sind zu verdammen" (zit. nach FR, 31.8.98).
Wenn die Verteidigungs- und Außenminister der NATO dennoch meinen, sie müssten mit Atomwaffen gegenüber Staaten der sog. „Dritten Welt" drohen, müssen sie vor ein internationales Tribunal gestellt werden.
Statt der internationalen Einordnung der Militär- und Außenpolitiker in das globale, unipolare Militärsystem unter Führung der USA benötigen wir eine Zusammenarbeit derjenigen Staaten, die es ernst mit dem Satz meinen, daß Außenpolitik Friedenspolitik sein muß.
Das neue NATO-Dokument zeigt schon in der Planung: „Militärische Friedenspolitik" ist ein Widerspruch in sich selbst.

Prof. Dr. Andreas Buro, Friedenspolitischer Sprecher des Komitee für Grundrechte und Demokratie,
Clemens Ronnefeldt, Referent für Friedensfragen beim deutschen Zweig des internationalen Versöhnungsbundes

Quelle: FriZ, Zeitschrift für Friedenspolitik, Nr. 1, Februar 1999, S. 8-10, Postfach 6386, CH-8023 Zürich.

15.1.1999

1.2. Stärkung des Rechts statt Recht des Stärkeren

„Laßt sie laufen. Wozu den Dritten Weltkrieg wegen ein paar leerer Tanker anfangen", entschied General Norman Schwarzkopf, US-Oberkommandierender der alliierten Truppen im 2. Golfkrieg noch vor Beginn der Bombardierungen 1991. „Das weiße Haus hatte beschlossen, mit einer Seeblockade zu beginnen, obwohl der UN-Sicherheitsrat noch nicht die Erlaubnis erteilt hatte, das Embargo durch militärische Mittel durchzusetzen. ... Laut internationalem Recht ist eine Blockade ein kriegerischer Akt", war sich Schwarzkopf der Dimension seines Handelns voll bewußt. „Ich konnte mich dabei nur an den Text der UN-Resolution halten", verteidigte sich der General, und wurde aus Washington hart kritisiert, „die falsche Entscheidung getroffen" zu haben. „Okay. Jetzt habt ihr klargemacht, was ihr wollt, und den nächsten Tanker schießen wir in Stücke", beugte sich der Militärvertreter schließlich dem Primat der Politik (alle Zitate: FR, 19.1.92). So unbedeutend die Episode im politischen Gesamtkontext erscheinen mag, hat sie doch einen hohen Symbolgehalt.

Was Willy Wimmer (CDU), Vizepräsident der Parlamentarischen Versammlung der OSZE am 9.10.98 prophezeite, ist Realität. „Eine singuläre Supermacht marschiert durch. ...Wenn wir nicht aus allen Symptomen die Konsequenzen ziehen, ist das Faustrecht angesagt". Am 19.10.98 legte er nach: „Es ist höchste Zeit, dass bei uns die Alarmglocken schrillen. Aus Interessensgründen, die nicht auf dem Tisch liegen, droht uns nach dem Vorbild der inneramerikanischen Entwicklung eine Kannibalisierung der internationalen Rechtsordnung, die alles und jedes in Frage stellen wird" (beide Zitate: Friedensforum 6/1998, Bonn, hg. vom Netzwerk Friedenskooperative).
Während Willy Wimmer nach dem Bundestagsbeschluss zum NATO-Eingreifen ohne UN-Mandat („Der Kosovo entfaltet die Kraft der Systembeseitigung wie Sarajevo 1914") derzeit Parallelen zum Vorabend des 1. Weltkrieges entdeckt, sieht Lutz Herden in der Wochenzeitung „Freitag", 8.1.99, im Hinblick auf die Irak-Bombardierung den Schritt „zu einer entfesselten Weltordnung nicht mehr weit".

Die Irak-Langzeitstrategie der USA

1953 wurde mit US-Hilfe die demokratisch gewählte Regierung Mossadegh in Iran gestürzt, welche die Vorläuferfirma von BP (British Petroleum) verstaatlicht hatte. USA und Großbritannien strangulierten das Land zunächst mittels eines

Embargos; die sozialen Unruhen nutzte dann die CIA, um den Schah an die Macht zu bringen. Selbst nach acht Jahren Embargo und hunderttausenden Toten will Ähnliches in Irak nicht gelingen.

1972 wurden in Irak die amerikanischen und britischen Ölgesellschaften verstaatlicht. Nach dem iranisch-irakischen Krieg (1980-88) hatte Saddam Hussein mit ca. 70 Milliarden Dollar Schulden zu kämpfen. Durch Überproduktion der OPEC und dem damit verbundenen Preisverfall entstanden nach irakischen Angaben zwischen 1981-90 zusätzlich 89 Milliarden Dollar Verluste. Mit dem Überfall auf Kuwait wurde Irak kurzzeitig seine milliardenschweren Verpflichtungen (Kriegskredite Kuwaits zur Eindämmung Irans) los, hatte zu den eigenen ca.10% Öl-Weltmarktanteilen noch ca.10% „hinzugewonnen" - und hätte erheblichen Einfluß auf den sich im Keller befindenden Erdöl-Preis nehmen können. Die Elite Kuwaits erzielte bereits vor 1990 höhere Profite durch westliche Aktien als durch den Ölverkauf- weshalb ihr ein hoher Ölpreis kontraproduktiv erscheinen musste. Auch ohne den Überfall auf Kuwait war Irak den USA militärisch zu stark in der Region geworden. General Schwarzkopf präsentierte im Juni 1990 den schon 1989 begonnenen CENTCOM-Plan 1002-90 eines Krieges gegen Irak - zwei Monate vor dem Überfall auf Kuwait (vgl. Mira Beham, Kriegstrommeln. Medien, Krieg und Politik, München 1996, S. 102).

Der „Zwangsabrüstungsaktion" des 2. Golfkrieges von 1991 folgte das Embargo mit gleichem Ziel: „ ...den Irak auf Dauer faktisch und politisch auf dem tiefstmöglichen Niveau zu halten" (Le Monde Diplomatique, Dez. 97). Auch die völkerrechtlich nie von den UN nach Kapitel VII verabschiedeten Flugzonen - in denen sich die Ölfelder Iraks befinden - dienen diesem Zweck. An Schutz hat weder die kurdische noch die schiitische Bevölkerung bisher irgendetwas Nennenswertes erfahren.

Irak hatte in den letzten Jahren viele Milliarden Dollar schwere Verträge über Öllieferungen u.a. mit China, Frankreich und Russland für die Zeit nach dem Embargo ausgehandelt, ohne amerikanische und britische Firmen zu berücksichtigen (vgl. F.A.Z., 13.1.98).

Dass trotz der Veröffentlichungen von Pierre Salinger, ehemals Sprecher des Weißen Hauses („Krieg am Golf. Das Geheimdossier") oder Ramsey Clark, Ex-US-Generalstaatsanwalt („Wüstensturm. US-Kriegsverbrechen am Golf") auch 1998/99 wieder eine breite Öffentlichkeit über die tatsächlichen angloamerikanischen Motive hinters Licht geführt werden kann, zählt zu den erstaunlichsten Phänomenen der derzeitigen Irak-Bombardierungen.

Konflikte im Verhältnis zwischen NATO und Rußland

Im Kommunique der NATO-Verteidigungsminister vom 17.12.98 treten diese „für die Stärkung praktischer militärischer Zusammenarbeit mit Russland ein. Wir werden, wo dies möglich ist, die Kooperationsmechanismen von PfP (Partnership for Peace, C.R.) als entscheidendes Mittel praktischer Zusammenarbeit nutzen, z.B. bei einem Spektrum von Operationen zu Krisenmanagment und Friedenserhaltung,“ ....
Genau das Gegenteil sei geschehen, beschrieb die russische Zeitung Moskowski Komsomolenz, zit. nach F.A.Z., 19.12.98: „Niemand nimmt Rücksicht auf uns, und bei vielen stellt sich schon die Frage, ob Russland nicht in die gleiche Warteschlange kommt, in der der Irak und Jugoslawien kopfhängend vorn stehen. Russland hat ja auch Betriebe zur Produktion von Atom-, Chemie,- und bakteriologischen Waffen. ... Das Wichtigste besteht darin, daß Russland auch zurückschlagen könnte - wir bleiben eine Atomgroßmacht“.
„Die Zeitung `Sewodnja´ stellte Überlegungen zu einem Atomkrieg an und kam zu dem Ergebnis, dass - obwohl die russische Raketentechnik veraltet sei, Washington die Operation `Taigafuchs´ nicht gelingen könnte“ (zit. nach F.A.Z., 19.12.98). Nicht einmal in der Kubakrise 1962 zog Moskau seinen Botschafter aus Washington ab.
Der Alarmzustand, den die russischen Streitkräfte wegen der Irakbombardierung im Dezember 1998 verordnet bekamen, war alarmierend. Gravierender sind jedoch die Langzeitfolgen wie die Nichtunterzeichnung des Start-II-Abrüstungsvertrages sowie die neuerliche Diskussion um die Erhöhung des russischen Militärhaushaltes.
Mit dem „Partnerschaft-für-Frieden-Programm“ ist der NATO nicht nur mittels der Staaten Kasachstan, Kirgisistan, Usbekistan, Turkmenistan, Aserbaidschan, Armenien und Georgien ein strategisch-geographischer „Keil“ zwischen Russland und dem ölreichen mittleren Osten gelungen. Diese Staaten selbst, die früher das „Energievorratslager“ der ehemaligen UdSSR bildeten, werden nun noch verschärfend von westlichen und chinesischen Öl- und Gasfirmen angezapft.
Unter dem Boden des Kaspischen Meeres liegen gesicherte Ölreserven im Wert von derzeit mindestens einer Billion Dollar. Die völkerrechtliche Frage, ob Binnensee oder Meer - und damit internationales Gewässer - ist noch nicht eindeutig geklärt. Im Mai 1998 einigten sich zumindest Russland und Kasachstan über die Frage See oder Meer. Gleichzeitig liefern sich amerikanische, russische und chinesische Ölkonzerne heftige Konkurrenzkämpfe, die Türkei und Russland streiten sich um Pipelineführungen.
Der ehemalige Berater Präsident Carters, Zbigniew Brzezinski, bezeichnet die Staaten an der Südgrenze Rußlands als „eurasischen Balkan“, womit das enorme Konfliktpotenzial der Region hinreichend charakterisiert ist. Die Ukraine und

Georgien haben bereits zum Schutz der Pipeline von Baku über Georgien ans Schwarze Meer ein gemeinsames Militärregiment aufgestellt (vgl. Peter Barth, Der Kaspische Raum zwischen Machtpolitik und Ölinteressen, München 1998). Von einer zivilen Krisenpräventionspolitik ist derzeit nichts zu sehen.

Die „neue Weltordnung“ von 1990

Die New York Times veröffentlichte am 8.3.92 Auszüge aus der Pentagon-“Defense Planing Guidance“ für die Haushaltsjahre 1994-1999, worin die offiziellen Ziele amerikanischer Außenpolitik festgelegt sind: „Wir müssen versuchen zu verhüten, daß irgendeine feindliche Macht eine Region dominiert, deren Ressourcen - unter gefestigter Kontrolle - ausreichen würden, eine Weltmachtposition zu schaffen.“ ...“Wir müssen unsere Strategie jetzt darauf konzentrieren, dem Aufstieg jedes möglichen Konkurrenten globaler Dimension zuvorzukommen“ (zit. nach A. Mechtersheimer, Friedensmacht Deutschland, Frankfurt 1993, S. 58f).
Dazu passt, fast zeitgleich zur Einführung des Euro, die Erhöhung des US-Militärhaushaltes um mehr als 100 Milliarden Dollar in den nächsten sechs Jahren.
Eines der derzeit in den internationalen „Denkfabriken“ meistgelesenen Bücher ist Zbigniew Brzezinskis „Die einzige Weltmacht. Amerikas Strategie der Vorherrschaft, Weinheim/Berlin 1997“. Darin schreibt der zum Berater des US-Ölmultis Amoco gewechselte Vertreter einer einflußreichen amerikanischen Denkschule: „Tatsache ist schlicht und einfach, dass Westeuropa und zunehmend auch Mitteleuropa weitgehend ein amerikanisches Protektorat bleiben, dessen alliierte Staaten an Vasallen und Tributpflichtige von einst erinnern“ (S. 92).

Der Mandatsstreit auf dem Weg zur neuen NATO-Doktrin

Einer der umstrittensten Punkte der neuen NATO-Doktrin, die weltweit westliche Interessen absichern und im April 1999 zur 50-Jahrfeier der Allianz verkündet werden soll, ist die Frage der Selbstmandatierung.
Die USA haben in den bisherigen Verhandlungen keinen Zweifel aufkommen lassen, sich nicht mehr von einem UN-Mandat einschränken zu lassen - auch bei möglichen Krisen in der Golfregion oder in der Straße von Taiwan.
„In der Mandatsfrage .... stehen sich im wesentlichen Frankreich und die übrigen Nato-Partner gegenüber“, so Karl Heinz-Kamp von der Konrad-Adenauer-Stiftung (FR, 9.12.98). Dies war die Situation vor der Bundestagswahl. Da die rot-grüne Regierung in ihrem Koalitionsvertrag ein UN-Mandat für Militäreinsätze der NATO für erforderlich hält (Kosovo sei die Ausnahme gewesen), hat Frankreich nun Unterstützung bekommen. Wenn es gelingt, unter den demnächst aufzunehmenden, aber jetzt schon mitberatenden NATO-Neumitgliedern Polen, Tschechien und Ungarn weitere Verbündete zu finden, ließe sich womöglich noch

eine der schwerwiegensten Fehlentwicklungen internationaler Politik - selbstmandatierte Militäreinsätze - korrigieren.
Ein denkbares gemeinsames Vorgehen Frankreichs, Deutschlands und z.B. Polens hätte erhebliches Gewicht.
Europa muß sich allein schon aufgrund seiner Wirtschaftsdaten nicht mit der „Vasallen-Rolle“ abfinden:
„Die Bruttoinlandsprodukte der USA und der Staaten der EU entsprechen sich mit etwa acht Billionen Dollar. Die Bevölkerungszahl der USA liegt gegenwärtig bei etwa 270 Millionen Menschen, die Bevölkerung allein von NATO-Europa umfaßt über 300 Millionen“, rechnet Dieter S. Lutz vor (Intern. Politik, 7/98).
Egon Bahr zieht daraus den Schluß: „Europa braucht Amerika nicht mehr zu seinem Schutz vor einem Gegner, den es nicht mehr gibt“ (in: E. Bahr, Deutsche Interessen. Streitschrift zu Macht, Sicherheit und Außenpolitik, München, S. 43).
Dieser Spielraum muß für eine zivile Neuorientierung genutzt werden.
Im Juli 1998 forderte Dieter S. Lutz, das Thema europäische Sicherheitspolitik „teilweise bis an den Rand des vermeintlichen Tabubruchs“ zuzuspitzen: „...entweder die USA ordnen sich (der Vision) einer Sicherheitsordnung nach dem Leitgedanken der Stärke des Rechts ein und unter, oder die Sicherheitsarchitektur Europas muß zumindest auf Zeit auf die Einbeziehung Amerikas verzichten“ (Intern. Politik, 7/98).
Ob mit oder ohne USA: Europa muss gemeinsam, am besten ohne „Führungsnationen“, seine zivilen Stärken entfalten und sollte nicht zur eigenständigen militärischen Festung werden.

Europa, USA und das Völkerrecht

Auf vielen Politikfeldern tun sich derzeit nicht nur europäische Staaten schwer mit den USA, die konsequent Einbindungen in internationale Rechtssysteme vermeiden und bekämpfen: „Die Regierung Clinton versuchte, wichtige Regelwerke zu verhindern, so die von 121 Staaten unterzeichnete Konvention zum Verbot von Antipersonenminen oder die Gründung des Internationalen Strafgerichtshofs (ICC). Sie trieb zwar die Gründung der Welthandelsorganisation (WTO) voran, weil sie ihrer weltwirtschaftlichen Führungsrolle zu dienen versprach, blockierte aber unter dem Druck von mächtigen Interessengruppen Fortschritte in der globalen Umweltpolitik; sie kritisierte die Handlungsdefizite des UN-Systems, schwächte es aber selbst durch die Verweigerung der fälligen Beitragszahlungen“, so Franz Nuscheler, Direktor des Institutes für Entwicklung und Frieden an der Universität Duisburg (Intern. Politik, 11/98). Angesichts dieses „Sündenregisters“ fordert der Friedensforscher Johan Galtung: „Die UN aus den USA, die USA aus den UN.“

Lösungsansätze im nahen und mittleren Osten - Herausforderung für Europa

Die Fakten spechen für sich und zeigen die ganze Brisanz: Nordamerika verfügt über 8,2% der derzeit sicher bekannten Erdölvorräte, die ehemalige UdSSR über 6,3%, Europa über 2,1%, der mittlere Osten über 65,3% (Strategic Geography, 97/98). Bei heutigem Verbrauch reicht dies noch 42 Jahre (vgl. Peter Barth, a.a.O.). In fünf afrikanischen Staaten, die 90% des Erdöls des schwarzen Kontinentes exportieren, werden derzeit (Stellvertreter)-Kriege geführt.

In einem offenen Brief an Außenminister Fischer, dokumentiert in der Wochenzeitung „Freitag", 8.1.99, schlägt der Politikwissenschaftler Mohssen Massarrat folgenden Entwurf einer langfristig angelegten Friedensordnung für den nahen und mittleren Osten vor:

1. Die konsequente Reduzierung von Waffenexporten in die Region.
2. Die Unterstützung aller Bemühungen für einen regionalen Sicherheits- und Friedenspakt, der den Nahost- und Kurdistankonflikt und einen Abrüstungsprozess einschließt.
3. Die Förderung des Aufbaus ziviler Strukturen und die Unterstützung von Demokratisierungsprozessen.
4. Die Forcierung eines intensiven interkulturellen Dialogs zwischen Europa und der Region.
5. Eine gemeinsame Energieversorgungs- und Klimastrategie, die klimapolitische Anforderungen der Energie- und CO-2-Reduktion mit langfristigen Interessen der Ölerzeugerstaaten in Einklang bringt.

Als schärfste Gegner eines solchen Friedensplanes vermutet Massarrat Saddam Hussein, Bill Clinton und Tony Blair. Frankreich, Deutschland, Italien und Russland könnten durch das Ein- und Voranbringen dieses Planes erste Ansätze einer zivilen gemeisamen europäischen Außen- und Sicherheitspolitik markieren. Deutschland hat am 1.1.99 mehrere Vorsitze auf internationaler Ebene übernommen und dadurch eine besondere Verantwortung.

Es ist nicht hinnehmbar, daß die Zahl von rund einer Million Embargo-Folgeopfern in Irak sich weiter erhöht. Vor den Augen der Weltöffentlichkeit läuft ein vermeidbarer Genozid ab.
Die F.A.Z. brachte es in ihrem Kommentar am 22.12.98 auf den Punkt: „Über das Thema `Aufhebung der Sanktionen´ sollte man versuchen, mit dem Irak wieder ins Gespräch zu kommen, auf dem Hintergrund einer Nahost-Politik, die nicht nur von zwei Parametern beherrscht wird: dem freien Ölfluss und der Sicherheit

Israels. Die arabischen Völker wollen endlich einmal fair, das heißt gleichberechtigt, behandelt werden."

Hoffnungsträger Nichtregierungsorganisationen

Die größten Hoffnungsträger bei der Überwindung von Krisen, der Verhinderung von Kriegen und der Stärkung des internationalen Rechts sind derzeit Nichtregierungsorganisationen (NGO), die z.B. maßgeblich die Einrichtung des internationalen Gerichtshofes (ICC) vorantreiben oder die Antipersonenminen-Kampagne entwarfen. Dass das MAI, ein multilaterales Investitionsabkommen, mit dem die 29 reichsten Staaten den Rest der Welt ausplündern wollten, noch (vorläufig) verhindert wurde, lag am Einsatz kanadischer und französischer NGO´s. Nichtregierungsorganisationen haben derzeit das größte „know how" in Fragen von Konfliktprävention, Mediation (Vermittlung in Konflikten), Deeskalation sowie Nachsorge für die Opfer. Jede Regierung der Welt, der statt des Rechtes des Stärkeren an der Stärkung des Rechts gelegen ist, tut gut daran, auf den Rat solcher Organisationen zu hören. Auch die internationale Politik-Fachpresse hat dies inzwischen zur Kenntnis genommen, wie der Beitrag „Learning to Live with NGO´s" in der renommierten Zeitschrift „Foreign Policy" (Herbst 98) zeigt.

Quelle: Pressemitteilung/Artikeldienst des deutschen Zweiges des internationalen Versöhnungsbundes vom 14.1.1999,
aufgenommen am 18.1.99 unter dem Titel „Entfesselte Weltordnung - Stärkung des Rechts oder Recht des Stärkeren" in der Tageszeitung „junge Welt", Karl-Liebknecht-Str. 32, 10178 Berlin, S. 10-11.

5.12.99

1.3. Europa auf dem Weg zur eigenständigen Militärmacht

Europa ist „ökonomisch ein Riese, politisch ein Haufen zerstrittener Zwerge und militärisch ein Armeemuseum." Diese Einschätzung von Franz Josef Strauß teilen bis heute einige führende US-Politiker, so z.B. der ehemalige Berater von Ex-Präsident Carter, Zbigniew Brzezinski in seinem vielbeachteten Buch „Die einzige Weltmacht. Amerikas Strategie der Vorherrschaft": „Tatsache ist schlicht und einfach, daß Westeuropa und zunehmend auch Mitteleuropa ein amerikanisches Protektorat bleiben, dessen alliierte Staaten an Vasallen und Tributpflichtige von einst erinnern" (S. 92). Wenig schmeichelhaft für Europa ist auch die Aussage von Jesse Helms, Vorsitzender des Außenpolitischen Senatsausschusses des US-Kongresses: ;„Bei allem Respekt ... Die Europäische Union könnte sich noch nicht einmal aus einer nassen Papiertüte freikämpfen" (in: Die Zeit, 4.6.98).
Die Militäretats aller NATO-Staaten zusammen ergaben 1996 rund 800 Milliarden DM, rund 500 Milliarden DM davon zahlten die USA allein. Trotz dieser Dominanz darf bezweifelt werden, ob Brezinskis oder Helms Thesen zutreffend sind.

Statt die vorhandenen Spielräume für eine zivile europäische Außenpolitik zu nutzen, läuft seit einiger Zeit bereits der Zug in die exakt entgegengesetzte Richtung.
Uli Cremer, bis Anfang 1999 Sprecher der Bundesarbeitsgemeinschaft Frieden von Bündnis 90/Die Grünen, schrieb in seinem Buch „Neue NATO - neue Kriege?, Hamburg 1998": „In dem sogenannten Tindemans-Bericht an das Europäische Parlament aus dem Jahre 1996 wird der Weltmachtanspruch der Europäischen Union deutlich und offen angemeldet mit dem `Hinweis´, daß `die Europäische Union, die führende Handelsmacht der Welt, ... sich nicht mehr mit zweitrangigen Verantwortlichkeiten in internationalen Fragen begnügen kann´ ... Gleichzeitig wurde der `Hinweis´ gegeben, daß `die Europäische Union ohne eine gemeinsame Sicherheits- und Verteidigungspolitik nicht in der Lage ist, auf diplomatischem Wege und zugleich unter Anwendung von militärischem Druck, eine wirksame Außenpolitik zu betreiben´. Schließlich habe diese Politik `für den Schutz der Interessen der Union unter all ihren Aspekten einschließlich der Versorgungssicherheit ... zu sorgen´."
Bereits Nägel mit Köpfen machten am 9.12.96 Kanzler Kohl und Staatspräsident Chirac, die im Rahmen des deutsch-französischen Sicherheitsrates die EU-Militärmacht entscheidend voranbrachten, wie „Le Monde" am 29.1.97 berichete: „Deshalb sind unsere beiden Länder entschlossen, einvernehmlich die Entwicklung einer europäischen Sicherheits- und Verteidigungsidentität im Rahmen der

Erneuerung der Allianz voranzutreiben und die transatlantische Partnerschaft mit den nordamerikanischen Staaten auf eine neue, feste Grundlage zu stellen." Ziel sei eine EU-Militärmacht „mit der Fähigkeit zu eigenständigem, solidarischem Handeln."

Das Institut für sozial-ökologische Wirtschaftsforschung (München) zählt in seinem Report Nr. 40 (Juni 1999) die wichtigsten Schritte zur „EU-Wehrunion" auf:

1. Am 1.5.99 trat der Amsterdamer Vertrag in Kraft, der die Grundlagen einer „Gemeinsamen Außen- und Sicherheitspolitik" (GASP) markiert. Die Ernennung von Ex-NATO-Generalsekretär Javier Solana zum ersten europäischen „Außenminister" läßt einiges über die „zivile" Ausrichtung der künftigen EU-Außenpolitik erahnen.
2. Das seit 1993 bestehende deutsch-französische Eurokorps wird zu einer Krisenreaktionstruppe mit 50 000 Mann aufgerüstet - so beschlossen von Schröder und Chirac auf dem 73. deutsch-französischen Treffen Anfang Juni 1999.
3. Am 3.6.99 legten die Regierungschefs beim Kölner EU-Gipfel den Grundstein für eine europäische Militärunion, bei der bis Ende 2000 das Militärbündnis Westeuropäische Union (WEU) in die EU integriert wird.
4. Im Gespräch ist derzeit eine „Europäische Rüstungsagentur" zur Materialbeschaffung. Frankreich und Deutschland sehen aufgrund der europäischen Schwächen während des Jugoslawienkrieges die Notwendigkeit, vor allem im Bereich Militärsatelliten-Systeme sowie Lufttransportkapazitäten für Militärgerät und Truppen gemeinsame Entwicklungs- und Beschaffungsprogramme einzuleiten.

Publizistische Unterstützung findet diese Politik bei der F.A.Z., die am 5.6.99 darauf hinwies, es dürfe „nicht bei Bekundungen bleiben, künftig `autonom´ handeln zu wollen." „Vielmehr kommt es darauf an, daß sich Europa die notwendigen Mittel gibt, ein glaubwürdiges Militärpotential zu unterhalten und den Willen aufbringt, es im Krisenfall einzusetzen."

Angesichts wachsender Kapitalverzahnungen vor allem zwischen den USA und Deutschland (z.B. DaimlerChrysler oder Deutsche Bank/Bankers Trust) hält sich die Sorge jenseits des Atlantiks vor einer zu eigenständigen Militärmacht Europa in Grenzen. „Es geht ihnen (Anm.: den USA) um die Arbeitsteilung beim globalen Krisenmanagment. ... Die USA sollen von Aufgaben entlastet werden, bei denen die Europäer mit NATO-Stützung, aber ohne US-Truppen selbst intervenieren können" (isw-Report Nr. 40).

Dennoch bleibt das Verhältnis USA-Europa mehr als ambivalent.
Die spannende Frage lautet, wie stark sich Europa unter deutscher Führung emanzipieren wird - und wieviel Eigenständigkeit die USA zulassen werden.

Ein Schlüsseltext für die Gefahr eines dritten Weltkrieges ist m.E. die „Defense Planning Guidance" des Pentagon für die Haushaltsjahre 94-99, wie sie die New York Times bereits am 8.3.92 dokumentiert hatte:
„Wir müssen unsere Strategie jetzt darauf konzentrieren, dem Aufstieg jedes möglichen Konkurrenten globaler Dimension zuvorzukommen". In Bonn, Tokio und Peking hatte man dies sehr wohl als Kampferklärung aufgenommen. Möglicherweise war der Kosovo-/Jugoslawienkrieg aus US-Sicht ein willkommener Anlaß, die europäische Einigung um einige Jahre (vielleicht sogar Jahrzehnte) zurückzuwerfen, den Euro in Schranken zu halten - und die in Washington gefürchtete Zusammenarbeit Berlin-Moskau etwas zu erschweren.

1999 setzte die NATO im Kosovo-/Jugoslawienkrieg in die Realität um, wovon bereits 1993 der damalige WEU-Generalsekretär van Eekelen lediglich sprach: „Falls UN-Entscheidungsprozesse blockiert werden sollten, sollte die kommende Europäische Union in einer Position sein, unabhängig zu intervenieren; auf ihrem Gebiet und wo immer ihre vitalen Interessen oder solche ihrer Mitglieder ernshaft bedroht sind" (zit. nach isw-Report Nr. 40).
Was 1993 noch Worte waren, könnte in Kürze auch die EU in die Tat umsetzen. Schauplatz könnten die ehemaligen Sowjetrepubliken um das Kaspische Meer werden, wo die Energievorratslager der Ex-UdSSR von amerikanischen, russischen, chinesischen und europäischen Öl- und Gaskonzernen angezapft werden. Mit dem Emporkommen der künftigen Weltmacht China, der Isolierung der ehemaligen Weltmacht Russland, der Abriegelung Russlands vom ölreichen mittleren Osten durch Staaten im Rahmen der NATO-Osterweiterung bzw. dem „NATO-Partnerschaft für den Frieden-Programm" bis an die chinesische Grenze, der Nähe zu den Atomstaaten Indien und Pakistan sowie den noch zu erwartenden Machtkämpfen zwischen den den USA, China und Europa gibt in diesem „eurasischen Balkan" (so Z. Brzezinski) genügend Konfliktstoff für ein Weltkriegs-Szenario.
Die Einzelkonflikte dieser Region rechtzeitig zu erkennen und zu entschärfen wäre eine der vordringlichsten Aufgaben einer verantwortungsbewußten, zivilen gemeinsamen europäischen Außen- und Sicherheitspolitik.

Quelle: Ralph-M. Luedtke/Peter Strutynski (Hrsg.), Nach dem Jahrhundert der Kriege. Alternativen der Friedensbewegung, Kassel 2000, S. 158-169 (hier im Auszug bis 161).
ebenso in: Kampagne aktuell 4/99, Wiesbaden, hg. von der Kampagne „Produzieren für das Leben - Rüstungsexporte stoppen", Bismarckring 3, 65183 Wiesbaden

21.09.2000

1.4. Krisenregion Kaukasus vor dem Hintergrund des Verhältnisses zwischen NATO und Russland

„Kein Blut für Öl im Kaukasus“ - so titelte die Financial Times Deutschland am 4.7.2000 auf ihrer Kommentarseite und fügte ebenso knapp wie zutreffend hinzu: „Russland und Amerika kämpfen um die Ölreserven des 21. Jahrhunderts - auf Kosten der Region.“
Rund um das Kaspische Meer werden - neben den nicht zu vernachlässigenden Bodenschätzen Gold, Uran und Erdgas - bis zu 23 Milliarden Tonnen Rohöl vermutet. Dies enspricht der doppelten Menge Kuwaits. Zusätzlich werden nach jüngsten Bohrungen allein die Vorkommen in Kasachstan auf rund 30 Milliarden Tonnen Rohöl geschätzt.

Das Verhältnis NATO - Russland in der Tschetschenienfrage

Neben innenpolitischen Motiven spielte die Sorge Russlands, der Einfluß der NATO könnte nach der Bombardierung Jugoslawiens sich auch vor der eigenen Haustür weiter ausdehnen, das wohl entscheidende Motiv zum Beginn des zweiten Tschetschenienkrieges 1999.
Als der amerikanische Verteidigungsminister Cohen wenige Wochen nach Beendigung der Jugoslawienbombardierung nach Georgien reiste und dort bekräftigte, dass die Aufnahme Georgiens in die NATO grundsätzlich möglich sei, gingen in Moskau die (politischen) Alarmsirenen los. Möglicherweise war dieser Besuch, mit dem Cohen auch die europäischen NATO-Staaten überraschte, einer der Auslöser des zweiten Tschetschenienkrieges.

Das Verhalten der NATO gegenüber den Separatismusbewegungen im Kosovo und in Tschetschenien könnte kaum gegensätzlicher sein.
Kurz nach Beginn der Kampfhandlungen Anfang September 1999 bot US-Verteidigungsminister Cohen der Regierung in Moskau US-Hilfe bei der Bekämpfung des „Terrorismus“ an. Als Moskau in einem Ultimatum die Bevölkerung Grosnys Anfang Dezember 1999 zum Verlassen aufforderte, habe die russische Führung nach Ansicht von NATO-Generalsekretär Robertson gar keine andere Möglichkeit gehabt, die Ordnung in diesem Teil des Kaukasus wieder herzustellen (Interview in „Le Soir“, 7.12.99).
Im Februar 2000, als der Krieg seinem Höhepunkt entgegenging und Grosny von den russischen Truppen eingenommen wurde, erließ die westliche Staatengemein-

schaft der Führung in Moskau ein Drittel ihrer Schulden und streckte die Schuldenrückzahlung.
Die Gesellschaft für bedrohte Völker verklagte schließlich den Chef des Bundesnachrichtendienstes (BND), August Hanning, da dieser bei seiner Kaukasus-Reise im März 2000 den Russen Informationen über den tschetschenischen Widerstand geliefert - und somit den Völkermord unterstützt habe.

Provokation Moskaus durch Ausgrenzung

Neben den die Atomgroßmacht Russland besänftigenden Tönen beschlossen die von der NATO dominierten Länder der OSZE auf ihrem Gipfel in Istanbul im Dezember 1999 die bis dato massivste Provokation Moskaus. Die Türkei, Aserbaidschan und Georgien besiegelten unter den Augen von Bill Clinton den Bau einer Hauptpipeline für den Ölexport aus Baku und die Errichtung einer Gaspipeline aus Turkmenistan. Die fünf Milliarden DM teure Trasse zum türkischen Hafen Ceyhan ermöglicht den westlichen Staaten damit erstmals die Umgehung Russlands. Unter ökonomischen Gesichtspunkten ist diese Entscheidung unsinnig, da der Transport über Russland oder Iran wesentlich kostengünstiger wäre. Entscheidend für die NATO allerdings dürfte sein: „Moskau verliert seinen wichtigsten geopolitischen Trumpf in Mittelasien", so „Der Spiegel" (2/2000).

Frühjahr 2000: Vorläufiges Ende der Eiszeit zwischen NATO und Rußland

Als Antwort auf das neue Strategische Konzept der NATO änderte Russland am 14.1.2000 sein militärisches Konzept. In kritischen Situationen will Moskau als erstes Land Nuklearwaffen einsetzen - und nicht mehr nur zur Verteidigung bei Atomwaffenangriffen. Zusätzlich beschloss die russische Führung die Einrichtung von militärischen Basen in wichtigen Regionen der Welt.
Im Februar 2000 begannen die sich nach dem Jugoslawienkrieg am Nullpunkt befindlichen Beziehungen zwischen Russland und der NATO wieder zu entspannen. NATO-Generalsekretär Lord Robertson traf sich mit Vladimir Putin, Verteidigungsminister Sergeyev und Außenminister Ivanov in Moskau. Die russische Führung sah sich wieder ernstgenommen: „Ihr Besuch macht klar, daß die NATO auf die Beziehungen mit der russischen Föderation wert legt", so Putin.
Am 20.3.2000 erklärte der russische Präsident, daß es für Russland schädlich sei, wenn sein Land die NATO als Feind ansehen würde. General Ivashov, zuständig für internationale militärische Zusammenarbeit, erklärte: "Die NATO im März 2000 und die NATO im März 1999 unterscheiden sich ein wenig voneinander" und Russland „könnte sich nicht fernhalten, diese Chance zu nutzen" (zit. nach Halil Celik, Restauration und Militarisierung gehen Hand in Hand, Buko-Rundbrief, August/2000).

Schritte aus der Eskalation

Der erste Tschetschenienkrieg wurde u.a. damit beendet, daß die westlich orientierten finanzstarken russischen Oligarchien 1996 die Finanzierung des Wahlkampfes von Boris Jelzin an eine Beendigung des Krieges knüpften. Diese Einflussmöglichkeit auf Präsident Putin ist heute kaum gegeben.
Umso wichtiger ist eine Politik des Westens, die die Interessen der krisengebeutelten ehemaligen Supermacht berücksichtigt. „Bedrohung, das müssen heute die Tschetschenen leidvoll erfahren, geht nicht von einem starken, sondern von einem schwachen Rußland aus", so Volker Weichsel (in: Manfred Sapper (Hg.), Russland und der zweite Tschetschenienkrieg, Mannheim, Dez. 1999, S. 36).

In den letzten Monaten drängte Moskau die anderen Staaten rund um das Kaspische Meer (Kasachstan, Turkmenistan, Aserbaidschan und Iran), die noch immer ungeklärte Statusfrage (Binnensee oder Meer) endlich zu regeln. Die russische Regierung schlägt vor, den Meeresboden in nationale Sektoren aufzuteilen, in dem jedes Land souverän Bodenschätze förden könnte. Vertragliche Rechtssicherheit in dieser explosiven Zone, in der auch die russischen Ölkonzerne Lukoil und Yukos sowie der Gasgigant Gasprom tätig sind, könnte zu einer erheblichen Deeskalation führen.
Zusätzlich hat Moskau den Bau eines Strategischen Zentrums in Baku vorgeschlagen, das von allen fünf Anrainerstaaten gemeinsam finanziert werden sollte. Dieses Zentrum könnte die Fischfang-, Umwelt- und Schifffahrtspolitik koordinieren sowie Streitfragen aller Art mit diplomatischen Mitteln lösen.
Turkmenistan hat eingebracht, auf dem nächsten GUS-Gipfel im Oktober 2000 in Minsk ein Treffen der fünf Präsidenten der Anrainer-Staaten einzuberufen.

Die USA könnten durch eine Einstellung ihrer Unterstützung für die Taliban in Afghanistan ebenso wie für radikale antirussischen Kräfte in Aserbaidschan erheblich zur Deeskalation beitragen.
Umgekehrt liefert Moskau Waffen an Armenien im Krieg mit Aserbaidschan um die Enklave Berg-Karabach. Unterstützung erhalten auch abchasische Separatisten bei der Vertreibung der georgischen Bevölkerungsmehrheit.
Die Androhung Präsident Putins, die „Ausbildungslager tschetschenischer Terroristen" in Afghanistan dem Erdboden gleichzumachen, könnte einen regionalen Krieg entfesseln, der zum Flächenbrand zu werden droht (vgl. Financial Times Deutschland, 4.7.2000). Hiervon ist der russischen Führung mit allen diplomatischen Mitteln abzuraten.

Trotz vieler Versprechungen Washingtons und dem enormen Engagement von Ölmultis wie Exxon oder Mobil hat sich die soziale Lage der Bevölkerung im

Kaukasus in den vergangenen Jahren nicht verbessert. Große Teile der kaukasischen Völker trauen inzwischen der geographisch nahen „Schutzmacht" Russland im Kampf mit islamischen Gotteskämpfern mehr zu als den fernen USA.

Um den enormen Druck aus diesem „eurasischen Balkan" (so der ehemalige US-Präsidentenberater Z. Brzezinski) zu nehmen, ist die Hinwendung zu erneuerbaren Energien in den westlichen Staaten eine der wirkungsvollsten Langzeit-Maßnahmen - am besten verknüpft mit der Zähmung der aus dem Ruder gelaufenen internationalen Finanzmärkte, die im Zuge ihrer Kapitalvermehrung auf immer neue Krisen und Kriege hindrängen und somit eindeutig als „Kriegsbewegung" identifiziert werden können.

Quelle: Soziale Verteidigung. Konflikte gewaltfrei austragen - Militär und Rüstung abschaffen. Vierteljahreszeitschrift des Bundes für Soziale Verteidigung, 3+4/2000, Minden, S.4-5.
hg. vom Bund für Soziale Verteidigung, Ringstr. 9a, 32427 Minden.

06.05.2000

1.5. Was tun gegen neue Nato-Kriege?

Globale Konflikt-Ausgangslage

Im Jahre 1999 zählte das Heidelberger Institut für internationale Konfliktforschung weltweit 134 Konflikte zwischen Staaten, Organisationen und organisierten Gruppen.
Davon wurden exakt 100 gewaltlos ausgetragen, 34 mit Gewalt. Mir scheint dieser Befund zunächt wichtig: Die überwiegende Mehrzahl aller Krisen wird diplomatisch beigelegt!
Offensichtlich ist es in den meisten Fällen vorrangig eine Frage des politischen Willens, welche Streitigkeiten gewaltsam und welche gewaltlos ausgetragen werden - auch bei künftigen Einsätzen der NATO.

Die Rohstofffrage

„Es droht das größte Gemetzel seit Menschengedenken", so überschrieb Hermann Scheer (SPD, MdB) seinen Beitrag in der FR-Dokumentation am 9.10.99 und führte aus:
„Da die Erschöpfung der konventionellen Öl- und Gasreserven wahrscheinlich zwischen 2030 und 2040 erreicht sein wird, beschreibt dieser skizzierte Zeitraum auch den der finalen Agonie der fossilen Weltwirtschaft. Dann wird die Menschheit einen historisch beispiellosen Existenzkampf führen. Und ihn verlieren, wenn die fossile Weltwirtschaft ihre Verbrauchsorgien bis zum Äußersten treibt. Wenn die Menschheit an diese Kreuzungspunkte zwischen Verfügbarkeit und Bedarf getrieben wird, droht der brutalste militärische Konflikt seit Menschengedenken - der Weltkonflikt überhaupt." Auf dem kontinuierlichen Weg dorthin befinden wir uns spätestens seit dem Golfkrieg 1991.
Eine radikale Wende hin zu erneuerbaren Energien stellt eine der wirksamsten Prophylaxen gegen neue NATO-Kriege dar.

Verdrängung und brutale Interessendurchsetzung statt vorausschauende Deeskalationspolitik

Weil (NATO-)Politiker/innen regelmäßig wiedergewählt werden möchten, neigen sie eher zu Verdrängung und kurzfristigem egoistischem Durchsetzen der Interessen der eigenen Wählerklientel (zumindest der Eliten) statt zu langfristig angelegtem deeskalierendem Handeln, das seltener bei Wahlen belohnt - und von Aktionären meist explizit bestraft wird.

Aktuelle Ansatzpunkte für Friedenshandeln gegen weitere NATO-Kriege

1. Die Gefahr der Einkesselung Russlands

In Kürze findet das NATO-Großmanöver „Schild des Friedens 2000“ statt - in den Ländern Ukraine, Bulgarien und Estland. Die NATO nimmt Russland in die Zange, von Süden wie von Norden. Mit Estland haben die USA ein gemeinsames Luftraumüberwachungszentrum in Estland errichtet. Im Kaukasus geben sich fast täglich hohe NATO-Militärvertreter die Klinke in die Hand.
Dagegen wäre kurzfristig die Rolle der OSZE auf der Grundlage der neuen Sicherheitscharta vom 18./19.11.99 (OSZE-Gipfel in Istanbul) zu stärken, wobei die OSZE sich in jüngster Zeit sowohl in Georgien als auch in Tschetschenien Vertrauen erworben hat. Hierfür ist die OSZE personell und finanziell besser auszustatten als bisher - und darf vor allem nicht mehr wie im Kosovo von den USA und Großbritannien als „trojanisches Pferd“ für die Kriegsvorabeiter der spätereren Bombardierung instrumentalisiert werden (vgl. Intelligence, 31.4.99).
Auszubauen ist auch der von der EU eingebrachte Energie-Charta-Vertrag (ECT). Dieser soll die langfristige Zusammenarbeit in allen Energiefragen regeln. Er trat am 16.4.98 in Kraft und wurde bereits von 32 Staaten (darunter acht aus der kaspischen Region) unterzeichnet. Der Vertrag sieht explizit wirkungsvolle Streitschlichtungsmechanismen vor. Zu fordern ist, daß auch Russland und die USA ihn endlich unterschreiben.

2. Das Raketenabwehrprogramm im Weltraum

In Kürze wird die endgültige Entscheidung darüber fallen, ob die USA ein milliardenteures Raketenabwehrsystem stationieren werden. In Ergänzung des ABM-Vertrages von 1972 haben die USA der russischen Regierung im Januar 2000 in Genf einen Text vorgelegt, der die Stationierung von 100 Startrampen mit 100 Abfangraketen auf Alaska umfaßt. Eine Ausweitung auf 200 Raketen ist schon jetzt vorgesehen. Dieses Vorhaben wird vermutlich ein neues Wettrüsten mit erheblichem Eskalationspotenzial in Gang setzen.

Am 7.11.2000 sind US-Wahlen, im Januar 2001 der Amtsantritt von Clintons Nachfolger - Zeit also zur politischen Lobbyarbeit gegen dieses Vorhaben.
In den neuesten russischen Militärdokumenten wird die NATO neuerdings wieder als potenzieller Feind genannt - trotz der sogenannten NATO-Russland-Akte, die eigentlich Grundlage einer Zusammenarbeit sein sollte.

Kontakt: Global Network Against Weapons And Nuklear Power In Speace (Globales Netzwerk gegen Waffen und Kernenergienutzung im Weltraum), c/o Regina Hagen, Teichhausstr. 46, 64287 Darmstadt, Tel. 06151-47114, Fax. 06151-47105.

3. Die neue Rolle von Atomwaffen

Wenn am 24./25. Mai 2000 auf der NATO-Ministerratstagung in Florenz das Strategische Militärdokument MC 400/2 verabschiedet werden wird, wird damit die Rolle von Kernwaffen kurzer Reichweite neu festgelegt. Atomwaffen sollen nicht mehr nur der strategischen Abschreckung dienen, sondern auch gegen atomare, biologische und chemische Angriffe so genannter Schurkenstaaten eingesetzt werden. Dies stellt einen offenen Bruch des Den Haager Gerichtshofbeschlusses von 1996 zu Einsatz, Lagerung und Besitz von Atomwaffen dar.
Kontakt: Trägerkreis Atomwaffen abschaffen, Naturwissenschaftler/innen-Initiative, c/o Reiner Braun, Gutenbergstr. 31, 44139 Dortmund, Tel.: 0231-575201, Fax: 0231-575210.

Weitere Möglichkeiten des Engagements:

- Die internationale Landminenkampagne brachte mehr als 120 Staaten dazu, auf die Produktion dieser tödlichen Plage zu verzichten. Nach ähnlichem Muster läuft derzeit eine Kampagne gegen Kleinwaffen.
Kontakt: Kampagne „Produzieren für das Leben - Rüstungsexporte stoppen", c/o Thomas Klein, Bismarckring 3, 65183 Wiesbaden, Tel.: 0611-9102350, Fax: 0611-371838 (Dort sind z.B. eine Anti-Minen-Ausstellung und eine Ausstellung gegen Kleinwaffen ausleihbar).

- Während Russland auf weitere Atomtests verzichten möchte, halten sich die USA weiterhin alle Optionen offen. Trotz Unterzeichnung des Atomwaffentestverbotes von 1996 führten sie seitdem mehr als 12 Tests durch. Bis zum EU-Gipfel in Nizza im Dezember 2000 werden europaweit Unterschriften für ein atomwaffenfreies Europa gesammelt.
Kontakt: Aktion Atomteststop, c/o Gerd Greune, Oppelner Straße 130, 53119 Bonn, Tel.: 0228-6685-148, Fax: 0228-6685-229.

- Die Kampagne „Erlaßjahr 2000" brachte für eine Schuldenstreichung der ärmsten Länder zehntausende Demonstranten/innen beim G 7/8 Gipfel in Köln 1999 auf die Beine und läuft erfolgreich weiter.
Kontakt: Südwind e.V., Lindenstr. 58-60, 53721 Siegburg, Tel.: 02241-591226, Fax: 02241-591227.

- Das Multilaterale Abkommen über Investitionen (MAI) - das ökonomische Gegenstück zur neuen NATO-Doktrin -, mit dem die 29 reichen OECD-Staaten den Rest der Welt ausplündern wollten, mußte nach zweijährigen Geheimverhandlungen zunächst aufgegeben werden, weil NGO´s den skandalösen (geheimen) Vertragstext ins Internet gestellt hatten und u.a. die französische Regierung zwangen, aus den Verhandlungen auszusteigen.

- Die Einrichtung eines internationalen Gerichtshofes (ICC) wird derzeit von internationalen NGO´s vorangetrieben - und von den USA hintertrieben. Eine stärkere Verrechtlichung würde der neuen NATO-Doktrin möglicherweise Zügel anlegen.

Die Proteste gegen die WTO-Tagung in Seattle oder die jüngste IWF-Sitzung zeigen, dass die Solidaritäts- und Friedensbewegungen keineswegs ohnmächtig sind. Eine Zähmung der internationalen Finanzmärkte z.B. mittels der Einführung einer Tobin-Steuer auf Gewinne aus Börsenspekulationen wäre vermutlich eine der wirkungsvollsten Maßnahmen auch gegen neue NATO-Kriege.
„Die Generäle der Wall-Street lieben den Krieg" meinte sehr zutreffend Daniel Kadlec in der „Time" nach den Aktien-Kursanstiegen infolge des Golfkrieges. Die Kritischen Aktionäre setzen daher am richtigen Punkt an, wenn sie z.B. das Image des guten Sterns der Daimler Benz AG, seit der Fusion Daimler/Crysler AG, wegen deren jahrelanger Minenproduktion auf Aktionärsversammlungen etwas „ankratzen" - und damit auch schon erste Erfolge erzielen konnten.
Kontakt: Dachverband Kritischer Aktionäre Daimler Benz, c/o Paul Russmann, Arndtstr. 31, 70197 Stuttgart, Tel.: 0711-608396, Fax: 0711-608357.

Angesichts bevorstehender neuer NATO-Kriege gilt noch immer:
„Wer (gewaltfrei, C.R.) kämpft, kann verlieren - wer nicht kämpft, hat schon verloren" (B. Brecht).

Quelle: Friedensforum, Rundbrief der Friedensbewegung, Juni/Juli 2000, Bonn, S. 38-39.
hg. vom Netzwerk Friedenskooperative, Römerstr. 88, 53111 Bonn.

2. IRAK

Alle Tage
Der Krieg wird nicht mehr erklärt,
sondern fortgesetzt. das Unerhörte
ist alltäglich geworden. Der Held
bleibt den Kämpfen fern. Der Schwache
ist in die Feuerzonen gerückt.
Die Uniform des Tages ist die Geduld,
die Auszeichnung der armselige Stern
der Hoffnung über dem Herzen.

Er wird verliehen,
wenn nichts mehr geschieht,
wenn das Trommelfeuer verstummt,
wenn der Feind unsichtbar geworden ist
und Schatten ewiger Rüstung
den Himmel bedeckt.

Er wird verliehen
für die Flucht vor den Fahnen,
für die Tapferkeit vor dem Freund,
für den Verrat unwürdiger Geheimnisse
und die Nichtachtung
jeglichen Befehls

Ingeborg Bachmann

aus: Hörfunk-Aufnahme des Nordwestdeutschen
Rundfunks vom 3. November 1952

Chronologischer Überblick ausgewählter Ereignisse

Oktober 1997: Der UN-Sicherheitsrat droht Irak Sanktionen an, falls UN-Inspektoren weiter behindert werden. Irak weist drei US-Inspektoren aus, die der Spionage bezichtigt werden. Die UN-Mission stellt die Arbeit komplett ein.

Februar 1998: Die Krise eskaliert und wird kurz vor einem Militäreinsatz durch Vermittlung von UN-Generalsekretär Kofi Annan diplomatisch beigelegt.

September 1998: Der Ire Dennis Halliday tritt aus Protest gegen die verheerenden Auswirkungen der Sanktionen als UN-Koordinator des „Erdöl-für-Lebensmittel"-Programms von seinem Amt zurück.

Dezember 1998: Nach einer erneuten Eskalation bombardieren die USA und Großbritannien vom 16.-19.12.98 in einem Viertagekrieg Irak.

Seit Dezember 1998: In unregelmäßigen Abständen bombardieren die USA und Großbritannien irakische Einrichtungen.

Dezember 1999: Der UNO-Sicherheitsrat beschließt die Einsetzung der neuen Rüstungskontrollkommission UNMOVIC.

Januar 2000: Russland und Frankreich lehnen die Berufung von Rolf Ekeus zum UNMOVIC-Leiter ab. Zum neuen Chef wird der Schwede Hans Blix ernannt.

Februar 2000: Der deutsche UN-Koordinator Hans Graf von Sponeck tritt wie vor ihm Denis Halliday aus Protest gegen das Embargo von seinem Amt zurück.

September 2000: 42 UN-Inspektoren warten reisefertig auf ihren Einsatz, die irakischen Behörden verweigern die Einreise.

September 2000: Aus Frankreich und Rußland landen erstmals wieder seit 1990 nach einem Direktflug Zivilmaschinen in Bagdad. Die USA und Großbritannien kritisieren dies als Sanktionsbruch. Bis Ende 2000 folgen weitere rund 120 Maschinen aus verschiedenen Ländern.

Januar 2001: Der erste geplante Direktflug aus Deutschland von Köln nach Bagdad mit rund 180 Personen im Rahmen einer humanitären Mission wird kurz vor dem Abflug auf Druck der britischen Muttergesellschaft des Flugunternehmens vertragswidrig abgesagt.

6.2.1998

2.1. Informationen zur Golfkrise 1998

Im Sommer 1995 startete der Versöhnungsbund die Kampagne „Gewaltfrei aktiv gegen Krieg". Kernsatz dieser Kampagne ist folgende Selbstverpflichtung: „Ich erkläre heute: Wenn die Bundeswehr in Kriege entsandt wird, werde ich gewaltfrei aktiv gegen Krieg".
Mehrere hundert Menschen haben diese Erklärung inzwischen unterzeichnet.
Die neuerliche Golfkrise könnte für die Unterzeichner/innen, aber auch für alle anderen Personen, die sich der Demokratie und dem Frieden verpflichtet wissen, zum Testfall werden. Wie schon beim Golfkrieg 1991 steht die Bundeswehr in Gefahr, in diesen Krieg verwickelt zu werden.
Mit diesem Faltblatt möchten wir Hintergründe zur aktuellen Golfkrise vermitteln und zum Handeln anregen - solange noch Spielräume für eine Verhandlungslösung bestehen!

Rückblick auf den Golfkrieg 1991

Selten zuvor bewahrheitete sich vor, während und nach dem Golfkrieg 1991 in dieser Deutlichkeit der Satz: „Das erste Opfer eines Krieges ist die Wahrheit".
War die Friedensbewegung 1990/91 noch wegen ihres Slogans „Kein Blut für Öl" heftig kritisiert worden, bestätigte Brent Scowcroft, damaliger nationaler Sicherheitsberater unter Präsident Georg Bush, fünf Jahre später die Richtigkeit dieses Satzes voll und ganz: Im BBC-Fernsehen räumte er ein, „daß der wahre Grund für den Krieg natürlich das Öl gewesen sei" (FR, 18.1.96).
Was vor allem Ramsey Clark, ehemaliger US-Generalstaatsanwalt und Initiator mehrerer Tribunale zum Golfkrieg 1991 ans Licht brachte, so z. B. in seinem Buch „Wüstensturm. US-Kriegsverbrechen am Golf", Göttingen 1995, ist bis heute nicht in die breitere Öffentlichkeit gelangt.
Der ehemalige Direktor des Center for Constitutional Rights, Michael Ratner, stellte damals fest, daß die Verstöße der Golfkriegsalliierten gegen die Haager und Genfer Konvention „schwere Rechtsbrüche darstellten, für die die Nazis und die Japaner aufgehängt wurden" (Versöhnung, hg. vom deutschen Zweig des internationalen Versöhnungsbundes, Sept. 1991, S.13).
Grund dieser drastischen Bewertung waren u.a. die „Massenbegräbnisse" noch lebender, sich ergebender irakischer Soldaten, die zu tausenden einfach überrollt und getötet worden waren sowie die unzähligen Zivilisten, die in ihren Privat-PKW auf der Flucht ermordet wurden.

119 Mitarbeiter allein der PR-Agentur Hill & Knowlton, die enge Kontakte zur US-Regierung pflegte, waren 1990/91 im Einsatz, um alle relevanten Medien und Entscheidungsträger mit z.T. gezielten Propaganda-Lügen zu versorgen. Größter Coup war damals der Auftritt der Tochter des kuwaitischen Botschafters in den USA, die vor dem amerikanischen Kongreß mit tränenerstickter Stimme die von Hill & Knowlton lancierte frei erfundene Brutkasten-Story vortrug: Irakische Soldaten hätten 312 Babys aus ihren Brutkästen entnommen, um sie auf dem kühlen Krankenhaus-Fußboden von Kuwait-Stadt sterben zu lassen. Nach dieser über TV-Kanäle in Millionen von US-Haushalten transportierten Horrorgeschichte schnellte die Zustimmungsrate für einen Militärschlag gegen die irakischen „Barbaren" enorm in die Höhe.
Die Weltöffentlichkeit darf gespannt sein, was sich die US-Strategen diesmal als Rechtfertigung einfallen lassen werden.
Nach den Erfahrungen von 1991 wird es wahrscheinlich auch 1998 - sollte es soweit kommen - nicht ein „sauberer Krieg" mit gezielt „chirurgischen Schlägen" werden.

Worum geht es 1998?

Gary Seymour, Mitarbeiter des Nationalen Sicherheitsrates der USA, erläuterte 1996, was die USA unter ihrer sog. „Rogue Doctrine" (Anm.: Rogue, engl. Schurke) verstehen: „Schurkenstaaten" seien „Länder, die schlechte politische Beziehungen mit Washington haben" (FR, 4.2.98).
Nach dem Ende des Ost-West-Konfliktes wurden die USA zur Rechtfertigung ihrer eigenen ABC-Waffen-Hochrüstung unter den von Pentagon-Strategen mit der Abkürzung „ROW" (Rest of World) bezeichneten Staaten bei einem besonderen „Schurkenstaat" fündig: Irak.
Die Ankündigung des „Schurken" Saddam Hussein, er werde den UN-Inspektoren ein Ultimatum zur Beendigung ihrer Arbeit bis 20.5.1998 setzen, veranlasste die US-Außenministerin Madeleine Albright zu einer ebenso drastischen wie verräterischen Äußerung: „Saddam (werde) die Schlinge um seinen Hals nur noch fester zuziehen" (FR, 19.1.98).
In einer Pressekonferenz am 14.11.97 hatte bereits Bill Clinton ein neues Ziel amerikanischer Außenpolitik formuliert, das über die bisherigen (Niederhaltung des Irak, Ausgrenzung aus Wirtschaftsbeziehungen) hinausging: Falls der irakische Diktator nicht abgesetzt werde, so der amerikanische Präsident, bleibe die Blockade „bis ans Ende aller Zeiten". Gedeckt war diese Verknüpfung der Beseitigung Saddam Husseins und der Aufhebung des UN-Embargos von keiner einzigen UN-Resolution.

Durch ihre Embargopolitik ziehen die UN unter Führung der USA seit nunmehr sieben Jahren weniger eine Schlinge um den Hals Saddam Husseins als um die Köpfe der irakischen Bevölkerung. Berichte von UNO-Hilfsorganisationen und des Welternährungsprogramms der FAO zeigen, daß „gegenwärtig ungefähr eine Million Kinder an durch chronische Unterernährung hervorgerufenen Wachstumsschäden leiden" und „diese konstante Verschlechterung langfristige Probleme schaffen wird, die mehrere Generationen betreffen würden" (Le Monde Diplomatique, 6.12.97).
Die soziale Lage im Land ist derzeit mehr als gespannt: „Die Kindersterblichkeitsrate ist zwischen 1990 und 1996 von 61 auf 117 pro tausend Geburten angestiegen. Der Mangel an Trinkwasser und geeigneten Medikamenten hat zu einem Wiederauftreten von Malaria und Typhus geführt. Nach vertrauenswürdigen Statistiken liegt die Zahl der Sterbefälle, die den Embargofolgen zugerechnet werden, bei 800 000, darunter 320 000 Kinder unter fünf Jahren", berichtete „Le Monde Diplomatique" am 6.12.97 unter dem bezeichnenden Titel „Washington gegen Bagdad - die nächste Runde."
Angesichts dieser katastrophalen Lage steht das irakische Regime derzeit mit dem Rücken zur Wand. Weil eine Aufhebung des Embargos von der Beendigung der Arbeit der UNSCOM-Inspektoren abhängt, und dieses Ende derzeit überhaupt nicht absehbar ist, entschloß sich Saddam Hussein zur Flucht nach vorne. Seit Ende 1997 provoziert er einen Konflikt mit erheblichem Eskalationspotenzial.

Daß er sich von den UNSCOM-Inspektoren nicht gerne in die letzten geheimen Waffenkammern seiner Paläste schauen lassen möchte, dürfte eher ein Nebenschauplatz seiner derzeitigen Taktik sein - im Zentrum steht eindeutig die Beseitung des Embargos.
Außer einer Inspektorengruppe mit neun US-Amerikanern, denen irakische Stellen Spionage vorwerfen, können sechs bis acht weitere Teams anderer Nationalitäten ihrer Arbeit nachgehen.

Zur Arbeit von UNSCOM

Seit sieben Jahren nun schon kontrollieren diese UNSCOM-Mitarbeiter rund 700 irakische Militäranlagen und sorgen für deren Zerstörung - sofern sie nicht eh schon während des Krieges in Schutt und Asche gelegt worden waren. Zu Zwischenfällen kam es in etwa sechs Fällen. In ihren Berichten ist nachzulesen, „dass das irakische Potenzial an Massenvernichtungswaffen zerstört und die Möglichkeit zur Verschleierung nur noch gering sei" (Le Monde Diplomatique, 6.12.97). Weil dem Washingtoner State Departement diese Aussagen zu weit gingen, wurde - laut Le Monde Diplomatique- unter der Leitung des vorletzten UNSCOM-

Leiters, Rolf Ekeus, der Wortlaut dieser offiziellen UN-Berichte auf Drängen der USA nachträglich verändert.
Wie wenig Bill Clinton selbst davon überzeugt ist, Irak könne derzeit ernsthaft eine Bedrohungsquelle für seine Nachbarn sein, läßt sich an einem „Rückzieher" des US-Präsidenten ablesen: „Als `kleinen Unfall´ bedauerte er (Clinton).... ein in der US-Presse wiedergegebenes Zitat, wonach Iraks Diktator Saddam Hussein Tel Aviv mit Biowaffen vernichten könne. Er habe damit nicht sagen wollen, daß Irak einen solchen Angriff durchführen werde" (FR, 31.1.98).

Vor allem das Ölembargo gegen den Irak lag nach 1991 voll im amerikanischen Interesse. Bei knapperem Ölangebot erzielte z.B. Saudi-Arabien auf dem Weltmarkt höhere Erlöse - und konnte so seine Schulden für riesige Waffeneinkäufe bei der US-Rüstungsindustrie wesentlich schneller abtragen. In die Gesamtregion lieferten die USA zwischen 1989 und 1996 Rüstungsgüter im Wert von 56 Mrd. Dollar (Friedensforum, Nov./Dez. 1997).
Seit 1996 darf Irak laut der UN-Resolution 986 „Erdöl für Lebensmittel" und Medikamente aus- bzw. einführen. Statt der vorgesehen 2,14 Mrd. Dollar pro Halbjahr erlöste das Regime in Bagdad allerdings nie mehr als 1,3 Mrd. Dollar. Dieses Geld wird u.a. herangezogen, um die UNSCOM-Inspektoren zu bezahlen, Reparationsforderungen der vom Golfkrieg betroffenen Länder nachzukommen sowie kurdische Gebiete - unter UNO-Kontrolle - zu versorgen. Für die Machthaber in Bagdad bleibt wenig übrig. Zu allem Überfluss „legten US-Behörden Bagdad bei Kauf und Lieferung von Medikamenten trotz unzähliger Proteste immer wieder Hindernisse in den Weg" (Le Monde Diplomatique, 6.12.97).
Trotz der brutalen Behandlung der eigenen Bevölkerung durch den Einsatz von Giftgas im nördlichen Kurdengebiet (1988) oder der brachialen Niederschlagung der Schiiten-Aufstände im Süden Iraks (1991) mit jeweils tausenden von Toten muss man davon ausgehen, daß der irakische Diktator schon allein aus Interesse an eigener Machterhaltung tatsächlich Gelder für Nahrung und Medikamente für die Menschen in Irak einsetzen wird. Soziale Unruhen im Lande könnten auch für sein Regime gefährlich werden.

Der Weltkirchenrat hat in seiner Warnung vor einem neuen Militärschlag auch eindeutig zu den Sanktionen Stellung genommen: „Die Lage habe sich durch das `Erdöl-für-Lebensmittel-Abkommen´ mit den UN kaum gebessert. Die Sanktionen verletzten die Menschenrechte vieler Iraker, indem sie ihnen das Recht auf Nahrungsmittel, Kleidung, Wohnung, medizinische und soziale Versorgung und Arbeit verwehrten." Dem Embargo „fehlten Sinn und klare Ziele, es ... hat deshalb kaum mehr erreicht als das Leiden der Menschen" (FR, 31.1.98), so die Vertretung von 300 Kirchen in 100 Ländern.

Das Urteil von Paul-Marie de la Gorce, Journalist und Kenner der Region, läßt nichts an Deutlichkeit zu wünschen übrig, was den eigentlichen Konflikt betrifft: „Die meisten Beobachter der amerikanischen Politik in der Region sind ... überzeugt, daß Washington in Wahrheit darauf aus ist, den Irak auf Dauer faktisch und politisch auf dem tiefstmöglichen Niveau zu halten“ , schrieb er am 6.12.97 in Le Monde Diplomatique.
Eine gewaltige Veränderung gegenüber dem Golfkrieg von 1991 zeigt die jüngste Krise: Außer Großbritannien, Kuwait und Portugal verweigern die wichtigsten Verbündeten der USA die Gefolgschaft für einen neuen Militärschlag. Saudi-Arabien möchte auf keinen Fall zulassen, daß es als Stützpunkt missbraucht wird, die Türkei ebenfalls, Frankreich, China und Russland wollen im Weltsicherheitsrat einen neuen Militärschlag unter UN-Flagge zu Fall bringen, sollten die USA dies einbringen.

Die Chronologie der Krise von Ende 1997

Die Chronologie der Krise vom Oktober bis Dezember 1997 scheint sich seit Januar 98 auf einer neuen Eskalationsstufe zu wiederholen:
23.10.97: Der UN-Sicherheitsrat droht Irak Sanktionen an, falls UNSCOM-Inspektoren weiter behindert werden.
27.10.97: Das irakische Parlament möchte die Wiederaufnahme der Beziehung zu UNSCOM-Inspektoren an die Bedingung knüpfen, innerhalb eines festgelegten und nahen Zeitraumes das Embargo aufzuheben.
30.10.97: Der Irak weist drei amerikanische Inspektoren aus, die der Spionage bezichtigt werden. Der UNSCOM-Leiter Richard Butler stellt daraufhin die komplette Arbeit aller Teams ein.
1.11.97: Der UN-Sicherheitsrat zieht die „Notbremse“, lehnt den unmittelbaren Einsatz von Gewalt ab und entsendet statt dessen drei Sonderbeauftragte nach Bagdad.
17.11.97: Der irakische Vizeminister Tarik Asis schlägt vor, die UNSCOM-Inspektoren können ihre Arbeit wieder aufnehmen, wenn die überproportionale amerikanische und britische Präsenz der Delegation verhindert würde. Französische Diplomaten erkunden eine Verhandlungslösung und sagen eine Überprüfung der Resolution „Erdöl für Lebensmittel“ und Medikamente zu.
20.11.97: Nach einem Treffen der Außenminister Russlands, den USA, Großbritanniens und Frankreichs akzeptiert der Irak die Rückkehr aller UNSCOM-Inspektoren - auch der drei amerikanischen.

Daß mit dieser vorläufigen Deeskalation der Grundkonflikt nicht gelöst war, lag allen Beteiligten klar auf der Hand. Saddam Hussein ging als Gewinner einer wichtigen Erkenntnis aus dieser Krise hervor: Die USA können bei einem neuen

Golfkrieg nicht mit der Unterstützung der meisten ehemaligen Verbündeten rechnen!
Auf dieser Basis wird er vermutlich versucht sein, die Eskalationsleiter bei der neuerlichen Krise noch etwas weiter auszureizen. Dass er Anfang Februar auf massive diplomatische Versuche Russlands hin lediglich seine Bereitschaft zeigte, acht von 78 (laut USA) „umstrittenen Objekten“ durch UNSCOM-Inspektoren untersuchen zulassen sowie den Leiter der Delegation, Richard Butler, zu empfangen, weist daraufhin, daß er vermutlich nicht eher nachgeben wird, bis eine für ihn befriedigende Lösung gefunden ist.

Der Australier Richard Butler gilt als enormer Beschleuniger der derzeitigen Krise, indem er früh die Anwendung von Gewalt gegen den Irak rechtfertigte. Im amerikanischen Fernsehen erklärte er, Saddam Hussein sei in der Lage, seine Nachbarn zu bedrohen und wolle Führer der arabischen Welt werden. „Damit erklärte er nicht nur die von der UNSCOM in den letzten sieben Jahren geleistete Arbeit für null und nichtig, sondern ignorierte auch die Tatsachen, dass die irakische Armee weitgehend zerschlagen ist und dass Saddam Hussein und seine Politik in fast allen arabischen Ländern sehr negativ gesehen wird“, stellte die renommierte „Le Monde Diplomatique“ am 6.12.97 die Faktenlage klar.
In welche Richtung ein Kompromiß gehen könnte, hat UN-Generalsekretär Kofi Annan Anfang Februar 1998 in New York angedeutet: Irak solle künftig Erdöl im Wert von 5,2 Milliarden Dollar pro Halbjahr verkaufen dürfen. Damit möchte sich der irakische Diktator allerdings derzeit nicht zufrieden geben und beharrt auf seiner Grundforderung: Aufhebung des Embargos.

Die amerikanische Politik tritt derzeit u.a. deshalb so massiv gegen den Irak auf, weil sie sich ein neues Desaster in der Region nicht erlauben kann. Der Versuch, zusammen mit Japan und europäischen Staaten ein Embargo gegen den Iran durchzusetzen, scheiterte ebenso wie die Einflussnahme auf die israelische Regierung und deren Konfrontationspolitik gegenüber der palästinensischen Bevölkerung.

Die Rolle Deutschlands und der Bundeswehr

Die Entsendung von zwei bundesdeutschen Chemiewaffenexperten sowie die Tatsache, daß die UNSCOM-Inspektoren von Maschinen der Bundesluftwaffe seit vielen Jahren durch den Irak transportiert werden, belegt dass sich die Bonner Regierung nur schwer „neutral“ verhalten kann.
Mitte Januar ´98 berichtete der deutsche UN-Inspekteur Norbert Reinecke vor dem Landgericht in Darmstadt im Prozeß gegen die Firma „Harvel“ (Neu-

Isenburg), angeklagt wegen illegaler Rüstungslieferungen in den Irak, seine Erfahrungen: „Auf Pumpen von Raketen-Startrampen sei `Made in Germany´ zu lesen gewesen, in Büros irakischer Rüstungsfirmen hätten die Inspektoren deutschsprachige Pläne gefunden, und auf Druckluftbehältern für Militäranlagen seien deutsche TÜV-Stempel gefunden worden. In der internationalen Inspektorengruppe habe das zu so wenig erfreulichen Kommentaren geführt wie: `Wenn es um die Herstellung von Massenvernichtungswaffen geht, seid ihr Deutschen immer ganz vorn", fasste Thomas Klein, Rüstungsexport-Experte und Öffentlichkeitsreferent der Kampagne „Produzieren für das Leben - Rüstungsexporte stoppen", in der „jungen Welt" am 27.1.1998 die Aussagen Reineckes zusammen.
Daß die Leistungen Deutschlands beim Golfkrieg 1991 weit mehr umfassten als die Zahlung von ca. 17 Milliarden DM, kam erst spät ans Tageslicht.

Helmut Kohl hatte während des Golfkrieges vor dem Bundestag erklärt, deutsche Soldaten würden nicht eingesetzt. Tatsächlich aber waren von Geilenkirchen aus 10 „AWACS"-Maschinen gestartet, die vom türkischen Stützpunkt Konya zu Spionagezwecken, Frühwarnung sowie der Einsatzführung der Alliierten-Kampfflugzeuge eingesetzt wurden, mit dabei 150 Bundeswehrsoldaten.
Am 2.1.91 verlegte die NATO ihre mobile Eingreiftruppe in die Türkei, darunter 18 deutsche „Alpha Jets" vom Jagdbombergeschwader 43 (Oldenburg). Diese wurden von deutschen und niederländischen Flugabwehrraketen noch zusätzlich verstärkt (vgl. „Anchor Guard. Geheimer Kampfeinsatz der Bundeswehr", antimilitarismus-information (ami), Berlin, März 1993).

Dieser Einsatz - an der Verfassung vorbei - wurde so gut geheimgehalten, daß selbst das Auswärtige Amt seinerzeit nicht informiert wurde. Erst im SPIEGEL (1.2.93) erklärte ein Bundeswehroffizier ganz offen: „Damals haben wir auch Feuerleitplanung für Ziele im Irak gemacht". Volker Rühe wollte diese bereits im Januar 91 bekannt gewordenen Aussagen damals weder bestätigen noch dementieren (Süddeutsche Zeitung, 21.1.93).
Klaus Kinkel versucht, sich das unwillkommene Thema einer militärischen Unterstützung der USA (noch) vom Leibe zu halten: „Es gebe keine US-Anfrage in diese Richtung und es gebe deshalb auch keinen Grund für eine Debatte" (FR, 31.1.98).
Fällt die Türkei doch noch um, löst z.B. wie 1991 den „NATO-Fall" aus und stellt Startplätze für Kampfbomber zur Verfügung, wären vermutlich auch diesmal wieder Bundeswehrsoldaten mit dabei - und auch diesmal wieder ohne Verfassungsgrundlage!

Aufruf

Werden Sie Gewaltfrei aktiv gegen Krieg!

Vom 2.-6. Februar fanden in den USA „Internationale Protesttage“ gegen die drohende Bombadierung des Irak statt. Aufgerufen hatte ein breites Bündnis von Friedens- und Menschenrechtsgruppen, zusammengeschlossen im „Internationalen Aktions Zentrum“ in New York. Deren Sprecher Ramsey Clark, früherer US-Generalstaatsanwalt, warnte während der Aktionen die US-Regierung vor neuem Blutvergießen in Irak.
In Bagdad gingen in den letzten Monaten ebenfalls viele Menschen auf die Straße, um gegen die Aufhebung des Embargos sowie neue Militärschläge der USA zu demonstrieren.
Fordern Sie Saddam Hussein auf, alles in seiner Macht stehende zu tun, einen Krieg abzuwenden - und endlich die Menschenrechte einzuhalten!

* Drücken Sie Ihre Empörung gegenüber der derzeitigen Politik aus!
* Schreiben Sie an die verantwortlichen Politiker und fordern Sie diese zu einer gewaltfreien Lösung der derzeitigen Krise auf!
* Organisieren Sie Mahnwachen und Schweigekreise in Ihren jeweiligen Städten und Gemeinden!
* Greifen Sie Ihnen wichtig erscheinende Argumente dieses Infoblattes auf und haben Sie Mut, über Leserbriefe Druck in allen Tageszeitungen zu erzeugen!

Bestellen Sie weitere Exemplare dieses Faltblattes und verteilen Sie es!
Bestelladresse des Faltblattes: Druckerei Knotenpunkt, Beller Weg 6, 56290 Buch, Tel. 06762-2621, Fax: 06762-2995.

Spendenkonto des Versöhnungsbundes:
Stichwort: Kampagne „Gewaltfrei aktiv gegen Krieg“, Sparkasse Minden-Lübbecke, BLZ 490 501 01, Kto.-Nr. 400 906 72

Anschriften und Faxnummern für Ihre Protestbriefe:

An den Bundeskanzler der Bundesrepublik Deutschland,
Hern Dr. Helmut Kohl, Adenauerallee 139-141, 53113 Bonn, Fax: 0228-562352

An den Präsidenten der Vereinigten Staaten von Amerika, Bill Clinton, White House, Washington DC., USA (Faxnummer der amerikanischen Botschaft in Bonn: 0228-333601)
An den Präsidenten von Irak, Saddam Hussein, Bagdad, Irak (Faxnummer der irakischen Botschaft in Bonn: 0228-253023)

Quelle: 4. Informationsblatt der Kampagne des Versöhnungsbundes „Gewaltfrei aktiv gegen Krieg, erschienen im Februar 1998,
hg. von der Geschäftsstelle des Versöhnungsbundes, Ringstr. 9a, 32427 Minden.

Es war abgedruckt in der Zeitschrift „et cetera ppf" 1/1998, S. 47-50,
hg. von den Pädagoginnen und Pädagogen für den Frieden (PPF) und des Forschungs- und Lehrgebietes Friedenserziehung der Universität GH Siegen, FB 3, Kölner Str. 11, 57072 Siegen.
ebenso in: Rundbrief 1/1998, hg. von der Arbeitsgemeinschaft Frieden, Palaststr. 3, 54290 Trier und in: INTERN 1/1998, hg.von Pax Christi. Internationale Katholische Friedensbewegung, Feststr. 9, 61118 Bad Vilbel.

27.2.1998

2.2. Kommentar zum vorläufigen Ausgang der Golfkrise

„Die Generäle der Wall Street lieben den Krieg", schrieb Daniel Kadlec in der „Time" unter Anspielung auf den 20%-Kursanstieg des Dow-Aktienindex während des 2. Golfkrieges aufgrund der Wertsteigerungen der US-Rüstungspapiere (FR, 25.2.98).
Daß sich 1998 nicht die Wall-Street-Generäle, sondern der UN-Generalsekretär durchsetzen konnte, hatte vielfältige Gründe unter den verschiedenen Akteuren.

1. Irak

Henry Kissinger brachte bereits im November ´97 in der „Los Angeles Times" die Sache auf den Punkt: „Zwar wird Saddam Hussein oft als Verrückter beschrieben. Aber seine Strategie zur Lockerung und schließlichen Aufhebung jener Einschränkungen, die ihm durch die UNO-Inspektionen auferlegt werden, ist bemerkenswert rational."
Mit der neuen UN-Resolution, nach der das Land nun statt 2,14 Milliarden $ ab sofort Erdöl für 5,2 Milliarden $ ausführen kann, hat Saddam Hussein einen Teilsieg errungen. Allerdings müßten zunächst für rund 30 Milliarden Dollar noch die im 2. Golfkrieg zerstörten Anlagen wiederaufgebaut werden, bevor diese Menge überhaupt rein technisch erreicht werden kann. Mit einem humanitären Hilfspaket über 20 Millionen DM Soforthilfe beruhigt die EU-Kommission in Brüssel vorerst ihr schlechtes Gewissen, seit 1990 am Hungertod von rund 800 000 Menschen in Irak mitschuldig zu sein. Ohne die von Saddam Hussein provozierte Krise wäre dieser Skandal wohl nicht in die breitere Weltöffentlichkeit gedrungen.
Laut neuem Vertrag sollen nicht mehr nur UNSCOM-Mitarbeiter, sondern auch Diplomaten die Paläste Saddam Husseins durchsuchen. Die irakische Führung erhofft sich davon, dass die Rückmeldung an den UN-Sicherheitsrat darüber, dass das Land „sauber" von Massenvernichtungswaffen sei und das Embargo aufgehoben werden kann, nicht mehr so leicht wie bisher von den US-dominierten Inspektoren-Teams verzögert wird.
Dass Saddam Hussein seine acht Privatresidenzen inklusive der islamischen Tabuzonen auch feindlich eingestellten Ausländern nun zeigen muss, ist für ihn kulturpsychologisch ein erheblicher Imageverlust in der arabischen Welt. Angesichts seines taktischen Geschickes, die entscheidenden Mächte des Weltsicherheitsrates

gegeneinander ausgespielt und sich selbst ins Bild eines honorigen Staatsmannes gerückt zu haben, scheint dieser Verlust allerdings verschmerzbar.

2. USA und Großbritannien

Die Widersprüchlichkeit der US-Politik gegenüber Irak faßte Henry Kissinger im bereits erwähnten Beitrag folgendermaßen zusammen: „1996 ließ Saddam die Führung der in einem autonomen Gebiet im Norden lebenden Kurden umbringen, denen die USA Schutz zugesagt hatte. Washington reagierte völlig inkonsequent mit Angriffen auf Radarstellungen im tiefen Süden Iraks - rund tausend Kilometer entfernt vom Ort der Provokation. Derart überzeugt, daß er von amerikanischen Militäraktionen wenig zu befürchten habe, sah Saddam eine politische Chance, dem Inspektionsprogramm der UNO die Zähne zu ziehen".
Die Tatsache, daß Bill Clinton im November 1997 vollmundig das Ende des Embargos von der Beseitigung Saddam Husseins abhängig machte - gedeckt von keiner UN-Resolution - dürfte ein schwerwiegender Fehler gewesen sein. Weil dem US-Kongress bis zum Schluss unklar blieb, was die eigentlichen Ziele der USA sind, konnte Clinton in entscheidenden Momenten keine Mehrheit hinter sich bringen. Wie gespalten zudem die US-Bevölkerung war, zeigte das CNN-TV-Ohio-Debakel.
Einen Tag nur nach dem Verhandlungserfolg Annans wurde in den USA eine Heeres-Studie veröffentlicht, die die gleichzeitige Eindämmung von Irak und Iran wegen der zu hohen Kosten und Risiken als falsch bezeichnet.
„Clintons `nationale Interessen´ in Irak buchstabieren sich wie Öl", titelte die FR am 15.2.98 - warum eigentlich erst so spät? - und führte aus: „Ein Land mit zerstörter Infrastruktur und neu herbeigebombter Feindschaft gegenüber den USA dient weder einer sicheren Energieversorgung noch den Geschäften der ebenfalls mächtigen amerikanischen Ölgesellschaften. Also ist eine vertretbare diplomatische Lösung, die vielleicht in überschaubarer Zeit die Wirtschaftssanktionen überflüssig machen und US-Firmen zurück ins Irak-Geschäft bringen könnte, eher im nationalen Interesse der USA."

Nachdem die USA es immerhin fertig gebracht hatten, den damals noch amtierenden UN-Generalsekretär Boutros-Ghali erfolgreich an einer Wiederkandidatur zu hindern, mußten sie diesmal erkennen, daß die Weltmacht Nummer 1 nicht in der Lage ist, die UN völlig für ihre eigenen Zwecke zu instrumentalisieren.
Großbritannien war zwar politisch für die USA von großer Wichtigkeit, im Falle eines möglichen Krieges allerdings nahezu militärisch bedeutungslos. Für sein militaristisches Säbelrasseln mußte Tony Blair sich vom EU-Parlament heftige Kritik anhören - ebenso von der kritischen englischen Presse, die sehr viel mehr Demokratiebewußtsein zeigte als die deutsche.

3. UNO und UNSCOM

Nachdem die UNO im Bosnien-Krieg von der NATO entmachtet worden war und sich auf einem Tiefpunkt ihrer Bedeutung befand, erfuhr sie durch den Erfolg Kofi Annans wieder eine erhebliche Aufwertung.
Richard Butler, der Leiter der UNSCOM, verschärfte die Krise sehr früh, indem er im amerikanischen Fernsehen behauptete, Saddam Hussein wolle Führer der arabischen Welt werden und den frühzeitigen Einsatz von Gewalt rechtfertigte.
Die Schwäche und Gefahr der in sich gespaltenen UNSCOM-Delegationen wurde diesmal überdeutlich. Die USA gingen sogar so weit, den russischen Inspektoren vorzuwerfen, irakische Stellen vor Inspektionen vorzuwarnen. UN-Inspektoren - laut „The Independent", 12.2.98, häufig ehemalige Geheimdienstagenten - , stehen im Verdacht, ihr Wissen nicht nur an die UN, sondern auch an die jeweiligen nationalen Verteidigungsministerien weiterzugeben. Wie kritisch dies werden kann zeigte ein F.A.Z.- Beitrag am 6.2.98: „Landvermessen im Irak ergibt auch Zielkoordinaten für Marschflugkörper."

Frankreich und Rußland

Für die Europapolitik in der Irak-Krise war die eigentliche Frage: Setzt sich die an die USA anlehnende britische oder die auf mehr europäische Eigenständigkeit hinarbeitende französische Haltung durch. In den entscheidenden Telefonaten zwischen Chirac und Clinton soll es dabei „stürmisch" (laut „Liberation") zugegangen sein.
Die Drohung Jelzins mit einem Weltkrieg zeigte die heutige militärische Hilflosigkeit der einstigen Weltmacht, die allerdings auf diplomatischer Ebene Frankreich sehr gut zuarbeitete.
Frankreich und Rußland haben erhebliche Milliarden-Kredite an Irak vergeben, wünschen deren baldige Rückzahlung - und erhoffen sich über ihre bereits im Land tätigen Ölgesellschaften entsprechende wirtschaftliche Vorteile.

Israel

Daß der israelische Ministerpräsident erstmals seit 1973 wieder die israelischen Atomraketensilos öffnen wollte und nur mit viel Mühe davon abgebracht werden konnte, weist ihn als erhebliches Sicherheitsrisiko für die gesamte Region aus.
In UNSCOM-Berichten, die auf Wunsch des US-Außenministeriums nachträglich abgeändert wurden (laut „Le Monde Diplomatique", Dez. 97) ist nachzulesen, dass von Irak wegen der Zerstörung der Raketensysteme keine Gefahr mehr

für die Nachbarstaaten ausgeht. Clinton selbst musste zugeben, dass Tel Aviv diesmal nicht von Saddam Husseins Raketen bedroht ist.
Vor diesem Hintergrund diente das Schüren massiver Ängste in Israel wohl mehr innenpolitischen Gründen sowie der Legitimation eines Militärschlages.

Arabische Welt

Nur wenige Golfmonarchien standen diesmal den USA und Großbritannien bei. Am gleichen Tag, als die amerikanische Außenministerin in Kairo um Unterstützung für die USA warb, die arabische Welt vor den Waffen Saddam Husseins zu schützen, machte der Sprecher der arabischen Liga ebenfalls in Kairo deutlich, daß diese Art von Schutz die eigentliche Bedrohung darstelle. „Bedrohlicher als die Bedrohung empfinden die Bedrohten offensichtlich den angedrohten Schutz vor der Bedrohung" (FR, 25.2.98).
Die nationalen amerikanischen und britischen Interessen wurden diesmal für die arabische Welt schonunglos offengelegt.
„Laut Gerüchten aus Saudi-Arabien soll der amerikanische Verteidigungsminister Cohen bei seinem Besuch in Riad auch schon einen Kostenvoranschlag für den Truppenaufmarsch in zweistelliger Milliardenhöhe vorgelegt haben. Der saudische Kronprinz Abdallah soll darauf geantwortet haben, der Schutz vor möglichen Schäden durch den Irak komme sein Land bald ebenso teuer zu stehen wie diese selbst" (Neue Zürcher Zeitung, 24.2.98).

Deutschland

Am kürzesten brachte es Jochen Hippler auf den Punkt: „Die USA rasen am Golf mit Volldampf in die Sackgasse. Kinkel steht mit entschlossener Fassungslosigkeit treu zur hilflosen Politik der Amerikaner" (Freitag, 6.2.98). Helmut Kohl, von amerikanischen Senatoren auf der Wehrkundetagung in München entsprechend bearbeitet, fragte erst gar nicht mehr seine Regierungsmannschaft, als er den USA politische Unterstützung versprach. Konnte man von ihm wenig anderes erwarten, stellte der Auftritt Scharpings einen Skandal allererster Ordnung dar.
Die Erosion politischer Grundsätze und Pfeiler der Demokratie wie des Grundgesetzes scheint in Deutschland mit einer Geschwindigkeit voranzuschreiten, die allen demokratisch Gesinnten dieser Republik größte Sorge machen müsste.

Friedensbewegung

1990 u.a. noch von der Angst angetrieben, im Falle langanhaltender Ölbrände vielleicht selbst in Europa noch vom Golfkrieg betroffen zu sein, kamen diesmal die letzten Friedensbewegten erst sehr spät und zahlenmäßig äußerst gering in die Gänge. In den USA erwachten die AktivistInnen sehr viel früher aus dem politischen Tiefschlaf als in Europa.

Ausblick

Die Krise ist keineswegs ausgestanden.
Sollte in absehbarer Zeit - die der Irak vermutlich in Monaten bemißt - das Embargo nicht aufgehoben werden, sind neue Provokationen Saddam Husseins nicht ausgeschlossen.
Was derzeit fehlt, ist ein schlüssiges Nahost-Konzept für die Zukunft, wie es Johan Galtung bereits nach dem 2. Golfkrieg eingefordert hat. Sicherheit und Frieden wird es für alle Staaten des Nahen Ostens nicht gegeneinander geben können. Daher wäre eine Konferenz über eine ABC-Waffenfreie-Zone überfällig.
Für die Industriestaaten, wollen sie zur Befriedung des Nahen Ostens beitragen, lautet die Hauptbotschaft, eine 180-Grad-Wende in der Energiepolitik zu vollziehen.

Quelle: Friedensforum. Rundbrief der Friedensbewegung 2/1998, Bonn, S. 14-15,
hg. vom Netzwerk Friedenskooperative, Römerstr. 88, 53111 Bonn.
ebenso: Pax Christi Rundbrief der Bistumsstelle Mainz, 1/1998, S. 26-29.
hg. von der Pax Christi Bistumsstelle Mainz, Bischofsplatz 2, 55116 Mainz.

16.11.1998

2.3. Neue Runde im Machtkampf am Golf

Nach der vorläufigen Abwendung eines Militärschlages in buchstäblich letzter Stunde stehen die Zeichen noch lange nicht auf Entspannung.
Der irakische UN-Botschafter Nisar Hamdoon verknüpfte die - formal bedingungslose - Rückkehr der UNSCOM-Inspekteure an ihre Arbeit mit einer „Wunschliste" seines Landes: Erstens soll innerhalb von acht Tagen das gegen Irak verhängte Embargo überprüft werden, zweitens soll der UN-Sicherheitsrat den Einatz des bisherigen UNSCOM-Leiters, Richard Butler, sowie die Struktur der UNSCOM insgesamt überdenken.
Ob sich allen voran die USA innerhalb einer Woche darauf einlassen werden, darf derzeit bezweifelt werden.

Das Verhältnis USA und Irak

Nach der vorläufigen Beendigung der Golfkrise vom Frühjahr 1998 schrieb Eric Rouleau, bis 1992 französischer Botschafter in der Türkei, unter der Überschrift „Zwei Feinde - ein Interesse" einen bemerkenswerten Beitrag in Le Monde Diplomatique (März '98):
„Dass es den Amerikanern nicht gelingen will, Saddam Hussein zu stürzen, hat überdies die Öffentlichkeit in der Überzeugung gestärkt, daß der irakische Diktator den Vereinten Staaten als Schreckgespenst gelegen kommt und sie ihn darum an der Macht halten. Auf diese Weise können sie ihre militärische Präsenz am Golf ebenso rechtfertigen wie ihre umfangreichen Waffenverkäufe in der Region. Auch die Fortsetzung des Embargos auf unbestimmte Zeit findet damit ihre Rechtfertigung, was wiederum erhebliche zusätzliche Einkünfte für die Länder bedeutet, die nun anstelle des Irak das Geschäft machen und die zu den traditionellen Geschäftspartnern der amerikanischen Industrie gehören: die Ölmonarchien am Golf, allen voran Saudi-Arabien. Man muß es etwas genauer beschreiben. Es ist unbestreitbar, daß die Vereinigten Staaten mehr als einmal dazu beigetragen haben, das politische Überleben des Regimes von Saddam Hussein zu gewährleisten. ... Wahr ist aber auch, daß bei einer Reihe von Verschwörungen in Bagdad, die blutig scheiterten, die CIA die Hand im Spiel hatte. Das Weiße Haus befürchtete, daß die schwer vorhersehbare und unkontrollierte Politik einer demokratisch gewählten Regierung zu `Anarchie´ und zur Auflösung des heterogenen irakischen Staatsgebildes führen würde, und machte deshalb kaum ein Hehl daraus, daß es diesem Schreckensszenario ein Militärregime vorzog."

Umgekehrt haben die Sanktionen Saddam Hussein nicht geschwächt, sondern gestärkt. Als Feindbild eignen sich die USA für den Irak hervorragend.

Informationen der CIA

Im Streit um die Gefährlichkeit der angeblich noch vorhandenen irakischen Kampfstoffe überboten sich westliche Politiker in der Februar-Krise gegenseitig: Während William Cohen, amerikanischer Verteidigungsminister, behauptete, Irak könne seine Raketen bis nach Paris schießen, verkündete der britische Premier Tony Blair: „Dieser Mann (Saddam Hussein) hat bereits genügend chemische und biologische Waffen angesammelt, um die gesamte Menschheit zu vernichten - daran muß man ihn hindern" (vgl. International Herald Tribune, 30.1.98 und Washington Post, 8.2.98).
Der ehemalige französische Botschafter Rouleau kommt für einen Diplomaten zu der erstaunlich deutlichen Aussage: „Eine aufmerksame Lektüre der Flut von Meldungen zu diesem Thema ist erbaulich. Denn daraus geht vor allem hervor, daß die meisten dieser `Informationen´, die weltweit verbreitet wurden, aus einer einzigen Quelle stammen: dem amerikanischen Geheimdienst. Amerikanische Satelliten und U2-Aufklärer spähen das irakische Territorium aus" (Le Monde Diplomatique, März 98).

Im Kontrast zu den Horrorbildern westlicher Politiker stehen die offiziellen Berichte der UNSCOM. Darin ist nachzulesen, daß nach den mehrjährigen Sprengarbeiten „das irakische Potenzial an Massenvernichtungswaffen zerstört und die Möglichkeit der Verschleicherung nur noch gering sei" (Le Monde Diplomatique, Dez. 97). Weil dem US-Außenministerium diese Aussagen zu weit gingen, wurde der Wortlaut dieser offiziellen UN-Berichte auf Drängen der USA nachträglich verändert (ebd.).
Nachdem die mit der UNSCOM zusammenarbeitende Internationale Atomenergieorganisation in Wien offiziell verkündet hatte, daß der Irak weder Atomwaffen besitzt noch über Möglichkeiten verfügt, sie zu bauen, hätte zumindest dieser Bereich mittels eines Berichtes abgeschlossen werden können. Weil wiederum die USA ihre Zustimmung zum Abschlußbericht verweigerten, setzen Inspektoren bis heute ihre offenbar abgeschlossene Arbeit fort - auf Kosten des Irak, der diese Tätigkeit aus dem Erlös der „Erdöl-für- Lebensmittel-Abkommens" bezahlen muß. Angesichts knapper UN-Kassen scheint dieses Abkommen auch eine willkommene Gelegenheit, Geld einzuspielen.

Ölkonflikte

Gravierender als die weitgehend gelöste Frage der angeblichen Massenvernichtungswaffen sind wirtschaftliche Konflikte um die Zukunft Iraks, besonders um dessen billig zu förderndes Öl.
Die „Neue Zürcher Zeitung" schrieb bereits am 7.7.95 zum Embargo: „Die Vereinigten Staaten haben keine andere ebenso wirksame Methode zur Zurückbindung des Iraks; diese dient auch ihren vitalen Erdölinteressen im Golf. Deshalb dürften sie die Lockerung der Sanktionsschlinge so lange wie überhaupt möglich hinauszögern."
Vor allem russische, französische und chinesische Ölkonzerne haben bereits milliardenschwere Verträge über die Ausbeutung irakischer Öl- und Gasfelder unterzeichnet. Insgesamt mehr als 60 ausländische Ölunternehmen aus rund 30 Ländern der Erde zeigen derzeit ein großes wirtschaftliches Interesse an einer Aufhebung des Embargos. Die irakische Regierung möchte den Gewinn aus 25 neu zu erschließenden Ölfeldern mit Unternehmen aus jenen Staaten teilen, die öffentlich für die Aufhebung von Sanktionen eintreten. Auf der Länderliste der Vertragspartner mit Irak fehlen: die USA und Großbritannien.
Aus Deutschland, das als Irak gegenüber „feindselig" eingestellt gilt, soll zumindest die Firma „Preussag" im Juni ´97 - trotz Embargo - einen Vertrag über technische Arbeiten am Al-Ahdab-Ölfeld in Bagdad unterzeichnet haben (nachzulesen in: „Milliardenaufträge aus Bagdad", F.A.Z.,13.1.98).
Viele Indizien sprechen dafür, daß auf dem Rücken der irakischen Bevölkerung weiterhin ein brutaler Wirtschaftskrieg ausgetragen wird.

Zur Rolle der UNSCOM

Eine besondere Rolle spielt der amerikanische UNSCOM-Mitarbeiter Scott Ritter, den Bagdad mit guten Gründen als UN-Mitarbeiter ablehnt. „Scott Ritter ist kein Mann diplomatischer Floskeln. Erst trat er in Bagdad auf wie ein Cowboy, dann erklärte er unverblümt, er habe sein dort gewonnenes Wissen Israels Geheimdienst zur Verfügung gestellt. Jetzt empfahl der Golfkriegsveteran einen `Enthauptungsschlag´ gegen Saddam Hussein - tatsächlich die einzig befriedigende Perspektive für den Irak", meint Tomas Dreger in seinem „Taz-Kommentar" vom 12.11.98.

Zur Rolle der USA und Deutschlands

Wie ernst Clinton die in Absprache mit China vorgebrachten Einwände Jelzins gegen einen Militärschlag nahm, zeigt die Aussage des amerikanischen Präsidenten: „In Amerika versteht man `njet´ nicht als Nein ..." (Le Monde Diplomatique, März 98).

Der engagierte Einsatz Clintons in den Verhandlungen der letzten Monate um ein paar Prozentpunkte mehr Land für die Palästinenser zeigt, dass auch den USA sehr bewußt ist, daß sie die Ungleichbehandlung von UN-Resolutionen im Falle Israels und Iraks nicht mehr weiter überstrapazieren können.

Interessanterweise behauptete im November das US-Verteidigungsministerium, Saudi-Arabien habe Unterstützung zugesagt. Kurz darauf korrigierte ein saudiarabischer Regierungssprecher, sein Land werde kein Sprungbrett für US-Angriffe sein (vgl. FR, 5.11.98).

Da sie Saddam Hussein nicht loswerden, haben viele arabische Staaten inzwischen wieder diplomatische Beziehungen mit Bagdad aufgenommen.

Joschka Fischer stellt sich im November in die Kontinuität deutscher Außenpolitik. „Wenn es einen US-Militärschlag gegen Irak gebe, sei das `allein die Schuld der irakischen Regierung und eines verbrecherischen Regimes´, sagte Fischer" (FR, 14.11.98).

Ausblick

Was derzeit fehlt, ist ein schlüssiges Nahost-Konzept für die Zukunft, wie es der Friedensforscher Johan Galtung bereits nach dem 2. Golfkrieg eingefordert hat. Dies wäre umso dringlicher, als eine ganze Reihe von Staaten des Nahen und Mittleren Ostens in den nächsten Jahren wegen Überalterung ihrer teilweise schon Jahrzehnte an der Macht befindlichen Regierungen einen Wechsel erleben werden. Sollte der Übergang nicht organisch und vor allem demokratisch verlaufen, sind gravierende Konsequenzen für die internationalen Beziehungen schon jetzt vorhersehbar.

Quelle: Artikeldienst/Pressemitteilung des Versöhnungsbundes vom 16.11.1998, übernommen unter dem Titel: „Suche ohne Ende - Neue Runde im Machtkampf am Golf" am 18.11.1998 von der Tageszeitung „junge Welt", Karl-Liebknecht-Str. 32, 10178 Berlin, S. 10-11.

18.12.1998

2.4. Golfkrieg sofort beenden - Embargo aufheben

Aktueller Anlaß der Bombardierung Iraks

Selten irrte die Frankfurter Rundschau mit ihrer Einschätzung so wie am 17.12.98 in Bezug auf die Amtsanklage (Impeachment) gegen den US-Präsidenten: „Bill Clinton steht, für ihn eine neue Erfahrung, am Rande des Spielfeldes und kann kaum eingreifen."
Als im Laufe des Dienstags, 15.12.98, sich abzeichnete, daß es bei der Abstimmung im US-Parlament sehr eng für Clinton werden würde, kündigte das Weiße Haus „außergewöhnliche Maßnahmen" und „dramatische Gesten" (junge Welt, 17.12.98) an.
Im Abgeordnetenhaus verfügen die Republikaner über 228 Sitze, Clintons Demokraten haben 207; 218 werden für ein Impeachment gebraucht. Das Abgeordnetenhaus wird diese Woche in seiner jetzigen Konstellation letztmals zusammenkommen, nach der Weihnachtspause tritt das am 3.11.98 neu gewählte Parlament zusammen. Mit dann nur noch 223 Stimmen für die Republikaner und 212 Sitzen für die Demokraten sieht es im neuen Jahr so günstig für den Präsidenten aus, „dass selbst Tom deLay und Henry Hyde es nicht wagen würden, über ein Impeachment abstimmen zu lassen" (FR, 17.12.98).
Um sich zeitlich über die Runden zu retten, schlüpfte der amerikanische Präsident in die Rolle des obersten Befehlshabers der Streitkräfte - was ihm die peinliche Abstimmung bis zum rettenden Wochenende eventuell ersparen könnte.
Aber: „Das Misstrauen gegenüber den Motiven des Präsidenten ist ein machtvolles Argument für ein Impeachment" (FR, 18.12.98), so Dick Armey, Fraktionschef der Republikaner im Repräsentatenhaus. Clinton habe Millionen Menschen in aller Welt Grund zum Zweifel gegeben, „daß er Amerikaner aus den richtigen Gründen in den Kampf geschickt hat."
Die Toten und Verletzten in Irak wurden nicht gefragt, ob sie zum Machterhalt des amerikanischen Präsidenten beitragen wollten.

Der Irak als Gefahrenquelle

Zur Frage „Geht von Irak eine militärische Bedrohung aus?" äußerten sich am 25.2.98 in der FR die Friedensforscher Margret Johannsen, Dieter S. Lutz, Reinhard Mutz und Götz Neuneck, allesamt Wissenschaftler des Institutes für Friedensforschung und Sicherheitspolitik an der Universität Hamburg:

„Über Restbestände an irakischen Massenvernichtungsmitteln bestehen vielfältige Vermutungen, aber keine verläßlichen und gesicherten Informationen. ... Massenvernichtungsmittel werden zu Nachbarländer bedrohenden Waffen erst durch die gleichzeitige Verfügung über geeignete Trägersysteme - Flugzeuge oder Raketen. Gegenwärtig kann nicht davon ausgegangen werden, dass Irak eine solche Zielfähigkeit besitzt. ... Während die Regierung in Washington die Schwächung der irakischen Fähigkeit, Massenvernichtungsmittel herzustellen, als Zweck von Luftschlägen angibt, sind ihre Kritiker aus der Republikanischen Partei der Ansicht, die Person und Position Saddam Husseins selbst müsse das Angriffsziel sein.“

Nachdem die USA lange Jahre das Militärregime Saddam Husseins dem Chaos einer Demokratie u.a. deshalb vorzogen, um mit Irak ein säkulares Gegengewicht gegen Iran aufrechtzuerhalten, verlor diese Funktion in der jüngsten Vergangenheit immer mehr an Bedeutung. Die Annäherung Irans an den Westen belohnte Bill Clinton mit erstaunlichem Vertrauen zur Zusammenarbeit: Wie die FR am 23.11.98 berichtete, lehnte die Regierung im benachbarten Iran ein kaum verhülltes Angebot der USA ab, gemeinsam den Sturz von Iraks Staatschef Saddam Hussein zu betreiben. „Ein Regierungswechsel in Bagdad sei allein Sache des irakischen Volkes“, sagte Konteradmiral Abbas Mochtadsch in Teheran - und gab damit der amerikanischen Regierung etwas Nachhilfeunterricht in Sachen Demokratie.

Zur Völkerrechtswidrigkeit des neuen Krieges

In einem dpa-Gespräch am 17.12.98 bezeichnete der Heidelberger Völkerrechts-Professor Jochen Frowein die Angriffe der USA und Großbritanniens als klare Verstöße gegen das Völkerrecht. Der gegenwärtige Krieg gegen Irak ist von keinem früheren UN-Beschluß gedeckt.
Der Präzedenzfall Kosovo (Einsatz ohne UN-Mandat) wird, wie in der neuen NATO-Doktrin vorgesehen, offensichtlich zur Regel. Was Willy Wimmer (CDU), Vizepräsident der Parlamentarischen Versammlung der OSZE am 9.10.98 in Bezug auf die USA prophezeite, ist Realität. „Eine singuläre Supermacht marschiert durch. Man sieht die Welt auf dem Weg in die neue Weltordnung. Wenn wir nicht aus allen Symptomen die Konsequenzen ziehen, ist das Fausrecht angesagt“. Am 19.10. 98 legte er noch etwas nach: „Es ist höchste Zeit, daß bei uns die Alarmglocken schrillen. Aus Interessensgründen, die nicht auf dem Tisch liegen, droht uns nach dem Vorbild der inneramerikanischen Entwicklung eine Kannibalisierung der internationalen Rechtsordnung, die alles und jedes in Frage stellen wird“ (beide Zitate: Friedensforum, 6/98, Bonn).

Wo bleibt die neue rot-grüne Regierung?

Während die Bevölkerung in Deutschland erst kürzlich mittels eines Fernsehfilms mit dem Gedanken eines dritten Weltkrieges vertraut gemacht wurde, bekamen die BeamtInnen in Bonn und Berlin einen ganz besonderen Artikel zur Gewöhnung an die gegenwärtige Art von Machtpolitik serviert. Im Bonner Behörden Spiegel, Unabhängige Zeitung für den Öffentlichen Dienst, November 1998, zeigte Dr. Johannes Gerber, Generalmajor a.D., unter dem harmlos klingenden Titel „Zur Wirtschaftlichkeit der Bundeswehr", dass die Diskussion über militärisches Kosten-Nutzen-Rechnen in der Bundesrepublik Deutschland der Praxis in den USA und Großbritannien in keinster Weise nachsteht:

„Wie aus aktuellen Ereignissen erkennbar, wird sich auch der Einsatz militärischer Dienstleistungen nicht vermeiden lassen. Dazu bedarf es gut ausgebildeter und auftragsgemäß ausgerüsteter Interventionsverbände", so der bis 1980 stellvertretende kommandierende General des III. Korps in Koblenz.
Beim zweiten Golfkrieg war Deutschland mit rund 17 Milliarden DM finanziell beteiligt. Als Vordenker bei der Finanzierung solcher militärischer Unternehmen stimmt Dr. Gerber die Ministerien auf neue Möglichkeiten ein:
„Die Beschaffung von Kapital für die Militärbetriebe allein durch öffentliche Mittel wird durch neue Arten bis hin zu einer börsengängigen Finanzierung zu ergänzen sein. ... Für militärische Unternehmungen, die im öffentlichen Interesse liegen, könnten öffentliche Anleihen aufgelegt werden. Für militärische Unternehmungen, die beispielsweise einzelne Branchen begünstigen, z.B. die Ölproduzenten, könnten diese als Sponsoren oder für Teilunterstützung herangezogen werden."
Konsequenterweise hätte Dr. Johannes Gerber diesen Gedanken im Marketing-Bereich durch den möglichen TV-Nachspann-Vorschlag ergänzen können: Dieser Golfkrieg wurde Ihnen von Exxon/BP/Amoco/Shell/ .... präsentiert.

In welcher Republik leben wir eigentlich?
Wenn BeamtInnen schleichend an solche Gedanken gewöhnt werden und es keinen Aufschrei der Empörung gibt, sind sie irgendwann internalisiert.
Die neue rot-grüne Regierung scheint so im amerikanischen Fahrwasser mitzuschwimmen, dass weder Bundeskanzler Schröder noch Verteidigungsminister Scharping noch Außenminister Fischer auf den Gedanken an eine ernsthafte Infragestellung des gegenwärtigen Verbrechens kommen, geschweige denn des Protestes dagegen.
Bündnis 90/Die Grünen bieten ein Bild des Jammers.
Ist die Entwicklung schon so weit fortgeschritten, dass die neue Regierung auf Grundgesetz und Völkerrecht verzichten zu können glaubt? Wieso setzt sie sich nicht für die Aufhebung des Embargos ein, dem nach UN-Angaben rund eine

Millionen Menschen seit 1991 zum Opfer gefallen sind? Gibt es ein vergleichbares Beispiel in der jüngeren internationalen Geschichte, wo aus durchsichtigen Machtinteressen eine Generation eines ganzen Volkes geopfert wird?

Die neue rot-grüne Regierung muss endlich handeln und die USA zur unverzüglichen Einstellung der Bombardierung auffordern.
Sie wäre damit in guter Gesellschaft z.B. mit dem Vatikan, der das Vorgehen als Akt der Aggression bezeichnete (Süddeutsche Zeitung,18.12.98)

Quelle: Presserklärung/Artikeldienst des deutschen Zweiges des internationalen Versöhnungsbundes vom 18.12.1998,
weitgehend übernommen am 19./20.12.1998 unter dem Titel: „Durchmarsch. Die USA nehmen mit dem Irak-Krieg die neue NATO-Doktrin vorweg“ von der Tageszeitung „junge Welt“, Karl-Liebknecht-Str. 32, 10178 Berlin, S. 13.

23.12.1998

2.5. Es gibt noch einige Fragen und Ungereimtheiten

Eine kommentierte Presseauswertung der Bombardierung vom 16.-19.12.

Der inzwischen zur Institution gewordene Henry Kissinger, Ex-US-Außenminister, sagte in der US-TV-Talkshow „Charly Rose": Mit der „Bombardierung dieses inzwischen wehrlosen Irak" sei die Clinton-Regierung bis Ende der Woche „in einer Sackgasse angekommen, wenn sie das eigentliche Ziel, den Sturz Saddams, nicht schnell vorantreibt" (zit. nach junge Welt, 19./20.12.98).
Bill Clinton meinte, Ziel sei es „die irakischen Einrichtungen zum Bau nuklearer, chemischer und biologischer Waffen anzugreifen und die Möglichkeiten Saddams zu beschneiden, seine Nachbarn zu drohen" (Neue Zürcher Zeitung, 18.12.98). War Irak nun wehrlos oder bedrohlich?

Die Welt am Sonntag (20.12.98) enthüllt: „Ein vertraulicher Bericht des Bundesverteidigungsministeriums, der der Welt am Sonntag vorliegt, beweist, wie nahe der Irak der Entwicklung einer Atombombe ist".
In Le Monde Diplomatique, März 98, stand, dass „die internationale Atomenergiebehörde in Wien offiziell bestätigt hatte, dass der Irak weder Atomwaffen besitzt noch über die Möglichkeit verfügt, sie zu bauen."
Washington hätte sich - so Le Monde Diplomatique - geweigert, seine Zustimmung zum formalen Abschlußbericht zu geben, wodurch zumindest ein Teil der Sanktionen aufgehoben hätte werden können. Diesem Umstand ist es zu verdanken, daß Mitarbeiter der Atomenergiebehörde bis Dezember 1998 vor Ort viele Jahre Inspektionen durchgeführt haben und sich sicherlich in Irak gut auskennen. In deren Bericht vom 14.12.98(!) (http://www.lemonde.fr/actu/international/irak/191298/iaea.htm) ist zwar von Interviews mit irakischen Mitarbeitern des geheimen Atomwaffenprogramms und einem „notwendigen Maß an Kooperation" („necessary level of cooperation") mit der Wiener Behörde die Rede, nichts aber von einer nahen Atombombe. Woher hat das Bundesverteidigungsministerium seine Informationen?

Die Welt am Sonntag (20.12.98) schreibt: „Ein großer Teil der Anlagen, in denen Saddam biologische und chemische Waffen produzieren ließ, sei (durch die aktuellen Bombardierungen, C.R.) vernichtet, ...". Die taz (19./20.12.98) weiß da anderes: „Einem Bericht der New York Times zufolge haben die USA es allerdings bisher sorgfältig vermieden, mutmaßliche Anlagen zur Produktion chemischer und biologischer Waffen anzugreifen. Die US-Regierung habe die Zerstörung solcher Anlagen zwar zum Ziel erklärt, das Pentagon habe sie jedoch nicht unter Beschuß nehmen lassen, um nicht die Freisetzung gefährlicher Substanzen zu riskieren, die Zivilisten töten könnten, hieß es in der Zeitung." Was ist nun die Wahrheit?

Le Monde Diplomatique, Dez. '97, zitierte einen UNSCOM-Bericht, wonach „das irakische Potenzial an Massenvernichtungswaffen zerstört und die Möglichkeit der Verschleierung nur noch gering sei. ... Unter Rolf Ekeus, dem Vorgänger des gegenwärtigen Leiters der UNSCOM wurde sogar der Wortlaut von Berichten verändert, nachdem das State Departement (US-Außenministerium, C.R.) interveniert hatte." Falls der ursprüngliche UNSCOM-Bericht zutrifft: Weshalb wurde dann überhaupt gebombt?
Warum wurde noch kein Verfahren zur Untersuchung des „überarbeiteten" UNSOM-Berichtes eingeleitet?

Die französische Zeitung Liberation berichtet: „Nach dem Bericht von Butler, diesem Beobachter der Yankee-Spielart von Neutralität, soll der Irak drei von 130 Inspektionsbesuchen verweigert haben" (zit. nach F.A.Z., 18.12.98). In der Frankfurter Rundschau, 17.11.98, war zu lesen: „Nach Informationen der Washington Post waren US-Regierungsbeamte direkt an der Formulierung von Butlers Bericht beteiligt".
Die F.A.Z., 19.12.98 zitiert Liberation: „Der Bericht von UNSCOM war von ihrem Missionschef Richard Butler manipuliert. ... der Krieg war von vornherein beschlossen: Butlers Bericht wurde für den Bedarf dieser üblen Sache redigiert". Ist dieser Vorwurf es nicht wert, eine internationale Untersuchungskommission einzusetzen? Hätten die Opfer nicht ein Anrecht darauf?
Wäre es nicht besser gewesen, Herr Butler hätte den Bericht erst allen Mitgliedern des Sicherheitsrates zur gemeinsamen Beratung zukommen lassen, statt zunächst nur der US-Administration zum Umschreiben und dann dem höchsten UN-Gremium, dem Sicherheitsrat?

Im Bericht der internationalen Atomenergiebehörde vom 14.12.98 (http://www.lemonde.fr/actu/international/irak/191298/iaea.htm) steht zu lesen: „The Iraq counterpart has provided the necessary level of co-operation to enable the above-enumerated activities to be completed efficiently and effectivly „/ Die irakische Gegenseite hat das notwenige Maß an Kooperation geliefert, um zu ermöglichen, daß die oben aufgezählten Aktivitäten effizient und effektiv vervollständigt werden, Übersetzung: C.R.). Wieso war eigentlich nur Butlers Bericht vom 15.12.98 (http://www.lemonde.fr/actu/international/irak/191298/unscom.html: ..."Iraq did not provide the full cooperation".../ Irak hat nicht die volle Kooperation geliefert,

Übersetzung: C.R.) ausschlaggebend? Warum wurde der zweite von der internationalen Atomenergiebehörde abgelieferte Report nicht berücksichtigt?

Am 16.1.98 schrieb die F.A.Z.: „`Landvermessen´ (bewusst in Anführungszeichen von der F.A.Z. gesetzt!, C.R.) im Irak ergibt auch Zielkoordinaten für Marschflugkörper“. Es ging im Februar ´98 um den Streit über das Ausmessen der Präsidentenpaläste, die jetzt mit Cruise-Missiles in die Luft gejagt wurden. „Die militärischen Ziele wurden schon seit langem mit Hilfe von UNSCOM-Mitarbeitern, aber auch Foto-Satelliten ... sowie der U-2 Spionageflugzeuge ausgewählt“ (F.A.Z., 18.12.98).
Herr Butler aber hatte in seinen Berichten behauptet, der Vorwurf der Spionage der U-2-Flugzeuge sei irakische Progaganda. Der ehemalige UNSCOM- Mitarbeiter Scott Ritter dagegen gab offen zu, er habe sein in Irak „gewonnenes Wissen Israels Geheimdienst zur Verfügung gestellt“ (taz, 12.11.98)
Man stelle sich vor, ein Land unterstützt die Kriegs-Vorarbeiter der eigenen Zerstörung - nicht im Auftrag der UNO, sondern feindlicher Geheimdienste - und bezahlt dafür auch noch selbst aus den geringen „Erdöl-für-Lebensmittel-Einkommen“ deren horrende Gehälter. Warum hat man nicht UNSCOM-Mitarbeiter aus „neutralen“ Ländern die Arbeit machen lassen?

In dem Kommunique der NATO-Verteidigungsminister vom 17.12.98 treten diese „für die Stärkung praktischer militärischer Zusammenarbeit mit Rußland ein. Wir werden, wo dies möglich ist, die Kooperations-mechanismen von PfP (Partnerschaft für Frieden, C.R.) als entscheidendes Mittel praktischer Zusammenarbeit nutzen, z.B. bei einem Spektrum von Operationen zu Krisenmanagment und Friedenserhaltung, ...“.
Genau das Gegenteil beschreibt die russische Zeitung Moskowski Komsomolenz, zit. nach F.A.Z., 19.12.98: „Niemand nimmt Rücksicht auf uns, und bei vielen stellt sich schon die Frage, ob Russland nicht in die gleiche Warteschlange kommt, in der der Irak und Jugoslawien kopfhängend vorn stehen. Russland hat ja auch Betriebe zur Produktion von Atom-, Chemie,- und bakteriologischen Waffen. ... Das Wichtigste besteht darin, dass Russland auch zurückschlagen könnte - wir bleiben eine Atomgroßmacht“.
„Die Zeitung `Sewodnja´ stellte Überlegungen zu einem Atomkrieg an und kam zu dem Ergebnis, dass - obwohl die russische Raketentechnik veraltet sei, Washington die Operation `Taigafuchs´ nicht gelingen könnte“ (zit. nach F.A.Z., 19.12.98).
Wäre die Irak-Krise nicht eine gute Gelegenheit gewesen, im gemeinsamen Krisenmanagment einer nicht-militärischen Lösung Ost-West-Vertrauen aufzubauen ?

Nicht nur in Rußland, auch in Frankreich, den USA und England gab es heftige Kritik am Militäreinsatz.
Le Monde brachte am 18.12.98 als Hauptüberschrift: „La croisade armee des Etas-Unis contre l´Irak“ (Der Kreuzzug der USA gegen den Irak, Übersetzung: C.R.). „Es ist die mörderischste Fellatio der Geschichte“, beginnt Liberation den Leitartikel zum Irakkrieg (Anm.: unter Anspielung auf die Clinton-Lewinsky-Affäre, C.R.), (zit. nach FR,19.12.98).
„Spencer Bachus, der republikanische Repräsentant aus Alabama, behauptete lautstark, der Konflikt im Irak sei vom Präsidenten bewußt provoziert worden, um abzulenken. Bachus erklärte gar, daß Clinton auch beim letzten Mal, als er unter Druck geraten sei, `eine Apotheke im Sudan und zwei Kamele in Afghanistan abgeschossen´ habe“ (Berliner Zeitung, 19./20.12.98)
„Bei der parlamentarischen Debatte über die britische Beteiligung an der `Operation Wüstenfuchs´ kam es zu erregten Szenen im Unterhaus. .. Der Labour-Abgeordnete Benn warf der Regierung vor, sie suche Zuflucht bei `undemokratischen Tricks´, um ihre Kritiker mundtot zu machen. `Die Bombeneinsätze sollen angeblich die Demokratie anderswo verteidigen, aber sie zerstören sie in Britannien!´ Ein anderer Vertreter des linken Labour-Flügels, Galloway, wandte sich an Blair: `Sie haben zweimal die Worte `vermindern´ und `beeinträchtigen´ gebraucht. Doch `vermindert´ und `beieinträchtigt´ wurden nicht die Rüstungsprogramme der Iraker, sondern wir - in dem wir zum Schwanz eines verseuchten, räudigen Wüstenfuchses geworden sind´. Er nannte die Angriffe einen `neuen amerikanisch-britischen Kreuzzug, diesmal aber nicht geführt von Richard Löwenherz, sondern von Clinton, dem Lügner!´“ (F.A.Z., 19.12.98).

Politik als Tollhaus

„Es geht zu wie im Tollhaus. Jeder Krimiautor, dem dies einfiele, müsste sich vorwerfen lassen, die Phantasie sei mit ihm durchgegangen. Vom Dach des feindlichen Informations- sprich: Propagandaministeriums (in Bagdad, C.R.) kommentiert die Frau des Pressesprechers des US-Außenministeriums, James Rubin, für den amerikanischen Nachrichtensender CNN die Cruise-Missile-Angriffe der Supermacht, während nur einen Tag nach Gutheißen der Militäraktion die Amtsenthebungsdebatte beginnt.... Einen „Hauch von Wahnsinn“ spürte der Kolumnist Rusell Baker durch die Regierungsmetropole ziehen. Doch da kannte er die neueste Sensationsmeldung (Rücktritt von Livingston wegen außerehelicher Beziehungen) noch nicht, sonst hätte er von einer steifen Brise schreiben müssen“ (Süddeutsche Zeitung, 19.12.98).
In dieser Tollhaus-Situation, im Klima einer steifen Wahnsinns-Brise, erklärt der deutsche Bundeskanzler Gerhard Schröder wie auch Verteidigungsminister Rudolf Scharping die volle Solidarität mit den Hauptverantwortlichen des wahnsin-

nigen US-Tollhauses. „Fügsamer kann man sich gegenüber den amerikanisch-britischen Sprachregelungen nicht zeigen“ beobachtet die zum Golfkrieg ausführlich und kritisch berichtende F.A.Z. (18.11.98).

Und die Grünen? Befinden sie sich derzeit etwa nicht - wie vielfach geäußert - im freien Fall ihrer politischen Grundüberzeugungen?

Ist vom außenpolitischen Teil des rot-grünen Koalitionsvertrages nach wenigen Wochen Amtszeit noch irgendetwas Substanzielles übrig geblieben? Wäre es nicht ehrlicher, Konflikte zu riskieren, statt sich - sicherlich auch unter dem Druck der Überforderung - so zu verbiegen?

Könnte die sich bereits jetzt abzeichnende Selbstaufgabe von „Bündnis 90/Die Grünen“ nicht ein zu hoher Preis der Regierungsteilhabe werden?

„Eine `Golfkriegs-Situation´ wäre der schlimmste Fall für eine rot-grüne Koalition“ (Berliner Zeitung, 19./20.12.98), meinte Joschka Fischer vor der Wahl: „Wenn Deutschland als Bündnispartner Hilfsdienste leisten müßte für einen Krieg im Nahen Osten, würde die pazifistische Parteibasis den grünen Minister notfalls persönlich aus den Sesseln holen. Jetzt stellt Fischer erleichtert fest, dass alles nicht so schlimm ist.“

Gibt es außer der PDS keine weitere demokratisch gewählte Partei mehr in Deutschland, die bei einem völkerrechtlich mehr als umstrittenen Kriegseinsatz eine Kontrollfunktion ausübt?

Christliches Abendland - quo vadis?

Die nachfolgend aufgelisteten Zitate und Anmerkungen stellen Anfragen an unsere gesamte westliche Kultur.

- Die Rheinische Post, 18.12.98, malt aus: „Irgendwo im Nahen Osten. Das Szenario ist gespenstisch. Schwaden eines chemischen Kampfstoffes wabern durch die Straßen einer Großstadt. Die Menschen fallen um, winden sich in Krämpfen, verbluten innerlich, ersticken: Am Ende mehrere Hunderttausend Tote“. Damit möchte die „Zeitung für Politik und christliche Kultur“ vor Diktatoren vom Schlage Saddam Husseins warnen - der tatsächlich bereits Giftgas eingesetzt hat.

Daß Menschen sich aber auch aktuell durch die angloamerikanischen Angriffe in Krämpfen winden und verbluten, entgeht dem Blatt ebenfalls nicht: Etwas weiter oben steht: „Egal wie lange die Operation `Wüstenfuchs´ noch dauert: An den Anblick toter oder verletzter irakischer Zivilisten wird man sich möglicherweise gewöhnen müssen.“ Wie kommt eine Zeitung für „christliche Kultur“ auf eine solche Formulierung? Der Papst jedenfalls gewöhnt sich nicht an die Opfer! Der Vatikan kritisierte die Angriffe als „Akt der Aggression“ (Süddeutsche Zeitung, 18.12.98). Im Jahr 2000 plant Johannes Paul II. einen Besuch im Irak.

- In der F.A.Z. (18.12.98) kommentierte Herr Lerch: „Die arabische Welt ist zu großen Teilen eine Männergesellschaft, der Stärke, wie die Amerikaner sie demonstrieren, zwar durchaus imponiert, sie freilich auch zum Widerstand herausfordert - zum Beispiel um der Ehre willen, die als besondere arabische Tugend gilt. ... Den Frauen bleibt da oft nur, grob gesprochen, die Toten zu beklagen."

- In der Welt am Sonntag, 20.12.98, meint der 29-jährige US-Pilot Will Powers(!): „Doch nachdem ich eine 1000-Pfund Bombe auf einen Armeebunker geworfen hatte, spürte ich mehr Selbstvertrauen in mir".

- „Bei Luftangriffen auf irakische Ziele sollen auch die neuesten Versionen der Abstandswaffen getestet werden. ... Die JSOW befindet sich noch in der Testphase. ... Getestet werden könnte in den kommenden Nächten auch eine Präzisionswaffe, die bei der Detonation mehrere tausend Grad Hitze erzeugt ..." (F.A.Z., 18.12.98)
„Im Gegensatz zum letzten Golfkrieg stehen den Amerikanern bei ihren jetzigen Militärschlägen einige neue Waffensysteme zur Verfügung. Es ist gut vorstellbar, daß die Militärs die Gelegenheit nutzen, sie unter Gefechtsfeldbedingungen zu testen" (Süddeutsche Zeitung, 19.12.98).

- „Hillary Clinton sagte, sie sei stolz auf die Arbeit ihres Mannes. Gerade jetzt zu Weihnachten sei es Zeit für Versöhnung und Selbstbesinnung" (Welt am Sonntag, 20.12.98). Der Artikel endet: „..bislang sind 68 Zivilisten umgekommen." In der gleichen Ausgabe steht zu lesen: „Auf ihre Bomben hatten die Lademannschaften Botschaften wie `von Salt Lake nach Bagdad - dieses Geschenk wird Euch umhauen´ oder `Frohe Weihnachten´ gekritzelt."

Diese Zitate belegen, daß der Blick auf die Opfer verstellt scheint und diese kaum wahrgenommen werden.
Wer kümmert sich um das durch das achtjährige Embargo schon vor dem Angriff sich an der Grenze seiner Leidensfähigkeit befindende irakische Volk?
Wären jetzt nicht wenigstens umfangreiche Hilfsmaßnahen einzuleiten, um das noch mehr gesteigerte Leiden etwas zu lindern?

Fazit

Die letzten Tage zeigten die schwerste internationale Belastungsprobe seit dem zweiten Weltkrieg. Nicht einmal in der Cubakrise zog die UdSSR ihren Botschafter aus Washington ab!
Die Welt steht vor dem Trümmerhaufen eines noch vor wenigen Monaten für einigermaßen stabil gehaltenen internationalen Rechtssystems.

Zum UNO-Sicherheitsrat schreibt die Berliner Zeitung, 19./20.12.98: „Der Rat, der sonst als exklusivster Club der Welt gilt, hat derzeit nicht mehr zu melden als eine Kneipenrunde in Brooklyn.“
Vor allem Kofi Annan hat es nicht verdient, so demontiert zu werden.
Ob jetzt, wo der Geist des Faustrechtes aus der Flasche geschlüpft ist, der Pfropfen noch einmal drauf zu bringen sein wird, ist mehr als zweifelhaft.
Die nächste Bewährungsprobe, es besser zu machen, steht an: Das neue Strategische Konzept der NATO zur weltweiten Durchsetzung westlicher Interessen, das noch nicht fertig ist, aber schon im April 1999 verkündet werden soll. Tony Blair spielt dabei eine Schlüsselrolle. Sollte er sich von Chirac überzeugen lassen, das „Lager“ zu wechseln und mit den Europäern zusammen ein starkes Gegengewicht gegen die „Durchmarschierer“ aus Washington aufzubauen, könnte das in Schieflage geratene Gebäude der internationalen Beziehungen noch einmal zurückgedrückt werden.
Deutschland hat gleich mehrere „Vorsitze“ auf europäischer und internationaler Ebene am 1.1.99 zu übernehmen - mit den entsprechenden Gestaltungsspielräumen - und daher eine enorme Verantwortung.

Quelle: Presseerklärung/Artikeldienst des Versöhnungsbundes vom 23.12.1998, übernommen in: Kurdistan aktuell, Januar/Februar 1999, Frankfurt, S. 60-62, hg. von medico international, Obermainanlage 7, 60314 Frankfurt.
Der Text bildete die Grundlage des 7. Informationsblattes der Kampagne „Gewaltfrei aktiv gegen Krieg“ des Versöhnungsbundes und wurde gekürzt abgedruckt unter dem Titel: „Auf das tiefstmögliche Niveau gebombt“ in: Spinnrad. Politische Spiritualität - aktive Gewaltfreiheit -umfassende Befreiung, Nr.1/1999, Wien, S.14-16, hg. vom internationalen Versöhnungsbund - österr. Zweig, Lederergasse 23/3/27, A-1080 Wien.

9.1.1999

2.6. Die Bombardierung des Irak - Teil einer Langzeitstrategie

Im Viertage-Bombardement vom 16.-19.12.98 wurden 650 Luftangriffe geflogen, rund 415 Marschflugkörper (für ca. 500 Millionen US-Dollar) sowie 600 weitere Bomben eingesetzt. Die US-Rüstungsindustrie nutzte den Krieg für ausgiebige Tests. „Ein Großteil der anvisierten Objekte hatte eher symbolischen Wert ... Dazu gehörten die Zerstörung von Getreidesilos, etwa in Saddams Heimatstadt Tikrit, und die Bombardierung der Raffinerie von Basra, die nach US-Ansicht Öl für den illegalen Export herstellte" (Der Spiegel, 28.12.98). Laut US-General Shelton seien bis zu 1600 Menschen getötet worden, darunter hohe Regierungsbeamte.

1953 wurde mit US-Hilfe die demokratisch gewählte Regierung Mossadegh in Iran gestürzt, welche die Vorläuferfirma von BP (British Petroleum) verstaatlicht hatte. USA und Großbritannien strangulierten das Land zunächst mittels eines Embargos; die sozialen Unruhen nutzte dann die CIA, um den Schah an die Macht zu bringen. Selbst nach acht Jahren Embargo und hunderttausenden Toten will Ähnliches in Irak nicht gelingen.
Nach derzeitiger Lage muß daher solange mit „Wüstenfuchs 2" gerechnet werden, wie Saddam Hussein noch Präsident ist.

1972 wurden in Irak die amerikanischen und britischen Ölgesellschaften verstaatlicht. Aus dem iranisch-irakischen Krieg ging Saddam Hussein 1988 mit erheblichen Schulden hervor. Mit dem Überfall auf Kuwait wurde Irak kurzzeitig seine milliardenschweren Schulden (Kriegskredite zur Eindämmung Irans) los, hatte zu den eigenen ca.10% Öl-Weltmarktanteilen noch ca.10% „hinzugewonnen" - und hätte erheblichen Einfluß auf den im Keller befindlichen Erdöl-Preis nehmen können. Die Elite Kuwaits erlöste bereits vor 1990 höhere Profite durch westliche Aktien u.a. bei Daimler Benz als durch den Ölverkauf- weshalb ein hoher Ölpreis für sie kontraproduktiv gewesen wäre - und immer noch ist.
Irak war 1990 auch ohne den Kuwait-Überfall den USA zu stark geworden. 1989 päsentierte General Schwarzkopf, Oberkommandierender im 2. Golfkrieg, bereits den Plan eines Krieges (CENTCOM-Kriegsplan 1002, später modifiziert in 1002-90, vgl. Mira Beham, Medien, Krieg und Politik, München 1996, S. 103) gegen Irak mit einer sechsstelligen Truppenzahl - zwei Monate vor dem Überfall auf Kuwait.

Der größten „Zwangsabrüstungsaktion“ der Geschichte, dem 6-Wochenkrieg von 1991, folgte das Embargo mit gleichem Ziel: „ ...den Irak auf Dauer faktisch und politisch auf dem tiefstmöglichen Niveau zu halten“ (Le Monde Diplomatique, Dez. 97).

Die von den UN nach Kapitel VII nie verabschiedete Einrichtung der Flugzonen dient nicht dem Schutz der kurdischen und schiitischen Bevölkerung - sonst müßsste die nördliche Zone über der Türkei ausgedehnt werden und Saddam Hussein hätte einen Teil der kurdischen Führung 1996 nicht ungehindert umbringen lassen können -, sondern der Kontrolle der Erdölfelder.

Iran und Irak sollen als Transitland einer geplanten Ölpipeline gemieden werden; nach US-Willen könnte das schwarze Gold demnächst via Türkei über das Mittelmeer seinen Weg nach Amerika finden.

Die Viertage-Bombardierung nimmt die neue NATO-Doktrin vorweg, die ohne UN-Mandat weltweit westliche Interessen „schützen“ soll. In Kürze könnte sich Ähnliches wie in Irak am Kaspischen Meer abspielen, wo heftige Konkurrenzkämpfe zwischen amerikanischen, russischen und chinesischen Ölfirmen entbrannt sind.

Joschka Fischer kündigte eine neue europäische Initiative bezüglich Irak an. Als Anregung könnte der grüne Minister den F.A.Z.-Kommentar vom 22.12.98 nehmen:
„Über das Thema `Aufhebung der Sanktionen´ sollte man versuchen, mit dem Irak wieder ins Gespräch zu kommen, auf dem Hintergrund einer Nahost-Politik, die nicht nur von zwei Parametern beherrscht wird: dem freien Ölfluß und der Sicherheit Israels. Die arabischen Völker wollen endlich einmal fair, das heißt gleichberechtigt, behandelt werden.“

Wenn eine Supermacht wirtschaftlich Einfluß verliert - wie derzeit u.a. durch die Einführung des Euro und das Emporkommen Chinas - und versucht, dies durch militärische Stärke zu kompensieren, sind weltpolitische Krisen ungeahnter Größe vorhersehbar. Clinton und sein „Knappe“ Blair spielen mit dem Feuer.

Quelle: Friedensforum. Rundbrief der Friedensbewegung, 1/1999, Bonn, S. 14-15, hg. vom Netzwerk Friedenskooperative, Römerstraße 88, 53111 Bonn.

22.12.1999

2.7. Krieg, Elend und verfehlte Politik ohne Ende

„Damit der Globalismus funktioniert, darf Amerika sich nicht scheuen, als die allmächtige Supermacht aufzutreten, die es ist. Die unsichtbare Hand des Marktes wird nie ohne eine unsichtbare Faust funktionieren. McDonald kann nicht ohne den F-15-Konstrukteur McDonell Douglas florieren. Und die unsichtbare Faust, die dafür sorgt, daß die Welt für Silicon Valley-Technologien sicher ist, heißt Heer, Luftwaffe, Marine und Marineinfanterie der USA", meint Thomas Friedmann, Berater von US-Außenministerin Madeleine Albright (in: New York Times vom 28.3.99, zit. nach Kosovo, Jugoslawien, NATO, hg. vom Komitee für Grundrechte und Demokratie, Nov. 99, S. 23f).

Getreu dieser sehr offenen und im wahrsten Sinne des Wortes schonungslosen außenpolitischen „Leitlinie" zeigen nicht nur die USA, sondern auch Großbritannien seit vielen Jahren im Irak nicht nur ihre unsichtbaren, sondern auch ihre „sichtbaren Fäuste".
Das mehr als einjährige, fast ununterbrochene Bombardement seit Ende Dezember 1998 kostet allein die USA nach Angaben des Pentagon täglich rund 2,6 Millionen US-Dollar (Angabe nach Mainzer-Rhein-Zeitung vom 27.9.99).
Bis Herbst 1999 waren bereits mindestens 1400 Bomben und Raketen (manche Quellen nennen sehr viel höhere Zahlen) eingesetzt worden, um - nach US-Angaben - angeblich 375 militärische Ziele zu zerstören. Seit Herbst 1999 setzt die US Air-Force dabei erstmals auch lasergesteuerte Betonbomben ein, die die Schäden unter der Zivilbevölkerung geringer halten sollen.

Laut Baghdad Observer wurden bis November 1999 seit dem 4-Tagebombardement vom 16. bis 19.12.98 (Operation Wüstenfuchs) 187 Menschen getötet und 494 verletzt. Ein dem Autor vorliegender UN Security Bericht beziffert die zivilen Schäden und Zerstörungen zwischen Dezember 1998 und Mai 1999 auf 73 Tote, 257 Verletzte und 60 zerstörte Häuser.
Der Zermürbungskrieg im Irak stellt für die kriegführenden angelsächsischen Länder zunehmend ein Problem dar, da er das Scheitern jeglicher rational verantwortbarer Politik bedeutet. Genau dieses aber scheuen Bill Clinton und Tony Blair sich selbst und der Öffentlichkeit offen einzugestehen.
„Saddam hat sicherlich seine Fähigkeiten zu überleben unter Beweis gestellt", meinte Peter Felstead in der Fachzeitschrift „Janes's Intelligence Review". Außer der Potenzierung der Leiden der Zivilbevölkerung haben die andauernden Angriffe bisher keine weiteren Ergebnisse gebracht.

Das Schweigen der Medien

„Das große Schweigen - US-Medien berichten kaum noch über die Bomben auf Irak", titelte am 20.12.99 die Frankfurter Rundschau. In diesem Bericht wird der Washington-Korrespondent der New York Times, Steven Lee Myers, über die Gründe für die merkwürdige Stille vor allem in den US-Medien folgendermaßen zitiert: „Man wolle `die diplomatischen Sensibilitäten in der Region nicht verletzen, vor allem da, wo es amerikanische Militärstationen gibt, wie in Saudi-Arabien, Kuwait und Türkei." Da keine Piloten oder Flugzeuge abgeschossen werden, wird der Krieg laut des US-Monatsmagazins „The New Republic" als „Desert yawn" („Wüstengähnen") abgetan.
In Deutschland durchbrach am 4. November die „Die Zeit" das öffentliche Totschweigen: Theo Sommer persönlich erregte sich unter der „Zeit"-ungewöhnlichen Überschrift: „Der Irak darf nicht hungern - Amerikas Sanktionspolitik ist eine Schande", mit scharfen Worten: „Es ist eine Schande, wie die Vereinigten Staaten Hunderte von Anträgen auf Einfuhrgenehmigungen für lebensnotwendige Güter, die unter dem „Erdöl-für-Lebensmittel-Programm" erlaubt wären, unbearbeitet liegen lassen. Nicht einmal Wasserpumpen aus rostfreiem Stahl werden genehmigt."

Neue Kontakte der Bundesregierung zu irakischen Gästen

Anfang Oktober ´99 empfing Staatsminister Ludger Volmer in Berlin den Patriarchen der chaldäischen Kirche im Irak, Raphael Bidawid, der die Auswirkungen des Embargos drastisch darstellte und gemeinsam mit Wolfgang Fritz, dem für Irak zuständigen Projektreferenten von Caritas International, eine neue Politik bezüglich der Sanktionen forderte.
Seit ca. zwei Jahren versuchen eine Reihe europäischer Staaten, darunter auch Deutschland, wieder (halb-)diplomatische Beziehungen zu Irak aufzubauen. So wurde zu einer Konferenz der Interparlamentarischen Union vom 10.-16.10.99 der Vorsitzende der irakischen Nationalversammlung, Sadum Hamadi - ein enger Vertrauter Saddam Husseins -, als Delegationsleiter von der Bundesregierung nach Berlin eingeladen.

Die humanitäre Situation in Irak

Für eine groß angelegte repräsentative Studie zwischen Februar und Mai 1999 befragten UNICEF und die Weltgesundheitsorganisation WHO 24 000 Frauen aus den südlichen und zentralen Gebieten Iraks und 16 000 Frauen aus dem Nordirak zur humanitären Situation. Das Ergebnis war niederschmetternd: Die Sterblichkeit bei Kindern unter fünf Jahren hatte sich von 56 Todesfällen pro 1000

Geburten im Zeitraum 1984-1989 auf 131 Todesfälle im Zeitraum 1994-1999 mehr als verdoppelt. Laut UNICEF-Direktorin Carol Bellamy offenbare die Studie vom 12.8.99 die andauernde humanitäre Notlage im Irak. Mehr als eine halbe Million Kinder könnten noch am Leben sein, so die Studie. Im Bereich Kindersterblichkeit ist Irak heute vergleichbar mit Ländern wie Haiti oder Pakistan. Aufgrund der unabhängigen Durchführung der Umfrage könnten „die Ergebnisse der Studie nicht als Versuch der Regierung des Irak abgetan werden, Kritik an den UN-Sanktionen zu mobilisieren", so die UNICEF-Direktorin.
Das Trinkwasser-Problem in Irak verschärft sich von Woche zu Woche und fordert inzwischen eine erhebliche Anzahl von Toten unter der Bevölkerung, von der wegen einer anhaltenden Dürre sowie mangelnder Ersatzteile für Pumpen und Rohre schon jetzt ca. 20 Prozent nicht mehr ausreichend mit Wasser versorgt werden kann.

Kritik am Embargo auch von UN-Koordinatoren

Im September 1998 trat der Ire Dennis Halliday als UN-Koordinator des „Erdöl-für-Lebensmittel-Programms" aus Protest gegen die Folgen des Embargos zurück. „Jeden Monat stürben aufgrund der Sanktionen 4000 bis 5000 Kinder, sagte Halliday" (FR, 1.10.98). Sein Nachfolger wurde der deutsche UN-Beamte Hans Graf Sponeck, der seit Herbst 1999 - ähnlich wie Halliday - „in aller Öffentlichkeit die verheerenden Auswirkungen der westlichen Sanktionspolitik beklagt" (Die Zeit, 4.11.99). Dafür wollten ihn die Regierungen der USA und Großbritanniens aus dem Amt jagen, UN-Generalsekretär Kofi Annan stellte sich jedoch demonstrativ hinter Sponeck und verhinderte seine Ablösung. Erst, nachdem der Konflikt bereits durchgestanden war und sich Annan durchgesetzt hatte, meldete sich auch das deutsche Außenministerium und forderte ganz mutig ebenfalls den Verbleib des deutschen UN-Koordinators im Amt.

Es geht nach wie vor um´s Öl - und um die Macht am Golf

Nach jüngsten Schätzungen soll Saudi-Arabien über 260 Milliarden Barrel Ölvorräte verfügen, Irak über 315 Milliarden Barrel, so ein Mitarbeiter des Deutschen Orient-Institutes in Hamburg.
Bis vor wenigen Jahren waren die internationalen Experten noch der Ansicht, Saudi-Arabien verfüge über ca. 20 % der Welterdölvorkommen, Irak dagegen nur über ca. 10%. Die neuesten Schätzungen bedeuten, daß dem irakischen Ölmarkt in der näheren Zukunft eine enorme Bedeutung zukommt. Vor allem auch am Fördergeschäft möchten eine ganze Reihe von Staaten beteiligt werden.
Nach wie vor ist den amerikanischen und britischen Konzernen ein großer Dorn im Auge, dass Irak bereits eine ganze Reihe von Lieferverträgen mit Frankreich,

Russland, China und etlichen anderen Ländern für die Phase nach den Sanktionen abgeschossen hat (vgl. F.A.Z., 13.1.98). Vor allem mit Russland blüht seit geraumer Zeit der Schwarzhandel mit Öl - dem Embargo, Clinton und Blair zum Trotz.

1985 wurde von Saudi-Arabien der Ölpreis absichtlich durch enorme Überproduktion von ca. 21 Dollar pro Barrel auf ca. 9 Dollar in den Keller gefahren, um alternative Energie gegenüber dem Öl so teuer zu machen, dass diese sich nicht rentieren sollten. Da die arabischen Scheichtümer und Emirate rund 800 Milliarden Dollar in westlichen Aktienpaketen angelegt haben, warf diese Einnahmequelle z.B. für Kuwait aufgrund anziehender Börsenkurse höhere Gewinne ab als das reine Erdölgeschäft - folglich war viele Jahre auch ein niedriger Ölpreis für die jeweiligen Eliten vertretbar. Geschädigt wurde allerdings die Bevölkerung: Indem die Gewinne nicht dort investiert wurden, wo sie verdient wurden - und indem das oft einzige Exportprodukt Erdöl zu Schleuderpreisen verramscht wurde.

Um diese Politik demokratisch nicht legitimierter Staatslenker abzusichern, braucht es bis zur Gegenwart Rüstungsimporte. Damit vor allem dem Waffen-Großabnehmer Saudi-Arabien die Zahlungen bei amerikanischen und britischen Rüstungsfirmen erleichtert werden, hob die OPEC in letzter Zeit die Preise für Öl wieder kräftig nach oben. Innerhalb der OPEC geriet der nach wie vor wichtigste Exporteur Saudi-Arabien zusätzlich politisch unter Druck: Algerien drohte der Staatsbankrott und übte deshalb massiven Druck aus, den für das Land so wichtigen Ölpreis anzuheben.

Die Vereinigten Arabischen Emirate, Bahrein und Katar mussten zu ihren Rüstungskäufen zusätzlich Milliardenbeträge für neue Förder-Investitonen aufwenden, wodurch sich diese drei Länder bei Banken verschuldeten - und ebenfalls höhere Öl-Einnahmen benötigten.

Die US-Politik steht auf den Standpunkt, die Region gegen den Ostblock jahrzehntelang verteidigt zu haben - und in den vergangenen zehn Jahren nach dem Fall der Mauer noch nicht genügend „Dividende“ für diese „Leistung“ gesehen zu haben. Verdient wird daher derzeit kräftig im Rüstungsexport-Sektor.

Wichtigste Neuerung aus US-Sicht ist, daß nun auch die Kaukasus-Region geostrategisch dem US-Central-Command unterstellt wurde. Auch aus diesem Grund ist Irak von seiner geographischen Lage her ein viel zu wichtiger Staat, als dass er einfach zu vernachlässigen wäre.

Wegen der unsicheren Regierungs-Nachfolgeregelung in Saudi-Arabien versucht das US-Central Command derzeit neue Verbindungen zu Jemen aufzubauen, um im Falle eines Konfliktes mit den Saudis auf ein neues Stützpunktland zurückgreifen zu können.

Seit dem Vertrag von Algier 1975, als die beiden geopolitisch bedeutsamen Länder Irak und Iran ihre Streitigkeiten friedlich versuchten beizulegen, ist den USA

und Großbritannien seit nunmehr 25 Jahren eine exzellente Politik des „Teile und Herrsche“ gelungen - indem sie u.a. arabische Einigungsversuche immer wieder erfolgreich hintertrieben haben.
Jüngste Herausforderung für die angelsächsiche Politik ist der Plan einer arabischen Freihandelszone, die bis etwa 2007 verwirklicht werden soll.

Wie soll es weitergehen mit Saddam Hussein und Irak?

Nach dem 2. Golfkrieg 1991 drängte bis etwa 1995 vor allem Israel auf einen Sturz Saddam Husseins. Dies hätte die Gefahr mit sich gebracht, dass Irak in drei Teile zerfallen wäre: Den Norden hätte gerne die Türkei, den Süden der Iran, am Westen Iraks würde Syrien Gefallen finden. Ohne Kriege und größere Verwerfungen in der Region würde dies allerdings nicht zu bewerkstelligen sein.
In US-Regierungskreisen wurde zeitweilig auch die Einrichtung eines eigenen kurdischen Staates im Norden des Irak forciert, was allerdings nach einer Intervention türkischer Generale als Plan wieder verworfen wurde.
Anfang Oktober ´99 schickte Saddam Hussein den neuen jordanischen König Abdallah II. als „Briefträger“ zu Präsident Clinton. Der Inhalt dieses Briefes war interessant: Saddam Hussein kündigte darin eine neue Verfassung, eine umfassende Reform des politischen Systems, die Zulassung mehrerer Parteien, die Einhaltung der Menschenrechte, das Ende der Bedrohung Israels und eine aktive Rolle mit den USA und Israel bei einem Nahost-Friedensprozeß an. Als Gegenleistung erwartete Irak die Aufhebung der Sanktionen. Sogar die bereits unterzeichneten Ölabkommen mit Frankreich und Rußland wollte Saddam Hussein - laut der in London erscheinenden Zeitung „al-Zaman“ - im Interesse von US-Firmen einer Prüfung unterziehen. US-Außenamtssprecher James Rubin kommentierte jedoch trocken: „Wir sind nicht an solchen Diskussionen interessiert“ (junge Welt, 11.10.99).
Da die USA - trotz eines nach außen offiziell verkündeten 97 Millionen Dollar-Programms zum Sturz Saddam Husseins - den irakischen Diktator nicht loswerden, mehren sich in irakischen Oppositionskreisen Befürchtungen, die USA und auch Großbritannien seien gar nicht mehr an einer Beseitigung des starken Mannes in Bagdad interessiert (falls sie es je wirklich waren!). Solange Saddam Hussein noch als Unsicherheitsfaktor in der Region dargestellt werden kann, erhalten z.B. die für die US-Wirtschaft sehr wichtigen Rüstungsexporte an potenzielle Gegner Iraks eine gewisse Plausibilität in der arabischen Öffentlichkeit. Zusätzlich halten sich Iran und Irak gegenseitig - zum westlichen Nutzen - in Schach.

Der neue Vorschlag für eine UN-Kommission

Nach wochenlangem Tauziehen um eine neue UN-Resolution zum Irak stimmte der UN-Sicherheitsrat am 17.12.99 ab: Von den fünf ständigen Mitgliedern enthielten sich drei: Frankreich, Russland und China; USA und Großbritannien stimmten dafür. Alle anderen Mitglieder des 15-köpfigen Gremiums stimmten ebenfalls dafür, lediglich Malaysia enthielt sich.
USA und Großbritannien fordern die Wiederzulassung einer neuen Inspektionskommission (UNMOVIC, U.N. Monitoring, Certification and Inspection Commission). Wenn der Irak mit UNMOVIC zusammenarbeite, könnte das Land im Rahmen von 100-Tage-Fristen soviel Öl verkaufen wie er wolle, was bei sonstigem Wohlverhalten des Iraks bereits nach einem Jahr zu einer vollkommenen Aufhebung aller Sanktionen führen könnte (vgl. junge Welt, 14.12.99). Die irakische Diplomatie versuchte durch massiven Druck auf Frankreich und Russland doch noch zu erreichen, daß diese beiden Länder die Resolution mit ihrem Veto zu Fall bringen. Irak verweigert eine Rückkehr der Inspektoren kategorisch - mit guten Gründen. Die irakische Regierung möchte sich nicht noch einmal die Kriegsvorarbeiter der späteren eigenen Zerstörung ins Land holen.

Quelle: Graswurzelrevolution Nr. 246, Februar 2000, S. 1+14.
hg. vom Verlag Graswurzelrevolution, Breul 43, 48143 Münster.

3. Jugoslawien

LOB DER DIALEKTIK

Das Unrecht geht heute einher mit sicherem Schritt.
Die Unterdrücker richten sich ein auf zehntausend Jahre.
Die Gewalt versichert: So, wie es ist, bleibt es.
Keine Stimme ertönt außer der Stimme der
Herrschenden
Und auf den Märkten sagt die Ausbeutung laut: Jetzt
beginne ich erst.
Aber von den Unterdrückten sagen viele jetzt:
Was wir wollen, geht niemals.

Wer noch lebt, sage nicht: Niemals!
Das Sichere ist nicht sicher.
So, wie es ist, bleibt es nicht.
Wenn die Herrschenden gesprochen haben
werden die Beherrschten sprechen.
Wer wagt zu sagen: Niemals?
An wem liegt es, wenn die Unterdrückung bleibt?
An uns.
An wem liegt es, wenn sie zerbrochen wird? Ebenfalls
an uns.
Wer niedergeschlagen wird, der erhebe sich!
Wer verloren ist, kämpfe!
Wer seine Lage erkannt hat, wie soll der
aufzuhalten sein?
Denn die Besiegten von heute sind die Sieger
von morgen
Und aus Niemals wird: Heute noch!

Bertold Brecht

aus: Bertolt Brecht, Hundert Gedichte, 1918-1950

Chronologischer Überblick ausgewählter Ereignisse

März 1998: Militäraktionen der serbischen Polizei nach Polizistenmorden in der UCK-Hochburg Srbica mit mehreren Dutzend albanischen Toten.

März 1998: Protokoll-Unterzeichnung zwischen serbischer Führung und Kosovo-Albanern über die Rückkehr an Schulen und Universitätsgebäude.

Juni 1998: UNHCR schätzt 50 000 Flüchtlinge, Androhung einer Intervention.

Juni 1998: Ca. 40% des Kosovo unter Kontrolle der UCK.

Ende Juni-Oktober 1998: Großoffensive serbischer Truppen, Zurückeroberung aller Gebiete, UCK zieht sich nach Albanien zurück, ca. 300 000 Flüchtlinge.

August 1998: UN-Generalsekretär Kofi Annan kritisiert NATO und EU, nichts zur Durchsetzung des Waffenembargos getan zu haben.

13. Oktober 1998: Holbrooke-Milosevic-Abkommen über die Stationierung von 2000 OSZE-Beobachtern; fast alle Flüchtlinge kehren zurück, ebenso die UCK.

16. Oktober 1998: Bundestag stimmt NATO-Einsatz ohne UN-Mandat zu.

November 1998: Die UCK lässt mit Militäraktionen auf serbische Familien und Polizeistationen die Situation eskalieren, serbische MUP schlägt brutal zurück.

16. Januar 1999: Nach Kämpfen zwischen UCK und serbischen Streitkräften werden bei Racak/Recak 45 Albaner tot aufgefunden, OSZE-Chef Walker spricht von Massaker an Zivilisten, der Untersuchungsbericht bleibt geheim.

6.-23. Februar 1999: Rambouillet-Verhandlungen ohne Ergebnis, Serbien lehnt NATO-Truppen in der BR Jugoslawien und Kosovo-Referendum ab.

15.-18. März 1999: Paris-Verhandlungen: Kosovo-Albaner unterzeichnen Abkommen, Serben nicht.

24. März 1999: Beginn des NATO-Krieges gegen Jugoslawien, Beginn der Gewaltexzesse serbischer Milizen und Polizei, 860 000 Flüchtlinge.

24 April 1999: Feier des 50-jährigen Bestehens der NATO.

Anfang Mai 1999: EU-Gipfel in Bonn, Verständigung über „Fischer-Plan" unter Einbeziehung Russlands und Rückkehr zur UN-Zuständigkeit.

8. Mai 1999: Beschuss der chinesischen Botschaft , 3 Tote chinesische Journalisten.

11. Mai 1999: Besuch Schröders in China zur Erreichung der Zustimmung oder Enthaltung Chinas im UN-Sicherheitsrat.

3. Juni 1999: Die jugoslawische Führung stimmt dem G7/8-Plan zu.

10. Juni 1999: Die NATO beschließt die Einstellung der Luftangriffe.

11. Juni 1999: Russische und NATO-Truppen marschieren ins Kosovo ein.

11./12. Juni 1999: NATO- Oberbefehlshaber Clark gibt des Befehl, 200 russische Soldaten anzugreifen, die den Flughafen bei Pristina unter ihre Kontrolle gebracht haben. Der britische KFOR-General Jackson verweigert die Ausführung des Befehls mit der Begründung, dass dies nicht den Beginn des Dritten Weltkrieg rechtfertigen würde.

August 1999: In den ersten sieben Wochen nach KFOR-Stationierung werden 164 000 Serben nach Angaben des UNHCR vertrieben, ihre Häuser angezündet und gebrandschatzt. Von geschätzten 120 -150 000 Roma vor dem Krieg werden ca. 60-75 000 bis November 1999 vertrieben, die Häuser ebenfalls zerstört und geplündert.

Herbst/November 1999: Die D-Mark wird als offizielles Währungsmittel im Kosovo, als offizielle Zweitwährung in Montenegro eingeführt.

24.9.2000: Vojislav Kostunica gewinnt die Präsidentenwahl gegen Milosevic.

26.12. 2000: Zoran Djindjic gewinnt die serbischen Parlamentswahlen und steht als designierter Ministerpräsident Serbiens fest.

13.10.1998

3.1. VB-Fax-Aktion vor der Abstimmung am 16.10.98

Liebe Mitglieder des Versöhnungsbundes,

am kommenden Freitag, dem 16.10.1998, steht mehr auf dem Spiel als nur eine Abstimmung über einen Militäreinsatz mit bundesdeutscher Beteiligung in Kosovo: Es geht um die Zustimmung oder Ablehnung eines völker- und grundgesetzwidrigen Angriffskrieges.
Im letzten Rundbrief des Versöhnungsbundes haben Sie bereits einige Hintergrundinformationen zum Thema Kosovo erhalten. Heute möchten wir Sie einladen,im Rahmen unserer Aktion „Gewaltfrei aktiv gegen Krieg" an Politiker-/innen der SPD und von Bündnis 90/Die Grünen zu schreiben. Sollten Sie dem Inhalt des auf der Rückseite stehenden Briefes zustimmen, senden Sie den Brief mit ihrer Adresse und Unterschrift versehen an folgende Fax-Adressen:

SPD:

Gerhard Schröder: 0511-1206838
Oskar Lafontaine: 0681-5011159
Franz Müntefering: 0228-5395284
Günter Verheugen: 0228-1686470
Heidemarie Wieczorek-Zeul: 0228-1686748
Egon Bahr: 0228-532312

Bündnis 90/Die Grünen:

Joseph (Joschka) Fischer: 0228-1686662
Jürgen Trittin: 0228-9166235
Ludger Volmer:0228-1686015
Kerstin Müller: 0228-1686480
Angelika Beer: 0228-1686548
Winni Nachtwei: 0228-1686016

Sollten Sie keinen Zugang zu einem Faxgerät haben, können Sie diese Aktion auch von den meisten Postämtern aus durchführen.

Noch eine Bitte zum Schluß: Diese Aktion kostet uns ca. 2000.- DM. Wir sind daher dankbar für einen Beitrag zur Kostendeckung auf das Konto des VB bei der Sparkasse Minden-Lübbecke, Stichwort „Gewaltfrei aktiv gegen Krieg“, Konto 400 906 72, BLZ 490 501 01. Danke!

Auch nach einer Entscheidung des Bundestages - wie immer sie ausgehen mag - möchten wir Sie bitten, gegen den Krieg in Kosovo aktiv zu bleiben und sich für die Opfer einzusetzen.

Mit freundlichen Grüßen

Uli Stadtmann Clemens Ronnefeldt

(Musterbrief)

Sehr geehrte Abgeordnete des Bundestages,

vor der Bundestagsabstimmung am kommenden Freitag zum Militäreinsatz in Kosovo wende ich mich mit der dringenden Bitte an Sie, die folgenden Argumente zu bedenken und in Ihrer Fraktion zu diskutieren.

In der neuesten Broschüre des Institutes für Internationale Politik an der Universität der Bundeswehr in Hamburg vom September 1998 steht unter Punkt 5. „Kosovo und europäische Sicherheit“ klipp und klar:
„Wird militärisch ohne Mandat des Sicherheitsrates der Vereinten Nationen interveniert, sind nachhaltige Schäden vor allem in völkerrechtlicher und ebenfalls in politischer Hinsicht zu gewärtigen, abgesehen von den Unklarheiten hinsichtlich der politischen Ziele militärischen Eingreifens“ (S. 46).
Nach jahrelanger Untätigkeit und politischen Versäumnissen schlimmster Art soll nun dem Grauen in Kosovo mit Luftangriffen angeblich ein Ende gesetzt werden. Zuletzt im August 1998 kritisierte UN-Generalsekretär Kofi Annan noch NATO und EU, nichts zur Durchsetzung des Waffenembargos getan zu haben und daher Mitschuld an der Eskalation der Gewalt zu tragen.

Artikel 42f. der UN-Charta beinhalten ein klares Verbot der Gewaltanwendung. Im UN-Sicherheitsrat haben die ständigen Mitglieder Vetorecht. Da Russland und China sich der Zustimmung zu NATO-Luftschlägen widersetzen und es daher erst gar nicht zu einer Abstimmung kam, wird die geplante Militäraktion nichts anderes als ein völkerrechtwidriger Angriffskrieg. Artikel 26 des Grundgesetzes

verbietet eindeutig die Vorbereitung oder Beteiligung an einem solchen Krieg. Die bestehende UN-Resolution 1199 zur Kosovofrage deckt in keinster Weise einen Militäreinsatz ab.
Sollten sich die übrigen Staaten über Russland und China hinwegsetzen, wäre der UN-Sicherheitsrat mit seinem neuen „Zweiklassen-Vetorecht" politisch handlungsunfähig. Die Bereitschaft etlicher Staaten, sich bei künftigen friedenserhaltenden Maßnahmen nach Kapitel VII im Rahmen der UN zu beteiligen, würde wahrscheinlich gegen Null sinken.

Von NATO-Seite war bisher lediglich der Vorschlag von Luftangriffen eingebracht worden.
Selbst die Entsendung einer internationalen UN-Truppe, an der vor allem Russland sich hätte beteiligen können, wurde von der NATO bisher nicht einmal zur Diskussion gestellt.
Konkrete Vorschläge zur nichtmilitärischen Entspannung des Krieges wie den von Professor Johan Galtung miterarbeiteten 8-Punkte-Friedensplan von Ohrid werden von NATO-Seite einfach ignoriert.

Vor diesem Hintergrund bitte ich Sie, dem völkerrechts- und grundgesetzwidrigen Akt eines Militäreinsatzes in Kosovo ihre Zustimmung zu verweigern und sich gleichzeitig für die immer noch möglichen zivilen Alternativen einzusetzen.

Mit den Kosten einer Militärintervention könnten die rund 300 000 Flüchtlinge im Kosovo ein Dach über dem Kopf, ausreichend Nahrung und weitere notwendige humanitäre Hilfe erhalten.

Kein Bombenangriff bringt die albanische Bevölkerung zurück in ihre zerstörten Häuser oder lindert die schlimmste Not.

Bitte setzen Sie sich im Bundestag dafür ein, daß ein möglichst hoher Betrag für das UN-Flüchtlingshilfswerk sowie für humanitäre Organisationen, die diese Aufgaben wahrnehmen, bereitgestellt wird.

Mit freundlichen Grüßen

15.10.1998

3.2. E-mail-Aktion an den Bundesvorstand von B90/ Die Grünen vor dem 16.10.98

Liebe Abgeordnete von B90/Die Grünen,

vor der morgigen Sitzung (hoffentlich noch rechtzeitig) möchte ich einige Pressestimmen der letzten beiden Tage gerne mit Dir/Euch/Ihnen teilen und eine Wertung in einem Kommentar versuchen:

1. Frankfurter Rundschau, 15.10.98 , S. 5: „Millimeter-Abwägungen“ für jeden Abgeordneten / Nicht nur bei den Grünen wird ein Kosovo-Einsatz ohne klares UN-Mandat als Dilemma empfunden.

von Richard Meng (Bonn)

Ein „Dilemma“, eine „ernste Problematik“, oder gar die „Verunstaltung des internationalen Rechts?“ Kurz vor der Bundestagsabstimmung über das deutsche Ja zu einem Nato-Einsatz in Kosovo wird in allen Parteien kontrovers über die schwache Rechtsgrundlage diskutiert.
Die Zweifel, ob die Nato-Beschlüsse vom Völkerrecht gedeckt sind, beschränken sich nicht nur auf die Bündnisgrünen. Ausgerechnet Willy Wimmer, der CDU-Abgeordnete aus Neuss und frühere parlamentarische Staatssekretär im Verteidigungsministerium, hat jetzt die härteste Kritik formuliert. Vom „Abgrund des internationalen Rechts“ sprach der heutige Vizepräsident der Parlamentarischen Versammlung der OSZE und vom „Präzendenzfall, an dem wir uns alle demnächst mit Schrecken erinnern werden“. Wer die Charta der Vereinten Nationen so behandele, der öffne „die Welt für andere Dinge, die werden schrecklicher sein, als das, was wir diese Woche erlebt haben.“ ...
Ein UN-Mandat im Sinne eines Auftrags an die Nato gebe es nicht, räumt der außenpolitische Sprecher der CDU/CSU-Fraktion, Karl Lamers, ein. Es widersprächen sich zwei Prinzipien, das der Menschenrechte und das der Nichteinmischung ...
Einer der sich noch nicht entschieden hat, ist der Freiburger Abgeordnete Gernot Erler, der sich in Südosteuropa sehr engagiert hat. Auch er sieht „keine feste Grundlage“ für eine Nato-Aktion, aber er hält ihre Begründung durch „Interpretation“ von UN-Resolutionen für möglich, so daß es kein reines Selbst-Mandat der Nato sei. ...

2. Frankfurter Rundschau, 15.10., S. 5 „Im Blickpunkt": Ausnahmen treffen nicht zü / Völkerrechtler halten Nato-Einsatz für unzulässig

von Ursula Knapp (Karlsruhe)

Völkerrechtler sehen im möglichen Einsatz der Nato in Kosovo einen folgenreichen Völkerrechtsbruch. Diese Auffassung vertritt die deutsche Sektion der Juristenvereinigung Ialana, die 1988 auf die Initiative der designierten Justizministerin Herta Däubler-Gmelin (SPD) gegründet wurde und sich die Friedenssicherung ohne Atom- und Chemiewaffen zum Ziel gesetzt hat. ...
Da es an der Ermächtigung der Nato durch den Sicherheitsrat fehle, sei keiner der Rechtfertigungsgründe gegeben. Die Erklärung der Ialana wörtlich: soweit Staaten innerhalb der Nato „ohne Mandat des UN-Sicherheitsrates eigene militärische Gewalt zum Schutze ... fremder Staatsangehöriger im Ausland ... einsetzten", ohne hierfür die Zustimmung des betroffenen Staates zu haben, handeln sie völkerrechtswidrig. Die beteiligten Staaten könnten sich auch nicht auf eine „völkergewohnheitsrechtliche Rechtfertigung" berufen. Nach dem deutschen Grundgesetz seien die allgemeinen Regeln des Völkerrechts „Bestandteil des Bundesrechts." Folglich dürfe auch die Bundesregierung keiner militärischen Intervention der Nato ohne UN-Mandat zustimmen. Den Einwand, „humanitäre Interventionen" richteten sich nicht gegen die territoriale Unversehrheit oder politische Unabhängigkeit eines Staates und verstießen somit auch nicht gegen Artikel 2 der UN-Charta, halten die Juristen für nicht zutreffend. Diese Auffassung widerspreche der überwiegenden Meinung des deutschen und internationalen Schrifttums zum Völkerrecht.
Der deutschen Sektion der Juristen-Vereinigung Ialana gehört unter anderem der frühere Richter am Bundesverfassungsgericht, Helmut Simon (SPD), an. Der Frankfurter Staatsrechtler Erhard Denninger ist Mitglied des wissenschaftlichen Beirates.

3. Süddeutsche Zeitung, 14.10.98, Süddeutsche Zeitung-Gespräch mit Burkhard Hirsch; „Kosovo-Sondersitzung ist verfassungswidrig".

pra. München (eigener Bericht) - Burkhard Hirsch (FDP) hält die Einberufung des alten Bundestages zur Kosovo-Sondersitzung am Freitag für verfassungswidrig. Nicht nur „einige angeblich verrückte Grüne sagen das, auch ein Liberaler wie ich kommt zu dem Schluß: Das geht so nicht", meinte der bisherige Vizepräsident des Parlaments im Gespräch mit der Süddeutschen Zeitung. Der alte Bundestag sei „weder verfassungsrechtlich noch politisch legitimiert", die Entscheidung über den Bundeswehr-Einsatz im Kosovo zu treffen: Die neue Mehrheit wälze die zu treffende Entscheidung auf eine alte Mehrheit ab. Hirsch argumentierte so: Nach dem Grundgesetz müsse der neue Bundestag spätestens am 30. Tag nach der Wahl einberufen werden. Das bedeute aber nicht, daß die Bundestagspräsidentin „nach Lust und Laune" verfahren könne. Die 30 Tage seien die „äußerste Frist". Werde der Bundestag früher einberufen, dann „muß sie natürlich den neuen einberufen, sobald dies technisch möglich ist". Den Kosovo-Einsatz hält Hirsch für „völkerrechtswidrig". Man sei dabei, die Nachkriegsordnung zu zerstören und in Zukunft jeder Macht die Berufung auf einen außerordentlichen Notstand zu ermöglichen.

Anm.: C.R.: Eine juristische Anfechtung der morgigen Sitzung wird wahrscheinlich scheitern. Das Kabinett bleibt so lange im Amt, bis das neue zusammentritt. Weil erst gestern das amtliche Endergebnis der Wahl bekannt gegeben wurde, mußte noch - unter dem wahnsinnig hohen Druck der USA - das alte Parlament zusammengerufen werden. Ob es klug war, diesem Druck nachzugeben - wie es Kohl und Schröder gemeinsam getan haben - ist anzuzweifeln.

Kommentar von Clemens Ronnefeldt

Der 16.10.98 wird wohl in die deutsche Geschichte als politisch schwarzer Tag eingehen. An ihm wird vermutlich ein weiterer Damm brechen, der nicht hätte gebrochen werden dürfen.
Die wohl beste und eleganteste Lösung, eine politische Katastrophe abzuwenden ist, die Sitzung noch kurzfristig abzusagen. Gleich, was dabei herauskommt: Der Schaden wird groß sein. Ob sich Rita Süßmuth heute noch dazu durchringen kann, ist eher zu bezweifeln. Sie wäre in jedem Fall zu ermutigen.
Sollte das Votum für einen Militäreinsatz ausfallen, würde der Satz Volker Rühes vom 30.6.95 im deutschen Bundestag Wirklichkeit werden, „auch militärisch das abzusichern, was wir politisch für richtig halten."
Die Ungeheuerlichkeit dieser Aussage, die auf einem Demokratieverständnis beruht, das wohl nicht mehr als „freiheitlich-demokratische Grundordnung" mit dem Primat der Politik bezeichnet werden kann, ist im Sommer dieses Jahres nahezu untergegangen.
Die Politik in Bonn hat sich mit wahnsinniger Geschwindigkeit in Richtung dessen bewegt, was als Unterordnung unter die „pax americana" bezeichnet werden kann.
Die Bedeutung der morgigen Sitzung ist vor dem Hintergrund des Umgangs der USA mit dem Völkerrecht beim Militäreinsatz in Afrika und in der Irakkrise zu sehen.

Nach den Bombardierungen vom 20.8.98 auf mehrere Trainingslager für angebliche Terroristen in Afghanistan und eine Arzneimittelfabrik im Sudan, griffen die USA auf Artikel 51 der UN-Charta (Recht auf Selbstverteidigung im Falle eines bewaffneten Angriffes!) als Rechtfertigung zurück.
Der Kommentar von Alain Gresh („Heilige Kriege“) in der renommierten „Le Monde Diplomatique“ (Sept. 98) fiel deutlich aus: „Nach Bekunden zahlreicher amerikanischer Regierungsvertreter bedeuten die Militäraktionen vom letzten Monat vielmehr eine Wende in der US-Strategie. Künftig wollen sich die USA im Konfliktfall nicht mehr damit belasten, einen internationalen Konsens anzustreben und die Zustimmung der Vereinten Nationen abzuwarten.
`Die Operation diente der Abschreckung´, betonte ein hoher Beamter, `juristische Spitzfindigkeiten sind hier fehl am Platze´ (in: Intern. Herald Tribune, Paris, 24.8.98). Also ab auf den Müllhaufen der Geschichte mit dem Völkerrecht; ein Sheriff hat noch nie um Erlaubnis ersucht, einen Gesetzlosen abknallen zu dürfen. Dabei konnten sich die USA auf das Völkerrecht um so weniger berufen, als die Beteiligung von Ussama Bin Laden an den kriminellen Anschlägen auf die amerikanischen Botschaften in Kenia und Tansania erst noch zu beweisen ist.“

Die morgige Entscheidung ist auch vor dem Hintergrund der Irak-Krise vom Februar ´98 zu interpretieren.
Ebenfalls in der „Le Monde diplomatique“ (März 98) sah Ignacio Ramonet „Drei Lehren“:
„Die erste lautet: In einer unipolaren Welt versuchen die Vereinigten Staaten in dem Bewusstsein, das mächtigste Land des internationalen Systems zu sein, ihre Hegemonialansprüche in autoritärer Weise durchzusetzen. Sie versuchen, die Vereinten Nationen politisch auszuschalten, ein System also, das seit 1945 existiert und in dem eine gewisse Balance zwischen Mächten vergleichbarer Größe herrschte. Amerika hat sich die Welt in einem Ausmaß untergeordnet, wie es bislang noch keinem Imperium in der Geschichte gelungen ist. Es beherrscht alle fünf Machtsphären: die politische, ökonomische, militärische, technologische und kulturelle. Das ist der Grund, weshalb die USA nach dem Sieg im Golfkrieg 1991 vorschlugen, eine `neue Weltordnung´ zu schaffen, nach ihrem Bilde. In prophetischer Pose verkündete Georg Bush damals: `die Vereinigten Staaten fühlen sich berufen, die Welt aus dem Dunkel und dem Chaos der Diktatur zur Verheißung besserer Tage zu führen´. Diese Entschlossenheit, de facto die Führung in der Welt auszuüben, in Krisen zu intervenieren und den Gang der Dinge stets in einem für die USA günstigen Sinne zu beeinflussen, hat sich unter Präsident Bill Clinton weiter verfestigt. `Die Vereinigten Staaten fühlen sich mit einer Aufgabe betraut, die sie sich aufgrund ihres Gewichts auf der politischen Weltbühne selbst zugewiesen haben´, erklärt Hubert Védrine, der französische Außenminister. `Es handelt sich um das Phänomen der Hypermacht´ (in: Jeune Afrique, 24.2.98).

Anläßlich der Konfrontation mit dem Irak erklärte Außenministerin Madeleine Albright, sie vertrete `ein Amerika, das von seiner globalen Verantwortung fest überzeugt ist. Dies bedeutet, dass wir die Dinge ändern müssen, wenn wir dazu in der Lage sind´ (in: Le Monde, 16.2.97). Und zwar ohne die UNO einzubeziehen. Der haben die USA einen Nichtpolitiker als Generalsekretär aufgezwungen, als sie 1996 Boutros Ghali die Wiederwahl verweigerten: `Der Generalsekretär der UNO muß ein Verwaltungsbeamter sein´, so Madeleine Albright. ‚Es mag sein, dass er in einer anderen Epoche politisch eine wichtigere Rolle spielen wird, aber nicht in den nächsten fünf Jahren (in: Le Monde, 27.9.96). ...
Die zweite Lehre lautet: Die Vereinigten Staaten verfügen über keinerlei globale Strategie im Nahen Osten. ... Die dritte Lehre lautet: Europa existiert nicht. Seine Außenpolitik und seine gemeinsame Sicherheitspolitik sind ein Phantom, wie die Irakkrise erneut gezeigt hat. ...
Soweit Auszüge aus dem Kommentar von Ignacio Ramonet.

Vor dieser politischen Großwetterlage ist die Mission von Richard Holbrooke zu sehen, die Aushöhlung des Völkerrechts in der Kosovo-Militäreinsatzfrage - und die morgige Bundestagssitzung. Die Folgen einer „Ermächtigung" zum Militärschlag ohne UN-Mandat könnten einige Abgeordnete noch bitter bereuen.

Clemens Ronnefeldt, Referent für Friedensfragen beim deutschen Zweig des internationalen Versöhnungsbundes,
Dorfstr. 3, 56288 Krastel, Tel. 06762-2962, Fax:- 950511

26.10.1998

3.3. Hintergründe zum Kosov@-Krieg

Im Sommer 1995 startete der Versöhnungsbund die Kampagne „Gewaltfrei aktiv gegen Krieg". Kernsatz dieser Kampagne ist folgende Selbstverpflichtung: „Ich erkläre heute: Wenn die Bundeswehr in Kriege entsandt wird, werde ich gewaltfrei aktiv gegen Krieg". In Kürze könnte genau dieser Ernstfall eintreten - und dies auch noch ohne UN-Mandat.
Der bereits 1995 unerträgliche Zustand der Unterdrückung der albanischen Bevölkerung in Kosov@wurde im Daytonvertrag einfach ausgeklammert. Die jahrelange Politik des gewaltfreien Widerstandes der Kosov@albaner fand -außer bei einigen Friedensgruppen - weltweit kaum Beachtung. Statt eine diplomatische Lösung zu suchen, spielt die NATO ihre Eigeninteressen aus und entmachtet die UNO. Da „Kosovo" proserbisch und „Kosova" proalbanisch ist, verwenden wir „Kosov@".

Die eigentliche, hochgefährliche Brisanz der derzeitigen Kosov@-Diskussion liegt darin, daß Militäreinsätze der NATO ohne UN-Mandat in Kürze zum Regelfall werden sollen.
Die USA haben ein neues Grundlagen-Dokument für die Allianz entworfen, das sie sich von den Außen- und Verteidigungsministern der NATO noch vor Weihnachten 1998 unterzeichnen lassen wollen. Das seit September 1998 vorliegende Konzept sieht (vgl. „Der Spiegel", 19.10.98) vor, sich bei weltweiten Interventionen nicht mehr von UNO oder OSZE behindern zu lassen.
Was Meinhard Glanz, Heeres-Inspekteur der Bundeswehr und sein amerikanischer Kollege Edward C. Meyer schon 1982 in dem gemeinsam unterzeichneten Dokument „AirLand Battle 2000" als „Grundsachverhalte" beschrieben, spitzt sich immer stärker zu:
„Die aufstrebenden Länder der Dritten Welt (schaffen) ein größeres Ungleichgewicht der Kräfte. Diese Nationen könnten sich mit feindlichen Staaten zusammenschließen und auf Terror, Erpressung oder begrenzte Kriege zurückgreifen, um einen gleichberechtigten Anteil an den Ressourcen zu erhalten."
Der Abwehr dieser Forderung nach mehr Gerechtigkeit tragen bereits die Verteidigungspolitischen Richtlinien der Bundeswehr von 1992 Rechnung, die als deutsche Interessen die „Aufrechterhaltung des freien Welthandels und des ungehinderten Zugangs zu Märkten und Rohstoffen in aller Welt (...)" definieren.
Ex-Verteidigungsminister Volker Rühe vertrat die Ansicht, dass es notwendig sei, „auch militärisch das abzusichern, was wir politisch für richtig halten" (so im

Bundestag am 30.6.95) und hat konsequent die Axt an Grundgesetz und Völkerrecht gelegt, die diesem Primat des Militärs bisher noch im Wege standen.

1. Machtpolitik zwischen den USA und Russland als Hintergrund

In der vom Institut für Internationale Politik an der Universität der Bundeswehr in Hamburg im August 1998 erschienenen Studie „Konfliktmanagement durch militärische Intervention? Dilemmata westlicher Kosovo-Politik" werden die verständlichen Sorgen Russlands beschrieben:

„Im Kontext der intensivierten Kooperation der NATO mit Albanien und Makedonien, der Einrichtung von `Verbindungsbüros´, der Nutzung militärischer Einrichtungen in diesen Ländern und mit deren Streitkräften gemeinsam durchgeführter Manöver wurde die Befürchtung geäußert, die NATO baue unter dem Vorwand der Eindämmung des Konflikts in Kosovo ihre Präsenz in Südosteuropa aus, schaffe sich auf diese Weise neue Optionen und strategische Positionen in Südosteuropa, sei es in Vorbereitung einer neuen Erweiterungsrunde (der NATO, C.R.), sei es durch den Aufbau einer Achse von Ungarn über die 1994 von den USA vermittelte kroatisch-bosnische Föderation, Kosovo, Albanien, Makedonien bis in die Türkei. ...
Der Einsatz militärischer Kräfte der NATO in Kosovo wiederum ohne Legitimation durch den UN-Sicherheitsrat und aufgrund eines Mandats, das sich die NATO auf Basis einer von ihr definierten Unsicherheitslage und dabei zu treffender militärischer Maßnahmen selbst erteile, wird als Präzedenzfall für mögliche zukünftige Einsätze im unmittelbaren Vorfeld Russlands gewertet, etwa im Kaukasus unter Nutzung ethnischer Konflikte und zwischenstaatlicher Querelen, wo in der Auseinandersetzung um die Erdölressourcen in der Kaspischen Region und den Nießbrauch (Nutzung, C.R.) bzw. die Verlegung von Pipelines ein heftiger Konkurrenzkampf zwischen westlichen und russischen Ölkonzernen bzw. Washington und Moskau im Kontext strategischer Interessen entbrannt ist. ... Auf diese Weise sind tatsächlich Anfänge eines neuen `kleinen kalten Krieges´ zu erkennen, in welchem allerdings Russland eine erheblich schlechtere Ausgangsposition aufweist als nach 1945."

2. Völkerrechtliche Überlegungen

Willy Wimmer, (MdB/CDU), Vizepräsident der Parlamentarischen Versammlung der OSZE, sprach im Zusammenhang der Kosovo-Militäreinsatz-Entscheidung des Bundestages vom „Abgrund des internationalen Rechts" und dem „Präzedenzfall, an dem wir uns alle demnächst mit Schrecken zurückerinnern werden". Wer die Charta der Vereinten Nationen so behandele, der öffne „die Welt für andere Dinge, die werden schrecklicher sein als das, was wir diese Woche erlebt haben", so in der FR am 15.10.98.

Etwas akademischer formuliert es Prof. Dr. August Pradetto in der bereits zitierten Studie des Institutes für Internationale Politik:
„Unter dem Aspekt der Entwicklung des internationalen Rechts würde eine derartige Maßnahme (Militäraktion ohne UN-Mandat, C.R.) die Rückkehr zur Situation vor dem Inkrafttreten der Satzung des Völkerbundes im Jahre 1919 bedeuten, als es noch im Belieben eines Staates oder mehrerer Staaten stand, sich selbst die Legitimation für militärische Aktionen gegen einen oder mehrere andere Staaten zu erteilen. Der Mißachtung menschenrechtlicher Grundsätze und des Rechts auf Selbstbestimmung durch Milosevic würde die Verletzung fundamentaler Prinzipien des Völkerrechts gegenüberstehen, die in Bezug auf das Verbot von Gewaltanwendung in den internationalen Beziehungen und die Achtung der Souveränität eines Staates Geltung haben. Nach der gegebenen Völkerrechtslage kann eine militärische Intervention der NATO gegen den souveränen Staat Bundesrepublik Jugoslawien als unrechtmäßige Gewaltanwendung und als verbotene Kriegshandlung interpretiert werden (S.25) ... So gesehen, wäre ein militärisches Vorgehen ohne Zustimmung der UNO eine gravierende Fehlleistung in der internationalen Politik. UNO-Generalsekretär Kofi Annan ließ Ende Juni 1998, nach einigen vergeblichen Versuchen, im Sicherheitsrat zu einem einvernehmlichen Vorgehen in der Kosovo-Frage zu gelangen, verlauten, er halte für ein militärisches Eingreifen ein Mandat der Vereinten Nationen für unbedingt notwendig. Eine Intervention ohne Mandat wäre ein gefährlicher Präzedenzfall, weil es schwerfallen werde, andere Regierungen von ähnlichen Aktionen abzuhalten" (S. 27).

Als Gesamtfazit nach 48 Seiten differenzierter Abwägung zwischen einer Militärintervention und dem Verzicht darauf ergibt sich für Prof. Pradetto:
„Vergleicht man das Ausmaß der Probleme und Schäden durch eine Entscheidung zugunsten einer militärischen Intervention mit dem durch eine Dezision (Entscheidung, C.R.) gegen eine solche, erscheint dasjenige größer, das mit einer Intervention verbunden ist. Vor dem Hintergrund aufgezeigter politischer und völkerrechtlicher Konsequenzen sowie der Ungeklärtheit mittel- und langfristiger politischer Ziele eines militärischen Eingreifens massiverer Art sind Rückschläge für die internationale Sicherheit zu befürchten, die das Unsicherheitspotential für die NATO, ihre Mitgliedsstaaten, für Europa und darüber hinaus in einem höheren Maße intensivieren und die bestehende Sicherheitsstruktur stärker belasten würden als die politischen und völkerrechtlichen Folgen eines Nichteingreifens" (S.48f).
Im Falle einer Militäraktion hätte die BR Jugoslawien nicht einmal die Möglichkeit, den UN-Sicherheitsrat anzurufen. Die gegen das Land verhängten Sanktio-

nen von 1992 wurden zwar nach der Erfüllung der Dayton-Verpflichtungen 1996 aufgehoben, auf den Sitz in der UN-Generalversammlung aber wartet Belgrad noch immer.

3. Die Rolle der Medien

Ohne ein Ende der derzeitigen massiven Desinformationskampagne in einem Großteil der westlichen Presselandschaft wird es schwer sein, eine nichtmilitärische Lösung in der Kosov@problematik zu finden und durchzusetzen.
Als Beleg für diese These kann an einem Beispiel noch einmal die Studie des Institutes für Internationale Politik an der Universität der Bundeswehr herangezogen werden: „Eigenartig mutet an, daß in den westlichen Medien und von westlichen Politikern der Charakter dieser Organisation (der UCK, C.R.) bis zum Juni 1998 kaum angesprochen wurde. Statt dessen wurden in der bundesdeutschen Presse ihre Mitglieder vielfach als `Freiheitskämpfer´ tituliert. Nach westlichen Maßstäben würden sie normalerweise als `linksterroristisch´ und `stalinistisch´ eingestuft. Partiell wurde vermutet, daß diese spezielle Perzeption (Wahrnehmung, C.R.) mit der stark emotional gefärbten Einstellung gegenüber Milosevic insbesondere in den deutschen und österreichischen Medien zu tun hat. Anfang August 1998 griff insbesondere ein Teil der österreichischen Presse in sensationeller Aufmachung Gerüchte auf, nach denen in Kosovo von Seiten serbischer Sicherheitskräfte Massaker an Albanern verübt worden seien und sich auf einer Mülldeponie bei Orahovac Massengräber mit erschossenen und erschlagenen Albanern befänden. Die Meldungen erwiesen sich als falsch“ (S. 36f).

Was die UCK betrifft, ist noch verwunderlicher, daß diese offenbar von zwei deutschen Geheimdiensten aus- und aufgerüstet worden ist: „Unter Berufung auf französische Diplomatenkreise berichtete The European, der BND habe sehr wohl die UCK unterstützt. Deswegen sei ein Streit zwischen BND und dem US-Geheimdienst CIA ausgebrochen, der dies nicht wünsche. Der BND habe sogar militärisches Führungspersonal ausgewählt, der MAD habe Kampfverbände geschult und mit Kommunikationsmitteln ausgerüstet“ (FR, 25.9.98).
Eine Antwort auf das gleichgerichtete Verhalten der deutschsprachigen Presse kann das neueste Buch von Erich Schmidt-Eenboom, „Undercover. Der BND und die deutschen Journalisten“ (Köln, 1998) geben. Darin wird eine ganze Liste von TopjournalistInnen nahezu aller großen deutschen Zeitungen als „Presse-Sonderverbindungen“ des BND aufgeführt.
Während Rainer Schulte vom Amt für Studien und Übungen der Bundeswehr zu dem Schluß kommt: „Eine militärische Lösung kann es für diesen Konflikt nicht geben. ... Der Schlüssel zum Erfolg liegt in den Händen der Politik“ (zit. nach A.

Pradetto, S. 32), fordert Peter Münch in seinem Kommentar in der Süddeutschen Zeitung „Moral und Militärintervention“ (8.10.98): „Auf Tod und Terror, auf Vertreibung und die Massaker an albanischen Zivilisten im Kosovo gibt es eine klare Anwort: eine militärische Intervention. Nur noch Gewalt - oder deren glaubwürdige Androhung - kann der Gewalt ein Ende bereiten. Doch während das Moralische für das Militärische spricht, zeigt sich die Politik unfähig, eine Antwort auf die Provokation der Serben zu finden“. Damit liegt er auf der gleichen Wellenlänge wie sein Kollege Josef Joffe, außenpolitischer Redakteur der SZ, der im Zusammenhang mit Militärinterventionen mehrfach offensiv hervorgetreten ist.

Noch etwas deutlicher wurde „Die Welt“ am 14.10. 98 in ihrem Titelseite-Kommentar von Nikolaus Blome:
„Es ist die Woche der neuen Nato. In Europa ist ein neues Gehege von Sicherheit abgezäunt, und Slobodan Milosevic wird als erster durch das Gatter getrieben - ganz gleich, ob nun mit Diplomatie, die sich auf eine militärische Drohung stützt, oder doch noch mit offener Waffengewalt. Die Nato hat sich den Balkan zu etwas gemacht, das die Amerikaner `ihren Hinterhof´ nennen würden. Das ist gut so, denn der Balkan geht uns an. Und es ist legitim, denn die Nato ist ein Verteidigungsbündnis. ... Aber auch der jetzt gewagte zweite Schritt hat Sinn: sich im Notfall von den unvermeidlich zähen Verfahren der UNO abzukoppeln.“
Diese „Blüten“ stellen die Spitze eines Eisberges von journalistischen Meinungsäußerungen dar, denen findige JuristInnen den Tatbestand der Kriegshetze und der Legitimierung des Völkerrechtsbruches nachweisen sollten.

4. Konkrete Lösungsansätze „von oben“

Nach Ansicht von Prof. Pradetto war auch im August ´98 „das denkbare Instrumentarium von Pressionen und Sanktionen unterhalb des militärischen Einsatzes ... noch lange nicht vollständig zur Wirkung gelangt“ (S. 49). Als Beleg nennt er die massive Kritik von Kofi Annan an die Adresse von NATO und EU, nichts zur Durchsetzung des Waffenembargos getan und daher Mitschuld an der Eskalation der Gewalt in Kosovo zu tragen.
Als notwendig erachtet er „Sicherungsmaßnahmen in Albanien und Makedonien, um ein Übergreifen der Auseinandersetzungen zu verhindern; eine diplomatische Offensive gegenüber den umliegenden Balkananrainern, um individuelle und antagonistische Reaktionen zu blockieren; schließlich Intensivierung einer Öffentlichkeitsarbeit, die über den beschriebenen Zielkonflikt informiert sowie die eigenen Entscheidungen und das eigene Handeln erläutern und transparent macht. Wenn die Maßnahmen greifen und beide Seiten zustimmen, könnten wie seinerzeit in Kroatien UN-Blauhelme stationiert werden. Dies würde die Chancen für

eine internationale Vermittlung bei den politischen Verhandlungen über eine dauerhafte Regelung des Kosovo-Problems verbessern" (S. 49).
Wie eine solche Regelung konkret aussehen könnte, haben einige Personen aus Friedensforschung und Friedensbewegung in der Erklärung „Nur eine zivile Politik mit Perspektive kann den Frieden in Kosovo langfristig sichern" (nachzulesen: www.friedenskooperative.de/themen/inter-04.htm) vom 19.10.98 formuliert. Kernpunkte dieser Stellungnahme sind u.a. die Einrichtung einer institutionalisierten Dauerkonferenz nach dem Vorbild der KSZE/OSZE, verbunden mit einem „Balkan-Marshall-Plan" sowie die Perspektive einer Balkan-Kooperation. Unterstützend dabei könnten Waffenrückkauf-Programme und die Einrichtung von Versöhnungs- und Wahrheitskommissionen sein.

5. Konkrete Lösungsansätze „von unten"

Als Vorbild für internationale Organisationen wie OSZE, UNO, etc. wie auch für Nichtregierungsorganisationen und Friedensgruppen kann dienen, wie die kleine italienische Basisgemeinde „Sant Egidio" das sensationelle Abkommen zwischen Serben und Kosov@albanern über die Rückkehr albanischer StudentInnen an die Universitäten sowie der SchülerInnen an die Schulen in Kosov@ vermittelt hat. Am 30.6.98 sollte eigentlich die Umsetzung abgeschlossen sein, u.a. die Massaker vom Frühjahr ´98 verhinderten den Plan. Ebenfalls ausgehandelt wurde dic Rückgabe des 1994 von serbischer Seite geschlossenen Institutes für Albanologie in Pristina, was tatsächlich umgesetzt wurde.

Das Beispiel zeigt, wie zivile Kräfte oft mehr erreichen, weil sie ohne eigenes Machtkalkül in die Mediation (Vermittlung in Konflikten) gehen können. Daher sind Gruppen wie das Balkan-Peace-Team so wichtig und finanziell zu unterstützen. Stärkung benötigt auch die serbische Opposition, vor allem deren Presse.
Für die OSZE-Delegation sollten sich Zivilpersonen bewerben und dieses Feld nicht Militärs oder Geheimdienstlern überlassen.
Eine anzustrebende Aufgabe auf lokaler Ebene besteht darin, runde Tische einzurichten, wo sich z.B. in Deutschland lebende Jugoslawen und Kosov@albaner treffen könnten. Dabei wäre sehr viel Fingerspitzengefühl einer externen Moderation notwendig.

Für eine Deeskalation mit am wichtigsten sind derzeit Sofortmaßnahmen für das Überleben der rund 300 000 Flüchtlinge.
Mit ca. 50 Mio. US-Dollar können nach Aussage des EU-Ratspräsidenten Wolfgang Schüssel die Flüchtlinge über den Winter gebracht werden. Ob dieser Betrag schnell zusammenkommt, läßt angesichts eines immer noch möglichen Militärschlages, dessen Kosten für die „erste Welle" bereits ein Mehrfaches betragen

dürften, Rückschlüsse auf die Humanität der internationalen Staatengemeinschaft, insbesondere der NATO-Staaten, zu.

6. Lösungsvorschlag zur Statusfrage

Einen interessanten Vorschlag zur politischen Lösung der Statusfrage des Kosov@ machte bereits am 19.6.98 in der Wochenzeitung „Freitag" der ehemalige deutsche Botschafter in Belgrad, Horst Grabert. Er stellt eine Parallele zur ebenfalls extrem schwierigen Situation in Nordirland her und bringt den neu gegründeten übernationalen „Irischen Rat" als Modell für das Kosov@ in die Diskussion. „Wenn sie sich vorstellen, daß man dem albanischen Staat und dem heutigen Staat Jugoslawien und dem heutigen Staat Makedonien, hier also drei Staaten, eine solche Idee anbieten würde, einen Rat zusammen mit den Albanern im Kosovo, in Mazedonien und Montenegro zu bilden, dann könnte, so denke ich, Rugova (Präsident der Kosov@albanerInnen, C.R.) damit leben, genauso wie die Führer der IRA damit leben können. Und die Serben könnten auch damit leben. Denn dies ist ein Zugang zur Lösung des Problems, der beide Grundpositionen offen läßt. Keiner ist Verlierer, und keiner triumphiert über den anderen. Das sind mögliche Lösungen. Sie müssen natürlich aus dem Gebiet selber kommen, in dem sie akzeptiert werden müssen."

Viel Blut ist seit diesem Vorschlag geflossen, viel neues Unrecht geschehen. Realpolitisch ist längst nicht mehr allein entscheidend, ob Rugova damit leben könnte, sondern ob die UCK und Milosevic sich darauf einlassen würden.
Die Akteure beider Seiten haben die Wahl: Sie können gemeinsam weiter untergehen - oder den mühevollen, äußerst schwierigen Weg aus der Eskalation gehen. Eine starke eigenständige europäische Begleitung eines Deeskalations-Prozesses durch Nichtregierungsorganisationen, Gewerkschaften, Kirchen, Parteien, etc., die den Mut hat, die Konfrontation und den Dialog mit der NATO und der einzig verbliebenen Supermacht USA und deren Eigeninteressen zu suchen, wäre dabei eine große Unterstützung.

Soll nicht in wenigen Wochen verspielt werden, was an zivilisatorischen und völkerrechtlichen Errungenschaften in Jahrzehnten mühsam aufgebaut worden ist, muß sich sehr bald ein breites internationales Bündnis zusammenfinden. Dieser Zusammenschluß von Nichtregierungsorganisationen, Gewerkschaften und Kirchen sollte als erstes Nahziel die Nichtunterzeichnung der neuen NATO-Doktrin durch die jeweiligen Außen- und Verteidigungsminister der Allianz anstreben.

Adressen für Korrespondenz:

1. Slobodan Milosevic, Presednik SRJ, Bulevar Lenjina 2, 11070 Belgrad, BR Jug.
2. Demokratischer Bund von Kosova, Königsstr. 54, 70173 Stuttgart.
3. Bundesaußenminister Joschka Fischer, Adenauerallee 99-103, 53113 Bonn.
4. Bundesverteidigungsminister Rudolf Scharping, Hardthöhe, 53125 Bonn.

Quelle: 6. Informationsblatt der Kampagne des Versöhnungsbundes „Gewaltfrei aktiv gegen Krieg", Anfang November 1998,
hg. vom deutschen Zweig des internationalen Versöhnungsbundes.
Das Faltblatt wurde nachgedruckt unter dem Titel „Hintergründe zum Kosov@-Krieg" im Rundbrief Nr. 54, Dez. 1998, S. 18-22, der BUKO-Kampagne Stoppt den Rüstungsexport,
hg. vom Verein für friedens- und entwicklungspädagogische Öffentlichkeitsarbeit und der BUKO Kampagne „Stoppt den Rüstungsexport", Buchstr. 14/15, 28195 Bremen.
In Auszügen auch in: FK-aktuell, Informationsblatt des Friedenskreis Halle, 11. Ausgabe, Winter 1998/99, S. 17-19, hg. vom Friedenskreis Halle, Gr. Klausstr. 11, 06108 Halle

20.1.1999

3.4. E-mail-Aktion an B 90/Die Grünen am 20.1.1999

An Jörn Böhme, Koordinator des Arbeitskreises V (Außenpolitik, Menschenrechte, Abrüstung) der Bundestagsfraktion von Bündnis 90/Die Grünen,
An die Heinrich-Böll-Stiftung

Lieber Jörn, liebe Mitarbeiterinnen und Mitarbeiter von Bündnis 90/Die Grünen,

im Kosovo-Faltblatt des Versöhnungsbundes ist Nikolaus Blome mit seinem Titelseite-Kommentar aus „Die Welt“ am 14.10.98 zitiert, der auf dem Hintergrund der letzten Tage neue Brisanz bekommt:

„Es ist die Woche der neuen Nato. In Europa ist ein neues Gehege von Sicherheit abgezäunt, und Slobodan Milosevic wird als erster durch das Gatter getrieben - ganz gleich, ob nun mit Diplomatie, die sich auf eine militärische Drohung stützt, oder doch noch mit offener Waffengewalt. Die Nato hat sich den Balkan zu etwas gemacht, das die Amerikaner `ihren Hinterhof´ nennen würden. Das ist gut so, denn der Balkan geht uns an. Und es ist legitim, denn die Nato ist ein Verteidigungsbündnis. ... Aber auch der jetzt gewagte zweite Schritt hat Sinn: sich im Notfall von den unvermeidlich zähen Verfahren der UNO abzukoppeln.“
Wie treffsicher diese Aussagen sind, kann jede Person nach der Lektüre des folgenden Interviews selbst beurteilen.

Zur Lage im Kosovo hat Willy Wimmer (CDU), Vizepräsident der parlamentarischen Versammlung der OSZE, am 12.1.99 im Deutschlandfunk (DLF), („Informationen am Morgen“, 12.1.1999) ein Interview gegeben, dessen Aussagen quer zu vielen anderen Meldungen dieser Tage stehen.
In der derzeitigen Kriegspropaganda beider Seiten kommt seinen Aussagen aufgrund seiner Stellung und seiner Reputation m.E. eine besondere Qualität zu. Ich zitiere ihn in Auszügen.

DLF-Frage: Sind Sie mit der bisherigen Rolle der OSZE dort zufrieden? ...

Antwort Wimmer: ... Das vergangene Jahr ist eigentlich davon gekennzeichnet gewesen, dass die Vereinigten Staaten alle anderen auch internationalen Organisationen, auch die Kontaktgruppe, völlig an die Wand gespielt haben, und das Bild von Holbrooke mit den UCK-Kämpfern hat ja auch eine neue Entwicklung eingeleitet.

DLF-Frage: ... Gibt es Meinungsverschiedenheiten in der OSZE?

Antwort Wimmer: ...Das hängt auch damit zusammen, daß das Nachbarland Albanien eine in so hohem Maße unrühmliche Rolle spielt, daß man sich fragen muß, ob man dieses Land in der heutigen Situation und auch mit seiner aktiven Unterstützung für die Entwicklung im Kosovo noch in der NATO-Partnerschaft für den Frieden und in ähnlichen Organisationen halten kann. Das ist ein Nest des Terrorismus geworden und ich glaube, daß dieses Land auch als OSZE-Mitgliedstaat Probleme aufwirft, die wirklich schwierig sind.

DLF-Frage: ... Wie will man denn Frieden schaffen, wo kein Friedenswille ist?

Antwort Wimmer: ... Vielleicht fängt das für uns alle auch damit an, daß im Kosovo die Dinge nicht 1989 angefangen haben, sondern eine lange Vorgeschichte haben. Dieses schwierige Wort von Milosevic 1989 auf dem Kosovo gesprochen nach dem Motto, euch Serben wird keiner mehr aufs Haupt hauen, hat ja auch eine Vorgeschichte. Der wissenschaftliche Dienst des deutschen Bundestages hat einmal sehr messerscharf herausgearbeitet, daß in den 80ger Jahren eine massive Vertreibung von Serben durch Albaner auf dem Kosovo stattgefunden hat, und auch das hat wiederum Vorgeschichten bis 1945 und weiter zurückgehend. Das sind alles Dinge, die man bisher nicht wahrhaben wollte, jedenfalls hier nicht, in Westeuropa. Wenn man die Situation des Zweiten Weltkrieges noch einbezieht, dann muß man heute sagen, die UCK will eigentlich eine Lösung auf dem Balkan über den Kosovo hinaus, wie sie die Wehrmacht und die italienischen Verbündeten im Zweiten Weltkrieg ja schon einmal hatten. Das sind alles Dinge, die bei uns weitestgehend verdrängt worden sind, und man hat hier die Serben vielfach schwer in die Ecke gedrängt. Ob das richtig ist? - Die Wirklichkeit sieht oft anders aus.

DLF-Frage: ... Was erwarten Sie von Verhandlungen?

Anwort Wimmer: Wir haben mit Böse-Buben-Rollen ... keine guten Erfahrungen gemacht. Wir haben in den zurückliegenden Monaten, vielleicht in den letzten anderthalb Jahren gesehen, daß die Europäische Union mit ihrer Politik der autonomen Maßnahmen gegenüber der Bundesrepublik Jugoslawien erfolgreicher war, als befreundete Staaten das eigentlich haben wollten. Wir wären im März des vergangenen Jahres wesentlich weiter gekommen, auch im Zusammenhang mit einer Lösung, die den Albanern im Kosovo entgegenkommt, wenn man die Europäische Union einfach nur gelassen hätte. Aber hier durften bestimmte Ergebnisse offensichtlich nicht erzielt werden, und deswegen ist das auch nichts geworden. Das hängt nicht mit Herrn Milosevic zusammen. Das ist natürlich der böse Bube, auf den man mit Fingern zeigen kann. Das ersetzt nur keine Politik, und ich glaube, daß es wenig Sinn macht - das zeigen alle Aktionen in Zusammenhang mit der Bundesepublik Jugoslawien -, dass man hier ein Feindbild aufbaut, das jedenfalls in der Wirklichkeit so nicht gerechtfertig ist, jedenfalls, wenn man die Situation auf dem Balkan in Rechnung stellt. Hier muß man auf verschiedene mit Fingern zeigen; das bringt alles nichts; man muß Ergebnise haben.

DLF-Frage: Wenn ich Sie richtig verstanden habe, war dies eine doch sehr deutliche Kritik an den amerikanischen Partnern, die natürlich den Standpunkt haben, wir haben in Bosnien einmal vorgeführt, wie das zu regeln ist, und das wiederholen wir. Sie sind offenkundig der Auffassung, die Komplexität dieser Lage dort ist in Washington nicht ganz genau erkannt?

Antwort Wimmer: Ja, möglicherweise - und dafür gibt es hinreichende Nachweise auf dem Balkan - verfolgt man mit der Balkan-Politik ganz andere Ziele. Das haben wir ja auch sehen können in Zusammenhang mit der Reisetätigkeit von Herrn Holbrooke im vergangenen Jahr. Er hat ja auch in Bulgarien Kriegsziele für Mazedonien aufgestellt. Jedenfalls ist es dort so empfunden worden. Das sind alles keine hilfreichen Dinge. Man sagt immer wieder in Europa, die Europäer bringen nichts zustande, und deswegen müssen die Vereinigten Staaten einspringen. Man muß oft den Eindruck haben, daß die Europäer deshalb nichts zustande bringen dürfen, damit die Vereinigten Staaten hier eingreifen können. Der Balkan ist ein wunderbares Mittel für diese Dinge. Wir müssen zu einer koordinierten Politik kommen, die wirklich den Frieden bringt, und das heißt, man muß all denjenigen, die unrechtmäßig Waffen in den Händen halten, diese aus den Händen schlagen, weil es sonst überhaupt keinen Weg weiter gibt. Man muß auch im Kosovo diejenigen in Gespräche einbeziehen, die den Willen und die Bereitschaft haben, zu friedlichen Überlegungen zurückzukehren. Mein erster Besuch in Pristina war 1995, und damals gab es bereits intensive Gespräche zwischen albanischen und serbischen Kreisen darüber, wie man weiterkommen konnte. Das waren alles perspektivreiche Überlegungen in Zusammenhang mit diesem tragischen Kosovo, und ich glaube, daß es Anknüpfungspunkte genug gibt, hier zu Überlegungen zurückzukommen, wenn man Machtspiele von vornherein von der Hand weist.

DLF-Frage: kommen wir noch einmal auf die aktuelle Lage. Man spricht von Geiselnahmen. Acht Serben sind in der Hand der UCK. Bei Kombattanten handelt es sich eigentlich nach dem Völkerrecht aber um Kriegsgefangene. Wie sehen Sie die völkerrechtliche Einschätzung?

Antwort Wimmer: Hier versucht die UCK, über diese Aktivitäten einen internationalen Status zu bekommen, den sie bisher nicht hat. Ich kann natürlich vor dem Hintergrund zum Beispiel eindeutiger und einschlägiger NATO-Dokumente in Zusammenhang mit der Türkei und den Kurden nur sagen, wenn ich die Kriterien, die die NATO in der Türkei gegenüber der PKK anlegt, in Zusammenhang mit dem Kosovo anlegen würde, käme ich zu ganz phänomenalen Überlegungen, die jedenfalls in der NATO den einen oder anderen Schwerpunkt schon setzen würden. Die UCK versucht über diese Geiselnahme, einen internationalen Status zu bekommen, den sie jedenfalls nach den Kriterien, die die NATO normalerweise anlegt, nie bekommen würde. Hier wird über Geiselnahmen hinaus natürlich Politik betrieben, und das, wie wir wissen, seit Jahrhunderten in hohem Maße trickreich.

DLF-Frage: Das führt uns natürlich in ein Dilemma, denn wenn die UCK so einzuschätzen ist, wer soll denn gegen sie kämpfen, wenn nicht die serbische Polizei, also die Polizei des Bundesstaates Jugoslawien?

Anwort Wimmer: Wenn ich die reine Rechtslage zugrunde lege, muß ich natürlich sagen, wenn die internationale Staatengemeinschaft anerkennt, daß die Bundesrepublk Jugoslawien ein Anrecht darauf hat, ihre territoriale Integrität zu schützen, dann ergeben sich daraus Konsequenzen, was auch das Niederhalten von Aufstandsbewegungen in diesem Territorium anbetrifft. Auf der anderen Seite weiß ich natürlich auch, daß den Albanern in Kosovo Rechte zustehen, die jedenfalls in der heutigen Bundesrepublik Jugoslawien nicht verwirklicht werden. ... Jetzt wissen wir aber, daß die Situation komplex ist. Dann darf man unter keinen Umständen Öl ins Feuer gießen, auch nicht dergestalt, daß man Waffen dort hinein liefert oder daß man der UCK erlaubt, hier bei uns Geld zu sammeln, mit dem diese Waffen dann bezahlt werden. Hier haben so viele Dreck am Stekken, dass es wirklich schwierig ist festzustellen, wer hat hier noch eine reine Weste.

DLF-Frage: Herr Wimmer, kurz zum Schluß: Dem Vernehmen nach spielen die ehemaligen DDR-Diplomaten eine hervorragende Rolle im OSZE-Auftrag. Warum geschieht das so im Schatten, außerhalb des Lichtes der Öffentlichkeit?

Antwort Wimmer: Das ist vielleicht bedauerlich, daß das außerhalb des öffentlichen Lichts geschieht, aber ich kann nur sagen, es ist gut, daß es überhaupt läuft. ... Hier hat das deutsche Auswärtige Amt eine gute Möglichkeit, auch dazu beizutragen, daß hoher Sachverstand in die internationale Arbeit eingebracht werden kann. Und wenn es durch ehemalige Diplomaten aus dem ehemaligen Außenministerium in der DDR geschieht, dann holt man vielleicht hier etwas nach, was

jedenfalls die Bundeswehr im Zusammenhang mit ihrer Integrationsaufgabe in Deutschland viel früher gemacht hat.
Soweit das Interview mit Willy Wimmer, abgedruckt in „junge Welt", 19.1.99.

Was Willy Wimmer an amerikanischen Zielen nur andeutet, die nichts mit dem Balkan zu tun haben, führt Prof. Dr. August Pradetto vom Institut für Internationale Politik an der Universität der Bundeswehr in Hamburg in der Studie „Konfliktmanagment durch militärische Intervention? - Dilemmata westlicher Kosovopolitik, Hamburg, August 1998, etwas weiter aus.

Zu den verständlichen Sorgen Russlands schreibt Pradetto:
„Im Kontext der intensivierten Kooperation der NATO mit Albanien und Makedonien, der Einrichtung von `Verbindungsbüros´, der Nutzung militärischer Einrichtungen in diesen Ländern und mit deren Streitkräften gemeinsam durchgeführter Manöver wurde die Befürchtung geäußert, die NATO baue unter dem Vorwand der Eindämmung des Konflikts in Kosovo ihre Präsenz in Südosteuropa aus, schaffe sich auf diese Weise neue Optionen und strategische Positionen in Südosteuropa, sei es in Vorbereitung einer neuen Erweiterungsrunde (der NATO, C.R.), sei es durch den Aufbau einer Achse von Ungarn über die 1994 von den USA vermittelte kroatisch-bosnische Föderation, Kosovo, Albanien, Makedonien bis in die Türkei. .... Der Einsatz militärischer Kräfte der NATO in Kosovo wiederum ohne Legitimation durch den UN-Sicherheitsrat und aufgrund eines Mandats, das sich die NATO auf Basis einer von ihr definierten Unsicherheitslage und dabei zu treffender militärischer Maßnahmen selbst erteile, wird als Präzedenzfall für mögliche zukünftige Einsätze im unmittelbaren Vorfeld Rußlands gewertet, etwa im Kaukasus unter Nutzung ethnischer Konflikte und zwischenstaatlicher Querelen, wo in der Auseinandersetzung um die Erdölressourcen in der Kaspischen Region und den Nießbrauch bzw. die Verlegung von Pipelines ein heftiger Konkurrenzkampf zwischen westlichen und russischen Ölkonzernen bzw. Washington und Moskau im Kontext strategischer Interessen entbrannt ist. ... Auf diese Weise sind tatsächlich Anfänge eines neuen `kleinen kalten Krieges´ zu erkennen, in welchem allerdings Russland eine erheblich schlechtere Ausgangsposition aufweist als nach 1945."
In der „Österreichische Militärische Zeitschrift" (3/97, S. 313) beschreibt Predag Jurekovic, wie die USA ihre Eindämmungspolitik (containment) gegenüber Serbien gestalten und ein gut funktionierendes Netz geopolitischer Bündnissysteme auf dem Balkan aufgebaut haben.

Mit solidarischen Grüßen

Clemens Ronnefeldt, Versöhnungsbund-Referent

27.1.1999

3.5. Interview zur Kosovofrage

Interviewfragen:: Thomas W. Klein, freier Journalist
Antworten: Clemens Ronnefeldt, Versöhnungsbund-Referent

1. Bundeskanzler Gerhard Schröder hat Bodentruppen der Bundeswehr für einen Kosovo-Militäreinsatz der NATO in Aussicht gestellt. Ist diese Position überraschend für Sie?
Antwort: Die jüngsten Äußerungen des Kanzlers haben mich schon überrascht. Mit welcher rasanten Geschwindigkeit die „Salamitaktik" Volker Rühes hin zu militärischen Kampfeinsätzen nun von Gerhard Schröder weitergetrieben wird, lässt rückblickend ein Beitrag von Dr. Karl Heinz Kamp über die globale Rolle der NATO in der F.A.Z. vom April 1998 erahnen. An ein deutsches militärisches Engagement jenseits der Landes- und Bündnisverteidigung, so der Leiter der Abteilung Außen- und Sicherheitspolitik der Konrad-Adenauer-Stiftung, sei ohne völkerrechtliches Mandat etwa der UN auf absehbare Zeit nicht zu denken.
Noch am 29. September 1998 hatte Gerhard Schröder erklärt, die SPD halte daran fest, daß für einen NATO-Einsatz in Kosovo ein UN-Mandat notwendig sei. Als dann allerdings Mitte Oktober 1998 Bill Clinton dem neu gewählten Bundeskanzler klar machte, daß nur mit deutscher Tornado-Beteiligung die Drohkulisse der NATO gegenüber Milosevic glaubwürdig sei, fiel mit dem Satz Schröders „Und dann ist das so" eine Entscheidung von ungeheurer Tragweite, die mit dem Kosovobeschluß des Bundestages vom Oktober 1998 den vorläufig letzten Dammbruch auch völkerrechtswidriger Militäreinsätze mit Bundeswehrbeteiligung besiegelte.
Da Rudolf Scharping noch vor einer Woche vor einem schnellen Kriegseinsatz warnte, kommt das Vorpreschen Schröders überraschend - zumal die USA ausdrücklich selbst keine Bodentruppen entsenden möchten und andere europäische Staaten sich wegen der völlig unklaren politischen Ziele eher zurückhalten.

2. Die Grünen waren lange Zeit gegen out-of-area-Einsätze. Sind Sie überrascht, wie schnell der Sinneswandel herbeigeführt worden ist?
Antwort: Die Geschwindigkeit der Selbstaufgabe grüner Positionen - auch solcher im gemeinsamen Koalitionspapier - ist mehr als bemerkenswert. Friedenspolitischer Aufbruch oder Kapitulation? - so nannten die drei Verteidigungsexperten von Bündnis 90/Die Grünen (Beer, Nachtwei und Sterzing) ein Grundsatzpapier von Ende Oktober 1998. Ich hoffe, daß diese Frage in Kürze nicht mit „Kapitulation" beantwortet werden muß.

Während der Irak-Bombardierung im Dezember 1998 wunderte sich nicht nur die F.A.Z., wie unterwürfig und angepasst sich auch die Grünen gegenüber den amerikanisch-britischen Sprachregelungen zeigten. Im Hinblick auf die derzeit sich in Planung befindende neue NATO-Doktrin, die weltweite Militäreinsätze grundsätzlich ohne UN-Mandat vorsieht, schließt beispielsweise Karl Lamers von der CDU angesichts der jüngsten Verbiegungen der Ökopartei überhaupt nichts mehr an deren Zustimmung zu früher für unmöglich gehaltenen Grünen-Positionen aus.

Hatte Joschka Fischer noch vor der Bundestagswahl Sorge, die pazifistische Parteibasis würde ihren grünen Außenminister persönlich aus den Sesseln holen, wenn dieser in einem Golfkrieg für Unterstützungsleistungen angefragt werde, rührte sich nach dessen moderater Haltung den völkerrechtswidrigen angloamerikanischen Irak-Angriffen gegenüber kaum Widerstand in der Partei.

Was Horst-Eberhard Richter Ende 1995 angesichts der Bosniendebatte „Joseph Fischers Affekt-Ethik" nannte, greift hoffentlich 1999 nicht noch einmal so einfach. Dass das Srebrenica-Massaker 1995 - wie inzwischen hinreichend bekannt - überhaupt erst mit Duldung der Balkan-Kontaktgruppe möglich geworden war, hat viele damalige Befürworter einer Militäraktion aus humanitären Gründen im Nachhinein sehr nachdenklich werden lassen. Vor einem möglichen Krieg nun in Kosovo gibt es erhebliche Zweifel - etwa um die Ereignisse in Racak - und offene Fragen, die sich nicht nur die Bündnisgrünen vor ihrer Zustimmung zum NATO-Einsatz stellen sollten. Dazu zählt z.B. die Äußerung des Vizepräsidenten der Parlamentarischen Versammlung der OSZE, Willy Wimmer, der am 12. Januar 1999 im Deutschlandfunk die Politik der USA auf dem Amselfeld offen angriff. „Man muß oft den Eindruck haben, daß die Europäer deshalb nichts zustande bringen dürfen, damit die Vereinigten Staaten hier eingreifen können", hatte der Unions- und OSZE-Spitzenpolitiker Wimmer gesagt. Wenn angesichts eines solchen Satzes nicht alle demokratischen Alarmglocken schrillen, wann eigentlich denn? Joschka Fischer, der derzeit mehrere Vorsitze auf internationaler Ebene innehat, trägt eine enorme Verantwortung.

3. Wäre ein Militärschlag nicht eine völkerrechtswidrige Intervention gegen die Bundesrepublik Jugoslawien?

Antwort: Selbst wenn es ein UN-Mandat gäbe und ein Militäreinsatz völkerrechtskonform wäre - wie sollte ein Krieg die Kosovofrage lösen können?

Die Völkerrechtswidrigkeit eines möglichen Angriffes verschärft lediglich die Situation noch erheblich.

In seiner Bundestagsrede am 16. Oktober 1998 hat Gerhard Schröder einerseits klar gesagt, daß es ein UNO-Mandat für den Kosovoeinsatz nicht gibt, andererseits aber kühn behauptet, die NATO habe sich selbst kein Mandat erteilt, sondern lediglich im UN-Bezugsrahmen gehandelt. Dieser Widerspruch zeigt mei-

nes Erachtens die ganze Brisanz nicht nur in völkerrechtlicher, sondern auch in grundgesetzlicher Hinsicht.
Eine der tiefgründigsten Studien zur Kosovo-Militäreinsatzfrage hat Professor August Pradetto vom Insititut für Internationale Politik an der Universität der Bundeswehr in Hamburg im August 1998 verfaßt. Darin schreibt er, daß nach derzeitiger Völkerrechtslage eine militärische Intervention der Nato gegen den souveränen Staat Bundesrepublik Jugoslawien als unrechtmäßige Gewaltanwendung und als verbotene Kriegshandlung interpretiert werden kann. Ein solcher Einsatz wäre seiner Meinung nach nicht nur eine gravierende Fehlleistung internationaler Politik, sondern würde die bestehende Sicherheitsstruktur wegen einer Vielzahl negativer Konsequenzen stärker belasten als ein militärisches Nichteingreifen.
Anfang Oktober 1998 verfaßte Willy Wimmer eine Pressemitteilung unter dem Titel „Der Kosovo entfaltet die Kraft zur Systembeseitigung wie Sarajevo 1914". Diesen Satz kann man nicht ernst genug nehmen. Gerade wegen des unerhörten Leides der Opfer beider Seiten - das in einem unkontrolliert ausufernden Balkan-Krieg möglicherweise potenziert werden würde - kann ein NATO-Militäreinsatz meiner Meinung nach nicht den Ausweg zeigen. Daß der Schlüssel zum Erfolg in den Händen der Politik liegt und es keine militärische Lösung für diesen Konflikt geben kann - diese Meinung vertritt übrigens auch Rainer Schulte vom Amt für Studien und Übungen der Bundeswehr.

4. Welche Lösungsmöglichkeiten in der Kosovofrage sehen Sie derzeit?
Antwort: Willy Wimmer hat in seinem Deutschlandfunk-Interview darauf hingewiesen, daß die Europäische Union erfolgreicher war, als befreundete Staaten dies haben wollten. Im März 1998 wäre die EU mit einer Lösung für beide Seiten wesentlich weiter gekommen, wenn man dies nur zugelassen hätte. Bestimmte Ergebnisse hätten damals nicht erzielt werden dürfen - was nicht mit Herrn Milosevic zusammengehangen habe, sagte Willy Wimmer.
Daraus folgernd, ergeben sich zwei wesentliche Voraussetzungen für eine diplomatische Lösung: Erstens muss der offensichtlich auf einen Krieg hinarbeitende amerikanische Einfluss durch eine gemeinsame europäische Außen- und Sicherheitspolitik, die diesen Namen verdient, eingedämmt werden. Es kann nicht angehen, dass - zugespitzt - ein unkalkulierbarer Krieg um der Glaubwürdigkeit der NATO und ihrer Führungsmacht willen begonnen wird. Ebenso kann es nicht angehen, daß strategische Interessen der Allianz in der Region sowie das sich in Vorbereitung befindende neue ¡NATO-Konzept, für das ein Militäreinsatz ohne UN-Mandat als Präzedenzfall gelegen käme, als mögliche Gründe bei der Frage Krieg oder Nichtkrieg auf dem Balkan mitentscheidend werden.
Zweitens brauchen wir eine andere Medienkultur, die wahrheitsgetreu und vorurteilsfrei über den Zielkonflikt der albanischen und serbischen Seite informiert.

Die fatale Lehre der bisherigen Teilkriege im ehemaligen Jugoslawien lautet: Wer die staatliche Unabhängigkeit auch mit Gewalt anstrebt, kann im Notfall mit der militärischen Durchsetzung und Vollendung seines Vorhabens durch die NATO rechnen. Diese Verknüpfung muß in Kosovo gestoppt werden, bevor sie in einem Flächenbrand endet.
Die Voraussetzung dazu ist relativ günstig, da derzeit außer der UCK keiner der relevanten Akteure die territoriale Integrität der Bundesrepublik Jugoslawien aufheben möchte.
Wegen der fortgeschrittenen Eskalation sehe ich derzeit konkret realisierbar den Vorschlag der Balkan-Kontaktgruppe, die Kämpfe einzustellen und während einer dreijährigen Übergangszeit eine endgültige Verfassung für die Provinz auszuhandeln. Innerhalb von zehn Tagen sollte eine Friedenskonferenz beginnen.
Unlängst haben neun Wissenschaftler der Forschungsgruppe Europa am Centrum für Angewandte Politikforschung detailliert ausgearbeitet, wie eine Interimsverwaltung und eine Interimsexekutive in Kosovo aussehen könnten.
Für eine diplomatische Lösung war lange Zeit der Vorschlag des ehemaligen Kanzleramtschefs und Ex-Botschafters in Belgrad, Horst Grabert, der einen supranationalen Rat nach irischem Vorbild als Modell auch für das Kosovo vorschlug, eine konkrete Möglichkeit. Darauf könnte allerdings erst nach einer Deeskalationsphase - wenn überhaupt noch - zurückgegriffen werden. Dieses Modell hätte allerdings den großen Vorteil, dass keine der beiden Seiten als Sieger hervorgehen würde.
Die Entscheidung bei der Lösung der Kosovofrage dürfte allerdings nicht in noch so bestechenden Vorschlägen von außen liegen - sondern darin, inwieweit die Hauptakteure auf serbischer und albanischer Seite zu einer nichtmilitärischen Lösung bereit sind.
Joschka Fischer und sein britischer Amtskollege Robin Cook, die derzeit an einer diplomatischen Lösung hart arbeiten, sollten ihren russischen Amtskollegen Igor Iwanow und dessen Einfluss auf die serbische Seite nicht vergessen.
Ansprechpersonen in der Region für eine Lösung dürfen allerdings meines Erachtens nicht nur hohe Politiker und Militärs sein - eine Lösung muß vor allem auch von unten, von den nach wie vor vorhandenen zivilen Kräften getragen werden, denen an einem nichtmilitärischen Ausgang der Kosovofrage gelegen ist.

Quelle: Kosovo, Neue NATO-Doktrin und die Rolle Deutschlands, in: Versöhnung 1/1999, S. 19-21,
hg. vom deutschen Zweig des internationalen Versöhnungsbundes, Ringstr. 9a, 32427 Minden

31.03.1999

3.6. E-mail-Aktion an SPD-Politiker zur Beendigung des Krieges

An die Büros von Wolfgang Thierse, Rudolf Scharping, Ottmar Schreiner, Oskar Lafontaine, Johannes Rau, Heidemarie Wieczorek-Zeul und den Parteivorstand der SPD

Sehr geehrte Mitarbeiterinnen und Mitarbeiter der SPD,

im nachfolgenden Beitrag habe ich versucht, die grundlegenden völker- und verfassungsrechtlichen Einwände gegen die derzeitige NATO-Politik anhand prominenter Stimmen zusammenzutragen.
Für Ihre Unterstützung beim Bemühen, weg von der allein zuständigen NATO auf die Ebene von UN oder OSZE zu gelangen, wäre ich sehr dankbar.

Mit freundlichen Grüßen

Clemens Ronnefeldt, Referent für Friedensfragen beim internationalen Versöhnungsbund- deutscher Zweig

Die neue NATO und der Kosovo-Krieg

“Kann es denn sein - zugespitzt gefragt -, daß im Fall Kosovo die ältesten Demokratien der Welt, aus deren Rechts- und Politikentwicklung das moderne Völkerrecht hervorgegangen ist, sich in eine Art kriminelle Vereinigung zur Zerstörung desselben verwandeln?”, fragte die Redaktion der renommierten “Blätter für deutsche und internationale Politik” in der Dezember-Ausgabe 1998.
Franz Ansprenger, emeritierter Professor für internationale Politik an der FU Berlin, gab den Grund-Tenor vieler Stellungnahmen an: “Will man die Vereinten Nationen auf den Müll werfen? Dann muß man so fortfahren wie bei der NATO in Sachen Kosovo.”
Ex-Botschafter Dr. Hans Arnold schrieb: “Würden die NATO-Staaten ... ohne UNO-Mandat mit militärischer Gewalt gegen Jugoslawien vorgehen, dann würden sie nicht nur einen eklatanten Völkerrechtsbruch begehen, sondern zweifellos auch weiteren Völkerrechtsverletzungen Tür und Tor öffnen und so den Kern des heute wichtigsten Systems für kollektive Friedenssicherung zerstören. Kein wie auch immer gearteter Zweck könnte dieses Mittel heiligen. ... Bezieht man in

die Beurteilung frühere Beschlüsse und Diskussionen ein, dann vermittelt sich der Eindruck, daß in der Kosovo-Krise in der NATO neben dem Willen, die Krise zu beherrschen, ein zumindest ebenso starker Wille stand (und vielleicht noch steht), aus eigenem Recht militärisch zu intervenieren."
David Binder, Korrespondent der New York Times, kam angesichts der NATO-Drohung gegen Serbien folgende mögliche Werbekampagne der Clinton-Administration in den Sinn: "Machen sie sich keine Sorgen um die ewige Sicherheit. Vermeiden Sie Bomben und Raketen! Bitten Sie die NATO um Hilfe! Die Versicherungsgesellschaft Vereinigte Staaten garantiert Sicherheit vor Luftangriffen. Es hat in Bosnien funktioniert! Es funktioniert im Kosovo! Sie müssen bloss unsere Police kaufen, und ein paar Waffen und Trainer made in U.S.A., dann können sie sich entspannen! (Sonderrabatte für Nationale Befreiungsbewegungen)."
Binder weiter: "Was ich neun Jahre nach dem Fall der Berliner Mauer und des Systems, das jenseits derselben lag, sehe, ist die Aufhebung nahezu aller Spielregeln, die während des Kalten Krieges für die Klärung internationaler Konflikte geschaffen wurden. Wir sind wieder im 18. Jahrhundert angekommen, oder vielleicht noch davor. Macht ist Recht. .... Ebenso hat sich die so genannte internationale Gemeinschaft, d.h. die NATO, d.h. die Vereinigten Staaten, ganz auf die Seite der ethnischen Albaner mitsamt ihrer Rebellenarmee und ganz gegen die Serben im Kosovo gestellt - ein ebenso aufwendiges wie todsicheres Rezept für weitere und noch größere Konflikte."

Marie-Janine Calic, wissenschaftliche Referentin für Südosteuropa am Forschungsinstitut der von der Bundesregierung finanzierten Stiftung Wissenschaft und Politik in Ebenhausen, sprach ebenfalls Klartext: "Der Einsatz der NATO gegen die Bundesrepublik Jugoslawien wäre ein klarer Völkerrechtsbruch ..."
Nach Horst Grabert, von 1979-84 deutscher Botschafter in Belgrad, vorher Chef des Bundeskanzleramtes unter Willy Brandt, ist "die Drohkulisse der NATO natürlich kein Ergebnis völkerrechtlicher Überlegungen, sondern erfüllt eine Reihe von praktisch-politischen Wünschen aller Seiten im Balkan-Konflikt": "Alle Beteiligten, auch die Erfinder dieser Strategie, kennen die Völkerrechtswidrigkeit der Aktion und camouflieren dies auch nur sehr unvollkommen. ... Zunächst einmal erfüllt die Aktion den Wunsch, insbesondere die Westeuropäer davon zu überzeugen, daß die NATO weiterhin dringend gebraucht wird. Dieser Zweck ist weitgehend erfüllt worden. Sie liefert weiterhin die notwendige Unterstützung für Slobodan Milosevic, eine Autonomieregelung für das Kosovo in Serbien gegen die Nationalisten durchzusetzen und dabei die Position des Präsidenten zu stärken. Auch dieser Zweck ist weitgehend erfüllt. Ferner soll die Aktion die virulenten bewaffneten Unabhängigkeitsbestrebungen der Kosovo-Albaner unter Kontrolle bringen. Dieser Zweck ist nur teilweise erfüllt worden. Die Aktion fördert weiter die Entwicklung zum `normalen Staat´ in Deutschland. Sie bedient

die verbreitete Vorstellung, daß es notwendig und erfolgversprechend sei, die Menschenrechte und eine humane Verantwortung mit militärischer Gewalt durchzusetzen. Sie fördert die Demontage der Vereinten Nationen zu Gunsten der USA als führender Macht der NATO, und sie verbreitet den Eindruck, daß `der Westen´ die moralische Führung in der Welt zu übernehmen bereit und in der Lage sei."
Der Journalist und Balkan-Spezialist Norbert Mappes-Niediek, nimmt eine Sonderposition ein: "Die Souveränität und territoriale Integrität der Bundesrepublik Jugoslawien sind minder schützenswerte Güter, denn die BRJ ist bisher von keiner internationalen Organisation anerkannt." Was Militäraktionen im Herbst 1998 betraf, war allerdings auch er mehr als skeptisch: "Dass Luftschläge der `Abwendung einer unmittelbar bevorstehenden Katastrophe´ gedient hätten, wie Kinkel formulierte, ist eine Konstruktion." Den Flüchtlingen, so Mappes-Niediek, "konnten nur provisorische und feste Unterkünfte und der ungehinderte Transport von Hilfsgütern helfen. ... Luftschläge hätten dagegen einen empörenden diplomatischen Stellungskrieg um jeden Konvoi ausgelöst, wie er in Bosnien über Jahre betrieben wurde."

Dass es bei einer Veto-Blockadesituation im UNO-Sicherheitsrat durchaus andere Möglichkeiten als die Entmachtung der UN durch die NATO gibt, hat Dr. Harald Müller von der Hessischen Stiftung Friedens- und Konfliktforschung anhand der "Uniting for peace (UFP)"-Entschließungen aufgezeigt. "Ursprünglich eine amerikanische Erfindung zur Umgehung des sowjetischen Vetos, wurde sie u.a. im Korea-Krieg, zur Beendigung der Suez-Krise (erster Einsatz von UNO-Friedenstruppen) und im Kongo (innerer Konflikt) angewandt. ... Die UFP-Prozedur kann angewandt werden, wenn in einer zugespitzten Krisensituation der Sicherheitsrat handlungsunfähig ist, die Mehrheit der Staatengemeinschaft es aber für unerlässlich hält, einzugreifen. ... Die Generalversammlung stellt in der Entschließung fest, daß eine Bedrohung von Sicherheit und Frieden vorliegt und der Sicherheitsrat nicht handlungsfähig sei. ... Da in der neueren Praxis des Sicherheitsrates selbst die menschenrechtliche Lage in bestimmten Ländern (Irak, Somalia, Bosnien) als Gefahr für Frieden und Sicherheit eingeordnet wurden, ist die Kosovo-Krise für dieses Verfahren durchaus qualifiziert. ... Als Legitimitätsgrundlage für den gravierendsten Akt internationaler Politik, - die Anwendung von Gewalt - wäre das allemal besser als die Selbstmandatierung eines Bündnisses ohne jede Prüfung durch die Staatengemeinschaft, d.h. die Rückkehr zum - wie immer ethisch motivierten - Faustrecht der Weltpolitik. Es ist überdies ein heilsamer politischer und verfahrensrechtlicher Zügel gegen die Selbstverführung, die die beispiellose militärische Macht der westlichen Allianz mit sich bringt."
Dr. Reinhard Mutz, stellvertretender Direktor des Institutes für Friedensforschung und Sicherheitspolitik an der Universität Hamburg, meint: "Wer im Verkehr zwi-

schen Staaten aus eigener Machtvollkommenheit und unter Umgehung der für alle geltenden Regeln gewaltsam handelt, übt illegitime Gewalt. ... Der Westen legt die Axt an das Fundament seiner eigenen Zivilisation, wenn er es (das Völkerrecht, C.R.) bewußt untergräbt. Wo der Zweck die Mittel nicht heiligt, schänden die Mittel den Zweck."
Dusan Reljic, Leiter des Programms "Medien und Demokratie" am Europäischen Medieninstitut in Düsseldorf, verweist auf die innerjugoslawischen Folgen: "Zum ersten Opfer der NATO-Intervention im Kosovo-Konflikt sind die freien Medien in Serbien und somit die Demokratie geworden". ... Milosevic entpuppte sich als Glücksfall für die deutsche Außenpolitik nach dem Fall der Berliner Mauer. Die Rehabilitierung der militärischen Komponente in der deutschen Außenpolitik konnte nur gegen einen ausgewiesenen `Bösewicht´ stattfinden. .. Wäre es (im Oktober 1998, C.R.) wirklich dazu gekommen, daß im Rahmen einer NATO-Aggression ... zum dritten Mal in diesem Jahrhundert deutsche Fluggeschwader Serbien angreifen, allerdings diesmal auf der Seite der `Guten´, dann wäre etwas eingetreten, was sich vor vier oder fünf Jahren wirklich niemand hätte vorstellen können."

Prof. Gerhard Stuby von der Universität in Bremen weist darauf hin, dass "das Bundesverfassungsgericht in seiner Entscheidung vom 19. Juni 1994 (Bverf GE 90, 286) den Einsatz beim Out-of-area-Wirken der NATO eindeutig an ein UN-Mandat gebunden" hatte. ... "Man könnte die Stimmung im Jargon ehemaliger Hausbesetzer mit dem Slogan `Illegal -Scheißegal´ kennzeichnen. ... Die Architekten der UNO-Charta kamen aus dem Erfahrungshorizont des Völkerbundes, seines Scheiterns und der mühsam und im letzten Moment zustande gekommenen Antihitlerkoalition. Sie hatten die aggressiver werdende reichsdeutsche Revisionspolitik vor Augen, hatten nicht vergessen, daß diese sich zunehmend als Schutzherrin der deutschen Minderheiten in Osteuropa aufspielte und dass selbst Hitler sich nicht gescheut hatte, seine Aggressionsschritte als humanitäre Hilfe für Auslandsdeutsche oder als deutsch bzw. arisch deklarierte Volksgruppen zu verkaufen. Ihre Vision war die Errichtung eines universellen kollektiven Sicherheitssystems. Militärische Gewaltandrohung und -anwendung sollte nur in dem skizzierten Rahmen möglich sein, also durch den Sicherheitsrat bzw. in dem von ihm nach Art. 39 UN-Charta definierten Rahmen (Bedrohung oder Bruch des Friedens oder Vorliegen einer Angriffshandlung). ... Dieser Kontext ist mit der Kosovo-Aktion eindeutig verlassen worden. Und hierin liegt die potenzielle Gefährlichkeit, welche die deutsche Außenpolitik zum Teil zu verantworten hat und deren sich die neuen Akteure bewusst sein müssten. Deshalb ist der Völkerrechtsbruch so gravierend. ... Ein möglicher Einwand ist oft zu hören: Es waren doch gerade die Verbündeten, insbesondere Großbritannien und Frankreich, die im NATO-Rat auf eine vom Sicherheitsrat abgekoppelte Aktion im Kosovo gedrängt

haben. Wir konnten uns doch nicht isolieren. So Gerhard Schröder in der erwähnten Bundestagsdebatte. Möglicherweise ist diese angebliche Vorgabe der Verbündeten in den NATO-Gremien eine fleißig verbreitete `Ente´, der die neuen Regierungsmacher sua sponte aufgesessen sind. ... Das könnte man etwa aus einem Bericht der F.A.Z. vom 26.10.1998 schließen, wo ohne Namensnennung von einem Sicherheitsseminar in Maria Laach mit hochrangigen französischen und englischen Vertretern die Rede ist, die offen ihre völkerrechtlichen Zweifel an dem NATO-Vorgehen im Kosovo darlegten."
Im Artikel 52 des 9. Wiener Übereinkommens über das Recht der Verträge heißt es wörtlich:
„Ein Vertrag ist nichtig, wenn sein Beschluß durch Androhung oderAnwendung von Gewalt unter Verletzung der in der Charta der Vereinten Nationen niedergelegten Grundsätze des Völkerrechts herbeigeführt wurde."

Andreas Zumach, Journalist am Genfer UNO-Sitz, zeigte noch im Dezember 1998 konkrete Alternativen auf: "Erforderlich ist die Stationierung einer UNO-Bodentruppe im Kosovo - mit eindeutigem Mandat des Sicherheitsrates für die oben beschriebenen Aufgaben sowie möglichst nicht nur mit politischer Zustimmung Moskaus sondern auch unter aktiver Beteiligung russischer Soldaten. ... Eine Zustimmung Belgrads ist nach den Buchstaben der UNO-Charta erforderlich; sie ist politisch wünschenswert und - zumal bei einer aktiven Beteiligung Russlands - auch durchaus vorstellbar. Erfolgt sie nicht, wäre die Stationierung von UNO-Truppen ein vergleichsweise sehr viel geringerer Verstoß gegen das Völkerrecht als NATO-Luftangriffe ohne UNO-Mandat und einer mit sehr viel mehr Aussicht auf politischen Erfolg."
Nach Angaben der Berliner Morgenpost vom 5.2.99 wollten die USA bereits unmittelbar nach den Ereignissen von Racak einen Militärschlag gegen Serbien führen, seien aber von den Europäern daran gehindert worden.
Admiral a. D. Elmar Schmähling (vgl. www.schmaehling.de) stellte bei der Staatsanwaltschaft Bonn inzwischen Strafanzeige gegen Gerhard Schröder, Rudolf Scharping, Joseph Fischer und andere wegen des Verdachts des Verstoßes gegen § 80 (Vorbereitung eines verfassungs- und völkerrechtlichen Angriffskrieges).

Clemens Ronnefeldt, Referent für Friedensfragen beim deutschen Zweig des internationalen Versöhnungsbundes

Quelle: Presseerklärung/Artikeldienst vom 26.3.99 des Versöhnungsbundes.
Der Text wurde übernommen unter dem Titel „Die neue NATO und der Kosovo-Krieg" vom Friedensforum. Rundbrief der Friedensbewegung 3/99, S. 40-42, hg. vom Netzwerk Friedenskooperative, Römerstr. 88, 53111 Bonn.

15.04.1999

3.7. Slowenien, Kroatien, Bosnien, Kosovo - Es gibt eine deutsche Verantwortung

Horst Grabert, von 1972-74 Chef des Bundeskanzleramtes, von 1979-84 deutscher Botschafter in Belgrad, ging 1996 der Frage nach, „warum von Deutschland die Auflösung der SFRJ (Sozialistische Förderative Republik Jugoslawien) durch die Anerkennung der Sezessionsstaaten" betrieben wurde und warum Helmut Kohl am 1.7.1991 die bis dato gemeinsame Haltung der EG wie auch der USA, am Gesamterhalt Jugoslawiens festzuhalten, auflöste. Grabert zitiert den Kanzler nach einem Bericht in „The Guardian" vom 2.7.1991: „Wer, wie die Deutschen, auf der Basis der Selbstbestimmung seine nationale Einheit erreicht hat, kann Slowenien und Kroatien das Selbstbestimmungsrecht nicht verweigern. Deutschland soll die EG zur Anerkennung der beiden Republiken veranlassen", Grabert weiter: „Die politische Energie für diesen Meinungsumschwung kam nun nicht aus der Sorge, den Konflikt zu vermeiden, ganz im Gegenteil. Alte Ressentiments aus den Kreisen des alten Ustasa-Untergrundes, die seit Jahren gute Beziehungen zu rechten Gruppen einiger demokratischer Parteien unterhielten, meldeten sich zu Wort und wollten den 1945 verlorenen Kampf in neuer Form wieder aufleben lassen. ... Aus der Sezession Sloweniens und Kroatiens wurde die Auflösung der Förderation gemacht. Widerstand gegen diese Politik wurde zur Aggression erklärt, was publizistisch leicht zu vermitteln war, ... Damit war dann auch der Aggressor gefunden. ... Nachdem am 9./10.12.91 die Verhandlungen des Europäischen Rates zum EU-Vertrag in Maastricht abgeschlossen waren, ...wollte Deutschand seine angeblich auf die Menschenrechte orientierte Führungsqualität demonstrieren. So wurde dem Rat der Außenminister am 16.12.91 schlicht mitgeteilt, dass Deutschland die Republiken Slowenien und Kroatien noch vor Weihnachten anerkennen würde. ... Selbst der Versuch einer gesichtswahrenden Kommission wurde von Deutschland zerschlagen, denn Deutschland erkannte an, ohne den Bericht der (von der EU eingesetzten) `Banditer-Kommission´ abzuwarten. ... Am 18.5.92 hatte Deutschland einen neuen Außenminister, der kurz nach seiner Amtsübernahme `Serbien in die Knie zwingen´ wollte, ansonsten aber hauptsächlich mit der Schadensbegrenzung beschäftigt war, wollten doch die EU-Partner die Erpressung zur Jahreswende nicht einfach vergessen" (Wissenschaft und Frieden 2/1996, hg. von Wissenschaft und Frieden e.V., Reuterstr. 44, 53113 Bonn).

Eindringliche Warungen vor den Folgen dieser Anerkennungspolitik gab es auch vom damaligen UN-Generalsekretärs Perez de Cuellar.

Am 10.12.91 wandte sich de Cuellar an die 12 EU-Außenminister: „Ich bin tief beunruhigt darüber, daß eine verfrühte, selektive Anerkennung den gegenwärtigen Konflikt ausweiten und eine explosive Situation hervorrufen könnte, besonders in Bosnien-Herzegowina und auch in Mazedonien." Genscher antwortete am 13.12.91: „Die Verweigerung der Anerkennung jener Republiken, die ihre Unabhängigkeit wünschen, müßte zu weiterer Eskalation der Gewaltanwendung durch die Volksarmee führen, weil sie darin eine Bestätigung ihrer Eroberungspolitik sehen würde." Darauf schrieb De Cuellar am 14.12.91 an den deutschen Außenminister, „... dass verfrühte selektive Anerkennungen eine Erweiterung des Konfliktes in jenen empfindlichen Regionen nach sich ziehen würden. Solch eine Entwicklung könnte schwerwiegende Folgen für die ganze Balkanregion haben und würde meine eigenen Bemühungen und diejenigen meines persönlichen Gesandten, die notwendigen Bedingungen für die Anwendung von friedenserhaltenden Maßnahmen in Jugoslawien zu sichern, ernstlich gefährden" (Dokumentation des Briefwechsels in Rundbrief 2/1996 des Versöhnungsbundes). Genscher sandte wenige Tage später die Anerkennungsurkunden an Slowenien und Kroatien ab.

Hansjörg Eiff, bis 1991 deutscher Botschafter in Belgrad, soll das Auswärtige Amt in Bonn mit ähnlicher Eindringlichkeit vor einer vorschnellen Anerkennung gewarnt und die spätere Eskalation vorausgesagt haben wie der UNO-Generalsekretär. Doch statt auf die Warnungen Eiffs zu hören, beschloß das Bonner Außenministerium, sich des unliebsamen Mahners Eiff zu entledigen.

Nimmt man die massiven Rüstungsexporte an Kroatien trotz UN-Embargo (allein zwischen April ´92 und April ´94 im Wert von 320 Mio. Dollar, vgl. „Der Spiegel" 32/94) sowie die Ausbildung und Ausrüstung der UCK durch BND und MAD hinzu (vgl. FR, 25.9.98), ergibt sich ein zwar in sich stimmiges, allerdings auch höchst kriminelles Bild deutscher Balkanpolitik.

Quelle: Massenzeitung „Stoppt den Krieg", hg. vom Netzwerk Friedenskooperative in Zusammenarbeit mit dem Förderverein Frieden e.V., Römerstr. 88, 53111 Bonn,
Beilage in der Berliner Tageszeitung „taz" und im Neuen Deutschland (ND) am 21.4.99.

21.05.1999

3.8. Geostrategische Interessen der USA stehen hinter dem Jugoslawienkrieg

Der US-Politologe und Kriegsforscher Prof. Gabriel Kolko sagte am 8.5.99 im „Berliner Tagesspiegel“: „Bei der Entscheidung der Amerikaner, den Krieg zu führen, spielte die spezielle Situation im Kosovo nur eine untergeordnete Rolle. Für die USA geht es darum, militärische Macht zu demonstrieren und ihre Vormachtstellung in der Nato auszubauen.“ ... “Clinton muß sich vor allem mit den Republikanern im Kongreß arrangieren. Der Kampf um die Macht in Washington wird die Politik gegenüber Jugoslawien erheblich beeinflussen. Rationale Erwägungen bleiben da auf der Strecke“.

Am 16.4.99 kündigte Bill Clinton in einer Grundsatzrede an, „das US-Engagement auf dem Balkan werde nicht mit der Befriedung Kosovos und der Rückkehr der Vertriebenen enden“ (FR, 27.4.99).
Die FR berichtete weiter: „In den Denkfabriken der US-Außenpolitik kursiert seit langem das Schlagwort vom `Erdbebengürtel´, der vom Balkan über den Kaukasus bis an die Grenzen Chinas reiche. Diese Zone müsse im Interesse des Weltfriedens und des Handels `stabilisiert´ werden. Mit Altruismus habe das nichts zu tun - das Fundament bildeten die eigenen Werte und Interessen. Das sicherste Mittel zu deren Durchsetzung scheint aus Sicht mancher US-Denker die wirtschaftliche, ideologische - notfalls militärische - Besetzung des Terrains.“

Vor allem unter dem Kaspischen Meer wurden riesige Öl-Vorkommen entdeckt, um die sich russische, chinesische und amerikanische Ölkonzerne Konkurrenzkämpfe liefern.
Seit der Eröffnung des Main-Donau-Kanals 1992 können Schiffe von der Nordsee bis zum Schwarzen Meer fahren. „Auf dem Balkan verriegelt Serbien die Transitwege der Donau und zum griechischen Hafen Saloniki. Die USA und ihre europäischen Verbündeten haben mehrere Versuche unternommen, diesen Riegel friedlich zu sprengen. 1992 wurde ein kalifornischer Industrieller serbischer Abstammung namens Milan Panic als Premier Rest-Jugoslawiens nach Belgrad katapultiert. ... 1996 lancierten die USA die `Southeast European Cooperative Initiative´ (SECI)“ (FR, 27.4.99). Das Ziel von „SECI“ war die Integration aller Donauanrainer unter marktwirtschaftlichen Bedingungen. Selbst Weltbankkredite konnten Serbien nicht erweichen - Serbien wurde von der „SECI“ ausgeschlossen.

Vor diesem Hintergrund erhält der Anhang B des Vertrages von Rambouillet enorme Brisanz. Serbien sollte unterzeichnen, daß dem NATO-Personal „zusammen mit seinen Fahrzeugen, Schiffen, ... in der gesamten Bundesrepublik Jugoslawien unter Einschluß des Luftraumes und der Territorialgewässer freien und ungehinderten Zugang“ zu gewähren ist.

Der Versuch Joschka Fischers, mittels des G7/G8-Planes die Entscheidungsbefugnis in Sachen Krieg und Frieden von der US-dominierten NATO auf die Ebene der UN zu heben, wurde nach Ansicht des CDU-Politikers und Vizepräsidenten der Parlamentarischen Versammlung der OSZE, Willy Wimmer, massiv durch die bewusste (US-)Bombardierung der chinesischen Botschaft torpediert: „Es spricht eine Menge dafür, daß das, was in Belgrad geschah, auf die Rolle Chinas im Weltsicherheitsrat der Vereinten Nationen gezielt war. ... Wenn man jetzt einen solchen Angriff auf die chinesiche Botschaft startet, dann muß man sich natürlich fragen, ob man nicht etwa auf Dauer China in einer konstruktiven Rolle im Sicherheitsrat der Vereinten Nationen gar nicht sehen will. Was sich da in Belgrad abgespielt hat, ist für mich Grund äußerster Besorgnis“ (junge Welt, 11.5.99).
Am 22.2.99 hatte die US-Regierung den Verkauf eines Fernmeldesatelliten an China im Wert von 450 Millionen US-Dollar untersagt - aus nationalen Sicherheitsgründen (vgl. Le Monde Diplomatique, 22.5.99).

Fazit:

Mittels des Jugoslawienkrieges gelang der US-Politik bisher (Stand 20.5.99) recht erfolgreich die Ausschaltung von UN und OSZE, die Desintegration und Destabilisierung Europas sowie die Ausgrenzung Russlands und Chinas.
Am 8. März 1992 veröffentlichte die New York Times Auszüge aus der Verteidigungs- Planungsgrundlage des Pentagons für die Haushaltsjahre 1994-1999, die auch die derzeitige US-Jugoslawienpolitik erhellt:
„Wir müssen versuchen zu verhüten, daß irgendeine feindliche Macht eine Region dominiert, deren Ressourcen - unter gefestigter Kontrolle - ausreichen würden, eine Weltmachtposition zu schaffen“ ...“Wir müssen unsere Strategie jetzt darauf konzentrieren, dem Aufstieg jedes möglichen Konkurenten globaler Dimension zuvorzukommen.“ Dieses Kalkül scheint aufzugehen.

Quelle: Friedensforum.Zeitschrift der Friedensbewegung, 4/99, S.36-37,
hg. vom Netzwerk Friedenskooperative, Römerstr. 88, 53111 Bonn.

10.2.2000

3.9. Kosovo-/Jugoslawienkrieg - Die Wahrheit muss ans Licht!

Knapp ein Jahr nach Beginn der NATO-Bombardierungen am 24.3.99 stellen sich im Rückblick eine ganze Reihe von Hauptmotiven der Beteiligten in einem anderen Licht dar.
Es nützt den Opfern wenig, wenn sich in vielleicht 20-30 Jahren die verantwortlichen Politiker dieses Krieges für ihre Taten entschuldigen - wie dies z.B. Bill Clinton während seiner bisherigen Amtszeit beim vietnamesischen oder chilenischen Volk getan hat. Was m.E. ansteht, ist eine zügige Aufarbeitung, die einige grundlegende Paradigmenwechsel in der politischen Großwetterlage klar herausarbeitet.
Der nachfolgende Artikel möchte einen Beitrag dazu leisten. Er ist bewußt als Zusammenstellung glaubwürdiger Quellen angelegt, die weder in eine proalbanische noch in eine proserbische "Ecke" zu stellen sind und beschränkt sich auf überleitende, zuspitzende Kommentierungen.

Friedliche Lösung des Kosovo-Konflikts war möglich

In einem Brief an Erhard Eppler, der den Militäreinsatz im Kosovo befürwortete, zitiert der Direktor des Hamburger Friedensforschungsinstitutes IFSH Dieter S. Lutz einige Quellen, die die Bundesregierung wie auch die NATO-Staaten insgesamt in einen Erklärungsnotstand bringen könnten („Die Woche“, 2.7.99):
„Ich beginne mit dem Holbrooke-Milosevic-Abkommen vom 13. Oktober 1998. Vierzehn Tage nach Abschluss dieser Vereinbarung ging NATO-Generalsekretär Solana am 27. Oktober 1998 mit folgender Einschätzung an die Öffentlichkeit: ‚Erfreulicherweise kann ich nun berichten, daß in den letzten 24 Stunden mehr als 4000 Angehörige der Sonderpolizei aus dem Kosovo abgezogen worden sind. ... Die Sicherheitskräfte werden auf den Umfang abgebaut, den sie vor dem Ausbruch der jetzigen Krise hatten. ... Ich fordere die bewaffneten Gruppen der Kosovo-Albaner auf, den von ihnen erklärten Waffenstillstand aufrechtzuerhalten´.“
Lutz lässt den vormaligen, seinerzeit für die vereinbarte OSZE-Mission zuständigen deutschen Brigadegeneral Heinz Loquai ausführlich zu Wort zu kommen: „Für die OSZE waren Rekrutierung und Stationierung einer so großen Mission Neuland. Es gab daher Friktionen und Verzögerungen. Außerdem wurden Entscheidungen in der von Briten und Amerikanern dominierten Mission sehr langsam getroffen. So warteten zum Beispiel deutsche Beobachter mitunter wochenlang, bis sie akzeptiert wurden. Die jugoslawischen Behörden ... mahnten sogar

eine schnellere Stationierung der OSZE-Mitarbeiter an, versprachen sie sich davon doch auch eine Kontrolle der UCK. Und dennoch: Die sichtbare internationale Präsenz an Brennpunkten des Geschehens trug zur Entspannung der Lage bei, ließ die Flüchtlinge wieder in ihre Dörfer zurückkehren. ... Doch es gab ein Problem, auf das anscheinend niemand vorbereitet war. Die UCK, die sich an die Vereinbarungen nicht gebunden fühlte, rückte dort ein, wo die Jugoslawen abgerückt waren. Von jugoslawischer Seite wurde wiederholt erklärt, wenn die UCK weiterhin das geräumte Gebiet besetze, werde das zu Reaktionen führen. Der deutsche Botschafter in Belgrad, Wilfried Gruber, appellierte an Bonn, den deutschen Einfluss auf die Kosovo-Albaner geltend zu machen und den Worten auch Tatenfolgen zu lassen. ... Aber die USA schienen ein militärisches Eingreifen schon vor den Rambouillet-Verhandlungen fest im Blick zu haben. ... Fixpunkt dabei war der Gipfel in Washington zur Feier des 50-jährigen Bestehens der Allianz. Auf dieses strahlende Ereignis sollte nicht der Schatten eines ungelösten Kosovo-Problems fallen. Deshalb schien es auch, vier Wochen vor dem Fest, höchste Zeit zu sein, entschlossen zu handeln" (in: Die Woche, 2.7.99).

In der FR-Dokumentation vom 22.9.99 („Die Chronik eines nicht verhinderten Krieges") wurde Heinz Loquai noch präziser:

„Die Ereignisse zeigen, dass durchaus Möglichkeiten für eine friedliche Lösung des Kosovo-Konfliktes bestanden. Greifbar nahe war diese Chance in der Zeit von Mitte Oktober bis Anfang Dezember 1998. In diesen Wochen befand sich die Bundesrepublik Jugoslawien auf Friedenskurs. Die Tauben hatten dort offenbar die Oberhand gewonnen. Es wäre nun erforderlich gewesen, auch die Kosovo-Albaner auf diesen Weg zu bringen oder zu zwingen. Eine rasche, flächendeckende Stationierung der OSZE-Mission hätte den Weg zum Frieden absichern können. Beides ist nicht gelungen. Doch auch danach gab es immer wieder relative Ruhe und Chancen für eine friedliche Lösung des Konflikts. Zwar zogen die Falken ab Dezember 1998 schon wieder ihre Kreise. Beide Konfliktparteien eskalierten die Gewalt. Die UCK sah sich ihrem Ziel, das sie beharrlich verfolgt hatte, ganz nah: einem Nato-Angriff auf die Bundesrepublik Jugoslawien. Die jugoslawischen Hardliner zielten darauf ab, die UCK und ihre gesamte Infrastruktur zu eliminieren. Beide Parteien nahmen auf die Zivilbevölkerung wenig Rücksicht, sie wurde für die jeweiligen Zwecke instrumentalisiert. Eine von langer Hand vorbereitete systematische Vertreibung der kosovo-albanischen Bevölkerung ist jedoch nicht erkennbar. Die OSZE konnte die Konflikte immer wieder einhegen und die Lage von Fall zu Fall stabilisieren. Doch ab Mitte Januar wuchs der Druck in Richtung einer militärischen Lösung aus der Nato, allen voran die USA, rapide. ... Außerdem konnte ja ein militärisches Eingreifen der Nato ohne UN-Mandat faktisch einen Anspruch bestätigen, den die USA bisher in den Verhandlungen über eine neue Bündnisstrategie noch nicht durchzusetzen vermocht hatten."

Fazit von Brigadegeneral Loquai

Brigadegeneral Loquai fasste seine Analyse in der NDR-4-Sendung „Streitkräfte und Strategien" am 22.5.99 folgendermaßen zusammen: „Vertreibungen und Flüchtlingsströme setzten ein, nachdem die internationalen Organisationen das Kosovo verlassen und die Angriffe begonnen hatten. D.h. der Krieg verhinderte die Katastrophe nicht, sondern machte sie in dem bekannten Ausmaß erst möglich. Die Frage, wie und warum die zweifellos vorhandenen Chancen zum Frieden verspielt wurden, ist dabei nicht nur historisch interessant. Sie ist wichtig für die zukünftige Gestaltung des Friedens in der geplagten Region. Der Frieden wurde u.a. verspielt,
- weil die meisten NATO-Staaten einseitig Partei gegen die Serben und für die Kosovo-Albaner nahmen. Hierdurch stärkte und ermunterte man die UCK, und man förderte selbst bei gemäßigten Serben den Eindruck, daß die NATO ohnehin die Sache der Albaner betreibe,
- weil die Europäer den USA zu gefügig waren und den aufgebauten Zeitdruck hinnahmen, ohne sich der allmählichen Militarisierung der Politik zu widersetzen.
- weil die NATO glaubte, durch ihre Luftangriffe Milosevic innerhalb kurzer Zeit zum Nachgeben zu zwingen und die Durchhaltefähigkeit eines diktatorischen Regimes unterschätzte.
- weil die politische und militärische Führung der NATO außer acht gelassen hatte, dass der Einsatz allein von modernen Kampfflugzeugen gegen bewegliche, aus guter Deckung operierende Bodenziele risikoreich, aufwendig und von sehr begrenzter Wirkung ist. Fahnenjunker lernen diese Binsenweisheit auf der Offizierschule."

Lügen legitimierten NATO-Bombardierungen

Dieter S. Lutz untermauert die Aussage, dass die Massenflucht nicht Anlass des NATO-Bombardements, sondern erst durch dieses ausgelöst wurde, im Brief an Erhard Eppler auch mit der Lageanalyse des Auswärtigen Amtes vom 19. März 1999:

„Der Waffenstillstand wird von beiden Seiten nicht mehr eingehalten.... Im Rahmen von lokalen Operationen der jugoslawischen Armee (VJ) gegen die UCK kam es in den letzten Tagen auch wiederholt zu vorsätzlichem Beschuss von Dör-

fern. Stets wurde zuvor die Bevölkerung zum Verlassen der Ortschaften aufgefordert, was diese auch tat.
UNHCR und KVM (Kosovo Verification Mission der OSZE, Anm.: C.R.) berichten übereinstimmend über eine systematische Vorgehensweise der VJ bei der Zerstörung von Dörfern mit dem Ziel, durch gezielte Geländebereinigung sämtliche Rückzugsmöglichkeiten für die UCK zu beseitigen ... Die Zivilbevölkerung wird, im Gegensatz zum letzten Jahr, in der Regel vor einem drohenden Angriff durch die VJ gewarnt. Allerdings ist laut KVM die Evakuierung der Zivilbevölkerung vereinzelt durch lokale UCK- Kommandeure unterbunden worden. Nach Beobachtungen des UNHCR ebnet die VJ die Dörfer entgegen der Vorgehensweise im letzte Jahr nicht völlig ein und zieht ihre Kräfte nach Beendigung der Aktionen rasch wieder ab. Nach Abzug der serbischen Sicherheitskräfte kehrt die Bevölkerung meist in die Ortschaften zurück. UNHCR schätzt, dass bisher lediglich etwa 2000 Flüchtlinge im Freien übernachten müssen. Noch ist keine Massenflucht in die Wälder zu beobachten. Von Flucht, Vertreibung und Zerstörung im Kosovo sind alle dort lebenden Bevölkerungsgruppen gleichermaßen betroffen. Etwa 90 vormals von Serben bewohnte Dörfer sind inzwischen verlassen. Von den einst 14.000 serbisch-stämmigen Kroaten leben nur noch 7000 im Kosovo. Anders als im Herbst/Frühwinter 1998 droht derzeit keine Versorgungskatastrophe."

Hufeisenplan und Opferzahlen

Zur Begründung des NATO-Angriffes wurde u.a. der so genannte „Hufeisenplan" und Berichte über Massengräber herangezogen.
Westliche Politiker verwiesen darauf, dass die Regierung Milosevic bereits lange vor dem Beginn der Bombardierungen am 24.3.99 die systematische Vertreibung der albanischen Kosovaren gemäß des „Hufeisenplans" vorbereitet habe und die NATO einem Völkermord hätte zuvorkommen müssen.
Wie „der Spiegel" in seiner Ausgabe 2/2000 berichtete, „wurde der Plan den Deutschen von Sofias Außenministerium zugespielt und stammt aus der Giftküche des bulgarischen Geheimdienstes - die Bulgaren, einst berühmt für die Regenschirm-Attentate ihrer Schlapphüte, bemühten sich während des Kosovo-Krieges besonders um Nähe zur NATO: Sie wollen bald in die Organisation aufgenommen werden."

„11 000 Tote in Massengräbern - Haager Tribunal legt Zahlen aus Kosovo vor", berichtete die FR am 3.8.99. Einen Tag später korrigierte sich die Frankfurter Rundschau: „Kouchner habe nur eine mögliche Opferzahl genannt, die auf Berichten über Massengräbern und Daten verschiedener Quellen basiere, sagte seine Sprecherin ... Das Tribunal in Den Haag dementierte diese Angaben noch am

gleichen Abend und betonte, es habe bislang keine entsprechende Zahl genannt" (FR, 4.8.99).
Nach der vorläufigen Bilanz des UN-Kriegsverbrechertribunals wurden bis November 1999, als die internationalen Gerichtsmediziner-Teams ihre Arbeit vorläufig beendeten, 2108 Leichen an 195 Stellen im Kosovo exhumiert (vgl. taz, 3.12.99). Dabei ist bis heute unklar, welcher Seite die Getöteten angehören - und ob es sich um Opfer der serbischen Polizei und Armee, der UCK oder der NATO handelt. Die Zahl der Todesopfer in der übrigen Bundesrepublik Jugoslawien ist nach wie vor unklar.
Eine erste unabhängige Untersuchung der in New York ansässigen Menschenrechtsorganisation „Human Rights Watch" nennt nach umfangreichen Vor-Ort-Recherchen zwischen 488 und 527 getötete Zivilisten in Jugoslawien (taz, 8.2.00).

Am 3.12.99 erschien die „taz" mit einer ganzen Seite unter der Überschrift: „Kosovo: Es gibt keine Hinweise auf ein massenhaftes, systematisches Töten von Kosovo-Albanern. Das jedenfalls behaupten das US-amerikanische Stratfor-Institut und spanische Pathologen, die im Auftrag des Kriegsverbrechertribunals Gräber untersuchten."
Wie die Bilanz der UN zeigt, erwiesen sich bisher viele geschätzte Opferzahlen der NATO wie auch der „Gesellschaft für bedrohte Völker" als unrichtig, ebenso die behauptete Existenz von Konzentrationslagern.
„Mit den Flüchtlingen wurden politische Spielchen betrieben" titelte „Die Welt" bereits am 18.6.99 und ließ den deutschen Arzt Richard Munz, der im mazedonischen Flüchtlingslager Stenkovac für insgesamt 60.000 Flüchtlinge mitverantwortlich war, ausführlich zu Wort kommen:
„Ich glaube, dass der Flüchtling an sich für die Journalisten überhaupt nicht wichtig gewesen ist. Die Einseitigkeit diente wohl nur dazu, die deutsche Beteiligung als Nato-Staat irgendwie zu rechtfertigen und zu untermauern". ..."Ich glaube sicher, dass es Massaker gegeben hat. Ich bezweifle aber, ob man sich einen Gefallen tut, wenn man ganze Dimensionen verschiebt. Man verglich diese Massaker auf eine Weise, die so nicht angemessen ist. Zum Beispiel mit Auschwitz. Das wird man in Zukunft wohl korrigieren müssen. Mit den Flüchtlingen wurden meiner Ansicht nach politische Spielchen betrieben. Im Grunde hat man damit diese Menschen und ihre realen Leiden ein Stück weit entwertet."

USA wollten den Krieg

In einem Interview der Mainzer Rheinzeitung (30.8.99) berichtete Willy Wimmer (CDU), Vizepräsident der Parlamentarischen Versammlung der OSZE und ehemaliger Staatssekretär im Verteidigungsministerium (1988-92):

„Es gibt undementierte Zitate, dass Gerhard Schröder im Oktober zu Joschka Fischer sinngemäß gesagt hat: `Die Amerikaner wollen Krieg. Wenn Du Außenminister werden willst, musst du das mitmachen´. ... Es gibt auch andere Indizien für diese Ausgangslage: Es gab zuvor NATO-Überlegungen, im Kosovo bis zu 200 000 Mann zu stationieren. Es galt also, den Anlass zu finden. Das Elend haben wir dann gesehen."

Die Wochenzeitung „Jungle World" (30.6.99) fragte den norwegischen Friedensforscher Johan Galtung: „Sie haben behauptet, die Entscheidung für den Krieg sei im frühen Herbst des vergangenen Jahres gefallen", worauf Galtung antwortete: „Man nennt jetzt den August 1998, eine Sitzung des Republican Foreign Policy Committee im amerikanischen Senat. Gerhard Schröder soll es im Oktober erfahren haben. ... Das Republican Committee hat gesagt, man müsse einen Anlass haben. Und das müsse medial verwertbar sein, sonst ginge das nicht. Also hat man gewartet bis Racak. ... Dazu muss man sich den Lebenslauf Walkers (OSZE-Missionschef, Anm.: C.R.) anschauen. Er war als CIA-Mann derjenige, der die `schwarze Arbeit´ machte. Er war eine Woche vor dem Militärputsch 1987 auf Fidschi, er war in El Salvador und Nicaragua, und er war derjenige, der Fakten produziert hat, wodurch man die interventionistische Politik der USA legitimieren konnte."

Wolfgang Petritsch, österreichischer Botschafter in Belgrad, seit Oktober 1998 EU-Sondergesandter für das Kosovo, seit Juli 1999 Hoher Repräsentant der EU für den Wiederaufbau in Bosnien-Herzegowina, nannte Walker „eine personalpolitische Fehlentscheidung" und meinte in einem Interview („Jungle World, 7.7.99, „Walker war ein Cowboy"):
„Vielleicht war Polen als damaliger Vorsitzender der OSZE auch überfordert. Die Amerikaner haben ihnen überall dreingeredet. Das habe ich auch spüren müssen: Als Richard Holbrooke mit dem jugoslawischen Außenminister Jovanovic das Abkommen über die Implementierung der OSZE geschlossen hat, rief er mich erst danach an. Obwohl ich damals schon EU-Sondervermittler war. Dann kam ich mit dem russischen und dem polnischen Botschafter zu ihm, und er hat uns vor vollendete Tatsachen gestellt: Wir Amerikaner stellen den Head of Mission, und die Europäer und die Russen können ja jeweils einen Stellvertreter für die Missionsleitung stellen. Aber man muss auch den Europäern den Vorwurf machen, sich zu wenig engagiert, zuwenig mitgestaltet zu haben. ... Es gibt eben eine Tradition der Amerikaner, Militärs in Zivilkleider zu stecken, das gleiche gilt auch für die Briten."

Die OSZE als trojanisches Spionagepferd

Amerikanische und britische Special Forces, als OSZE-Kontrolleure getarnt, haben die OSZE offensichtlich als „Trojanisches Pferd" benutzt (vgl. Intelligence, 31.4.99).
OSZE-Mitarbeiter wurden von US-Vertretern der Mission gebeten, das amerikanische Satellitensystem „Geographic Positioning System" (GPS) zu benutzen, mit dem man exakte Positionsbestimmungen durchführen kann - zur eigenen Evakuierung wie auch zur Zielmarkierung für Cruise Missiles.
Der Schweitzer Geologe und OSZE-Beobachter Pascal Neuffer erklärte: „Wir waren uns von Anfang an darüber im klaren, dass die Informationen, die im Laufe unserer Mission bei den OSZE-Einsätzen gesammelt wurden, die Satellitenbilder der NATO vervollständigen sollten. Wir hatten den sehr scharfen Eindruck, für die Nato zu spionieren" (in: K. Bittermann/Th. Deichmann (Hg.), Wie Dr. Joseph Fischer lernte, die Bombe zu lieben, Berlin 1999, S. 55).

Willy Wimmer zur OSZE-Mission

Willy Wimmer kommt das Verdienst zu, gegen den breiten „Medienstrom" geschwommen zu sein. Bereits am 12.1.99 sagte er im Deutschlandfunk: „Wir haben in den zurückliegenden Monaten, vielleicht anderthalb Jahren gesehen, dass die Europäische Union mit ihrer Politik der autonomen Maßnahmen gegenüber der Bundesrepublik Jugoslawien erfolgreicher war, als befreundete Staaten das eigentlich haben wollten. Wir wären im März vergangenen Jahres wesentlich weitergekommen, auch in Zusammenhang mit einer Lösung die den Albanern im Kosovo entgegenkommt, wenn man die Europäische Union einfach nur gelassen hätte. Aber hier durften bestimmte Ergebnisse offensichtlich nicht erzielt werden, und deswegen ist das auch nichts geworden. Das hängt nicht mit Herrn Milosevic zusammen. Das ist natürlich der böse Bube, auf den man mit dem Finger zeigen kann. Das ersetzt nur keine Politik. ... Möglicherweise - und dafür gibt es hinreichende Nachweise auf dem Balkan - verfolgt man mit der Balkanpolitik ganz andere Ziele. ... Man sagt immer wieder in Europa, die Europäer bringen nichts zustande, und deswegen müssen die Vereinigten Staaten einspringen. Man muss oft den Eindruck haben, dass die Europäer deshalb nichts zustandebringen dürfen, damit die Vereinigten Staaten hier eingreifen können."

Jürgen Rose zum Verhältnis USA und Europa

Oberstleutnant Jürgen Rose, Mitarbeiter im Luftwaffenamt der Bundeswehr, verfasste am 24.11.99 einen Beitrag in der „Berliner Zeitung", in dem er unter der

Überschrift „Warum die Nato angriff" Hintergründe des Spannungsverhältnisses zwischen den USA und Europa herausarbeitete:
„Die Wirtschaftsmacht Europa dürfte zu einer ernsthaften Herausforderung für die Hegemonialansprüche der Supermacht USA werden. Zudem treibt die EU seit geraumer Zeit unter dem Rubrum der `Europäischen Sicherheits- und Verteidigungsidentität, den Aufbau eigenständiger militärischer Kapazitäten voran. Forderungen nach der Gründung einer europäischen Rüstungsagentur werden immer nachdrücklicher erhoben, und gelegentlich werden auch schon Rufe nach einer gemeinsamen europäischen Armee laut.
In einer solchen Situation geoökonomischer Konkurrenz gepaart mit der potenziellen Ablösung des Exklusivitätsstatus´ der Nato, bot und bietet sich für die amerikanische Administration zwingend die Instrumentalisierung der Konfliktlagen im südosteuropäischen Raum als effektive Option an: Der unliebsame Konkurrent, der ein vitales Interesse an der Stabilität seines `Hinterhofes´ haben muss, soll langfristig in dieser Region gebunden werden. Nicht unerhebliche diplomatische, finanzielle und militärische Ressourcen der EU sollen dort absorbiert werden, wo dies für die USA erstens kontrollierbar geschieht und zweitens ihren Interessen nicht direkt zuwiderläuft. ...
Mit dem Interventionskrieg im Kosovo gelang es den USA in hervorragender Weise, die EU intensiv und auf lange Zeit in die Konfliktlagen auf dem Balkan zu verstricken. Indem die USA die Kompetenz für die operationelle Durchführung dieses Krieges reklamierten, schoben sie zugleich den Europäern die Verantwortung für den Wiederaufbau und die zukünftige Entwicklung der Region zu. Im Vergleich zu den damit verbundenen Kosten - Schätzungen schwanken zwischen 35 und 100 Milliarden Dollar - stellen die seitens der USA in diesen Krieg investierten Aufwendungen - man spricht von vier Milliarden Dollar - in der Tat `Peanuts´ dar. ...
Fazit: Der Interventionskrieg der Nato gegen Jugoslawien war mitnichten jener rein humanitäre `Kreuzzug für die Menschenrechte´, als der er der Weltöffentlichkeit verkauft wurde. Er war durchaus von harten realpolitischen Interessenkalkülen determiniert. Letztere wurden allerdings von den beteiligten Akteuren systematisch hinter den Argumentationswolken universeller Moral verschleiert. Es zeigt sich zum wiederholten Male, dass es unter den Bedingungen medialer Omnipräsenz stets die `Schlacht der Lügen´ ist, die einen Krieg entscheidend prägt." Soweit Jürgen Rose.

Die französische Regierung warf im November 1999 „Washington vor, bei der Auswahl der Ziele und dem Einsatz von modernen Waffen im Kosovo-Krieg die Nato-Partner wiederholt nicht informiert und einen `eigenen Krieg´ neben den Einsätzen der Allianz geführt zu haben" (FR, 12.11.99).

Der in den USA sehr bekannte Schriftsteller Gore Vidal sieht Europa vor einer grundlegenden Herausforderung: „Für die Europäer ist jetzt die Zeit gekommen, sich von ihren amerikanischen Herren zu befreien. Es gibt Momente, wo Imperien ihre Energien verlieren und symbolisch werden" (in: Die Woche, 17.7.98).

Ein solcher historischer Moment war möglicherweise der 11./12.6.99, die überraschende Besetzung des Flughafens von Pristina durch 200 russische Soldaten, als der britische General Michael Jackson „dem alliierten Oberbefehlshaber General Wesley Clark entgegnete, er sei nicht bereit den Dritten Weltkrieg durch die Eroberung des Flugplatzes und das Werfen der russischen Truppen zu beginnen. Auch nach Billigung des Plans durch das Pentagon teilte er kurz und bündig mit, seine Ansicht würde sich nur ändern, wenn man bereit sei `ganze Haufen toter Russen in Kauf zu nehmen´. Trotz dieser beharrlichen Befehlsverweigerung hat Jackson sein Kommando immer noch inne, während Clark von der Position des Oberkommandierenden früher als eigentlich geplant angeliftet wurde", berichtete das internationale Militärmagazin „Barett" Nr. 4/99, S.18.

Für das euro-atlantische Verhältnis bleibt weiterhin maßgebend, dass die USA mit ihrem ca. 5/8-Anteil an den Militärausgaben aller Nato-Staaten noch auf längere Zeit ein erdrückendes Übergewicht gegenüber den Europäern mit insgesamt zusammen ca. 3/8-Anteil behalten - und militärtechnologisch weiter davonziehen werden.
Von den 50 größten Unternehmen weltweit befanden sich 1999 immerhin 33 in den USA, die zusammen 71,8% der Börsenkapitalisierung der Top-50 hielten. Von den 200 größten multinationalen Konzernen weltweit lagen 1998 74 in den USA, in denen 52,7% aller Gewinne der Top-200 erlöst wurden (Angaben nach Le Monde Diplomatique, Dez. 1999).

Die wichtigsten Gründe für den Kosovo/-Jugoslawienkrieg in Kurzform

Nach allen bisher genannten Quellen müssen andere als die von NATO-Seite angegeben Gründe den Ausschlag für die Bombardierungen gegeben haben. Zu diesen dürften mit unterschiedlichem Gewicht stichwortartig folgende gehören:

1. Testlauf der neuen NATO-Doktrin: Erster Militäreinsatz ohne UN-Mandat
2. Durchsetzung des weltweiten Führungsanspruches der NATO unter US-Führung bei gleichzeitiger Ausschaltung von OSZE und UNO
3. Konkurrenz zwischen USA und Europa, Dollar und Euro; Desintegration Europas durch die USA bei gleichzeitiger Erschwerung bzw. Verhinderung der Zusammenarbeit Berlin-Moskau

4. Sicherung der Existenzberechtigung der NATO und Auslastung der Rüstungskapazitäten
5. Testfall für Krieg der US-Luftwaffe bei scharfer Konkurrenz um Haushaltsmittel zwischen Luftwaffe, Heer und Marine
6. Verhinderung neuer Flüchtlinge und deren Kosten in Westeuropa
7. Möglicher Präzedenzfall für künftige Konflikte im Kaukasus
8. „Disziplinierung" des „Fremdkörpers" Serbien als letztes mit Russland und China verbundenes Land in Europa, das sich Globalisierung wiedersetzt hat
9. Nach Irak-Bombardierung durch Unterstützung der albanischen Muslime Sammeln neuer „Pluspunkte" in der (ölreichen) arabischen Welt

Bei genauerer Analyse sind beim Jugoslawienbombardement 1999 zwei Kriege zu unterscheiden, die nur begrenzt etwas miteinander zu tun hatten und aus sehr unterschiedlichen Motiven geführt wurden: Erstens der Krieg zwischen serbischer und albanischer Seite und zweitens ein sehr komplexer verdeckt geführter Krieg mit unterschiedlichen Teilkoalitionen zwischen den USA, Europa, Russland und China aus geostrategischen Machtüberlegungen.

Zur Rolle der Bündnis-Grünen und der SPD

Altbundeskanzler Helmut Schmidt verurteilte den ersten bundesdeutschen Kriegseinsatz nach 1945 schon zu Beginn unmissverständlich: „Gegängelt von den USA haben wir das internationale Recht und die Charta der Vereinten Nationen missachtet" (FR, 3./4.4.99).
Als Bill Clinton der zwar gewählten, aber sich noch nicht im Amt befindenden neuen deutschen Regierung den „Lackmus-Test" der Bündnistreue abverlangte, legte er damit einen friedenspolitischen Sprengsatz an Rot-Grün. Für Gerhard Schröder und Joschka Fischer stellte sich die Frage, einen erheblichen Konflikt mit den USA zu riskieren und damit die Koalition möglicherweise noch vor Amtsantritt platzen zu lassen.

Erich Schmidt-Eenboom, Leiter des Forschungsinstitutes für Friedenspolitik in Weilheim, der insbesondere auch die Rivalitätskämpfe zwischen deutschen und amerikanischen Geheimdiensten bei der Ausstattung der UCK (vgl. FR, 25.9.98) untersucht hat, meint: „Ein grünes Parteivolk in diese Hintergründe und die Komplexität der Machtspiele im Kosovokrieg einzuweihen, und dabei in aller Offenheit den Schritt zu einer `normalen´ Partei zu vollziehen, wäre für den Außenminister einem politischen Selbstmord gleichgekommen. ... Rächen könnte sich die Fixierung auf den kategorischen Imperativ eines um jeden Preis Menschlichkeitherbeibombens, wenn die klandestinen Manöver der Beteiligten klarere Konturen bekommen und unterdrückte Fakten in die Öffentlichkeit brechen" (in: K.

Bittermann/T. Deichmann (Hg.), Wie Dr. Joseph Fischer lernte, die Bombe zu lieben, Berlin 1999, S. 112).
Gerhard Schröders Ansicht, dass der Einsatz der Bundeswehr geeignet ist, „die `historische Schuld´ Deutschlands auf dem Balkan verblassen zu lassen" (FR, 24.7.99), muss nach dem hier Dargelegten die Frage entgegengehalten werden, ob das größere Verbrechen dieses Krieges - abgesehen von den jeweiligen Menschenrechtsverletzungen vor Ort - die NATO-Bombardierungen mit ihren furchtbaren Folgen waren oder die aktive Behinderung der OSZE bei einer diplomatischen Lösungssuche vor allem durch die amerikanische Regierung, wobei die OSZE bei Nichtbehinderung möglicherweise die serbisch-albanische Auseinandersetzung ohne Eskalation hätte beilegen können.

Jetzt noch Schlimmeres verhindern

Die Zerstückelung des von NATO- und NATO-Partnerschaft-für-den-Frieden-Staaten umgebenen letzten „Fremdkörpers" Bundesrepublik Jugoslawien ist aus NATO-Sicht noch nicht abgeschlossen.
Trotz Einführung der D-Mark ist das Kosovo zumindest offiziell immer noch Teil der Bundesrepublik Jugoslawien. Diese Ungeklärtheit macht nach wie vor beiden Seiten Hoffnungen, wenn auch sehr viel geringere in Belgrad. Eine baldige wirkliche Lösung zu finden, ohne neue Gewalteskalationen auszulösen, wäre eine dringend notwendige Aufgabe. Die Einführung der D-Mark weist schon jetzt deutlich auf die staatliche Eigenständigkeit als vorweggenommene Entscheidung hin - kann aber im Sinne einer langfristigen Friedensordnung in der Region nicht als Stabilitätsfaktor angesehen werden. ...

Vorschläge für eine Deeskalation

An das Ende dieses Beitrages möchte ich einige Vorschläge stellen, die im Sinne einer Deeskalation der Region sinnvoll wären, derzeit aber noch kaum angepackt werden. Vor Ort könnten folgende Maßnahmen eingeleitet werden:

1. Wiedergutmachung der angerichteten Schäden (Gerechtigkeit statt Almosen)
2. Unterstützung der Flüchtlinge (z.B. über Diakonisches Werk und Caritas)
3. Psychosoziale Hilfe für Traumatisierte (z.B. wie Medica in Bosnien)
4. Unterstützung von Friedens- und Menschenrechtsgruppen (z.B. des Balkan Peace Teams)
5. Einrichtung von Wahrheits- und Versöhnungskommissionen (nach südafrikanischem Vorbild)
6. Arbeitsprogramme zur zivilen gesellschaftlichen Wiedereingliederung von Soldaten

7. Aufhebung der Isolation Serbiens (z.B. durch Aufnahme in die OSZE und Aufhebung des Wirtschaftsembargos)
8. Einrichtung einer Balkan-Konferenz (nach KSZE/OSZE-Vorbild)

In Deutschland sehe ich Handlungsbedarf auf folgenden Arbeitsfeldern:

1. Aufarbeitung des Krieges und Wahrheitssuche
2. Kritischer Dialog mit Presse und Politik
3. Einrichtung einer unabhängigen Informationsstelle für kirchliche und gewerkschaftliche Entscheidungsträger für künftige Krisen und Kriege
4. Unterstützung präventiver Krisen- und Konfliktmaßnahmen (z.B. durch Projekte des Zivilen Friedensdienstes)
5. Partnerschaften zwischen Kirchen, Gewerkschaften, Vereinen, Städten, Universitäten in Deutschland und in Serbien oder/und Kosovo
6. Erziehung zu Angstfreiheit und Zivilcourage in Familie, Kirche und Schule
7. Leiden am Wirklichen und „Leidenschaft für das Mögliche" (Definition des Begriffs „Hoffnung" von Sören Kierkegaard)

Helmut Schmidt sagte vor einigen Monaten: „Ich bin besorgt, dass die Welt allenthalben aus den Fugen gerät und dass die politische Klasse nicht willens und fähig ist, dem entgegenzusteuern" (zit. nach Dieter S. Lutz, Krieg ist das Versagen der Politiker, in: Supplement der Zeitschrift Sozialismus, 5/99, S. 1).
Wenn schon die politische Klasse versagt, bleiben hoffentlich andere Akteure wie z.B. internationale Nichtregierungsorganisationen, Gewerkschaften oder Kirchen - unterstützt von der Zivilgesellschaft insgesamt - wachsam beim Gegenlenken.

Bibliographie:

· Joachim Hösler/Norman Paech/Gerhard Stuby, Der gerechte Krieg? Neue NATO-Strategie, Völkerrecht und Westeuropäisierung des Balkans, Donat-Verlag, Bremen 2000.
· Klaus Bittermann/Thomas Deichmann (Hg.), Wie Dr. Joseph Fischer lernte, die Bombe zu lieben. Die Grünen, die SPD, die Nato und der Krieg auf dem Balkan, Edition Tiamat, Berlin 1999.
· Jürgen Elsässer (Hg.), Nie wieder Krieg ohne uns, Hamburg: KVV Konkret 1999.
· Hannes Hofbauer (Hg.), Balkan-Krieg. Die Zerstörung Jugoslawiens, Pro Media Verlag, Wien 1999.
· Ulrich Albrecht/Paul Schäfer (Hg.), Der Kosovo-Krieg. Fakten, Hintergründe, Alternativen, Papyrossa Verlag, Köln 1999.

· Winfried Wolf, Bombengeschäfte. Zur politischen Ökonomie des Kosovo-Krieges, Konkret Literatur Verlag, Hamburg 1999.
· U. Cremer/D.S.Lutz (Hg.), Nach dem Krieg ist vor dem Krieg, VSA-Verlag Hamburg 1999.
· T. Schmid (Hg.), Krieg im Kosovo, Rowohlt-Verlag, Reinbek 1999
· L. Janus/W. Kurth (Hg.), Psychohistorie, Gruppenphantasien und Krieg, Heidelberg, 2000. (Darin besonders interessant: Winfried Kurth, Psychische Hintergründe der deutschen Beteiligung am Kosovo-Krieg)

· Das Manuskript der Sendung „Streitkräfte und Strategien" (mit den Aussagen Brigadegeneral Loquais), NDR 4, vom 22.5.99 ist zu beziehen bei: NDR-Redaktion Sicherheitspolitik, Rothenbaumchaussee 132-134, 20149 Hamburg, Fax: 040-447602
· Das Manuskript der Sendung „Kritisches Tagebuch, WDR 3, vom 10.11.99 (Das Gerücht als Waffe - Die Rolle der Medien im Kosovo-Krieg) ist erhältlich bei: WDR 3, Appellhofplatz 1, Postfach 101950, 50600 Köln, Fax: 0221-220-4800.

· Die vollständigen Interviews mit Willy Wimmer, Johan Galtung und Wolfgang Petritsch sowie der Brief von Dieter S. Lutz an Erhard Eppler und der BZ-Beitrag von Jürgen Rose können gegen Vorab- Zusendung von Briefmarken im Wert von 3.- DM bei Clemens Ronnefeldt angefordert werden.

Clemens Ronnefeldt,
Referent für Friedensfragen beim internationalen Versöhnungsbund - deutscher Zweig, Dorfstr. 3, D-56288 Krastel, Tel. 06762-2962, Fax: 06762-950511,
E-mail: BuC.Ronnefeldt@t-online.de

Quelle: Gewaltfreie Aktion. Vierteljahreshefte für Frieden und Gerechtigkeit, 1/ 2000, S.34-44,
hg. von Christian W. Büttner, Prof. Dr. Theodor Ebert, Hildegard Goss-Mayr, Konrad Lübbert (gest.) Ullrich Hahn, Dr. Gernot Jochheim, Torsten Schramm und Dr. Wolfgang Sternstein im Auftrag des internationalen Versöhnungsbundes, Deutscher Zweig.
Eine gekürzte Fassung erschien auch in:
Reiner Braun (Hrsg.), Der Balkan-Krieg - Analyse eines Exempels, Schriftenreihe der Naturwissenschaftlerinnen-Initiative „Verantwortung für Friedens- und Zukunftsfähigkeit, Witten/Dortmund 2000, S. 134-139. Adresse: Naturwissenschaftlerinnen-Initiative, Gutenbergstr. 31, 44139 Dortmund.

26.05.2000

3.10. E-mail-Aktion zur Kriegsgefahr in Montenegro an Politiker von Bündnis 90/Die Grünen

An Außenminister Joschka Fischer
An Marieluise Beck, Angelika Beer, Christa Nickels, Winfried Nachtwei, Cem Oezdemir, Claudia Roth

Betr.: Gefahr eines neuen Krieges um Montenegro

Sehr geehrte Mitarbeiterinnen und Mitarbeiter von Bündnis 90/Die Grünen,

die Abtrennung Montenegros ist wohl im US-Außenministerium bereits beschlossene Sache.
Ein Indiz für diese These ist u.a. ein Beitrag von Reinhard Stuth, wissenschaftlicher Mitarbeiter der CDU/CSU-Bundestagsfraktion im deutschen Bundestag. In den von der Konrad-Adenauer-Stiftung herausgegebenen „Auslandsinformationen", Heft 4/2000 schreibt Stuth auf Seite 9:

„Die EU und Organisationen wie die OSZE mögen über die Unabhängigkeit Montenegros philosophieren. Die Amerikaner laden 15 Mitarbeiter des im Aufbau befindlichen montenegrinischen Außenministeriums zu mehrwöchigen Schulungen in die USA ein."

Ich möchte Sie mit diesem Schreiben auf diesen Sachverhalt aufmerksam machen und Sie bitten, sich für eine diplomatische Lösung der Montenegrofrage einzusetzen.

In der Hoffnung, eine weitere Tragödie auf dem Balkan vielleicht doch noch verhindern zu können, verbleibe ich

mit freundlichen Grüßen

Clemens Ronnefeldt,
Referent für Friedensfragen beim deutschen Zweig des internationalen Versöhnungsbundes

1.11.2000

3.11. Buchvorstellungen: H. Loquai und J. Elsässer

1. Heinz Loquai, Der Kosovo-Konflikt - Wege in einen vermeidbaren Krieg. Die Zeit von Ende November 1997 bis März 1999, Nomos Verlagsgesellschaft Baden-Baden 2000, 183 S., 39.- DM.

Heinz Loquai, der wegen seiner Aufdeckungen in diesem Buch seinen Vertrag als Brigadegeneral der Bundeswehr mit dem Verteidigungsministerium nicht verlängert bekam, arbeitete als zuständiger deutscher Berater für die OSZE-Mission in Wien und hatte Einblick in alle Berichte der OSZE-Mitarbeiter wie auch in Akten des Bundesverteidigungsministeriums.
Was Heinz Loquai mit Quellen belegt, wäre in einer normal funktionierenden Demokratie geeignet, die Bundesregierung, allen voran Bundeskanzler Gerhard Schröder und die Minister Scharping und Fischer, zum Rücktritt zu bewegen.
Obwohl das bereits im März 2000 erschienene Buch von der Öffentlichkeit wahrgenommen wurde und kurzzeitig auch die Titelseiten großer Zeitungen beschäftigte, liegt etwas Orwell´sches über der Tatsache, daß es bisher zu keinerlei politischen Konsequenzen geführt hat - außer dem Verlust der Arbeitsstelle für den Autor.

Die Studie mit ihre Detailgenauigkeit läßt viele Ungereimtheiten besser verstehen, die bis dato selbst gut Informierten verborgen geblieben waren.
So habe nach der Holbrooke-Milosevic-Vereinbarung vom 13.10.1998 die jugoslawische Seite „Ende Oktober ihre militärischen Verpflichtungen im Wesentlichen erfüllt. ... Die Luftüberwachung hatte begonnen, jugoslawische Offiziere arbeiteten dafür in einem NATO-Stab, NATO-Offiziere im jugoslawischen Generalstab mit. Die Kooperation verlief reibungslos“ (S. 32).

Warum die deeskalierende Wirkung der OSZE nicht weiterging, belegt Loquai an folgendem Beispiel: „Als eine vertrauensbildende Maßnahme war eine Abmachung mit der serbischen Sonderpolizei gedacht. Um der albanischen Bevölkerung die Angst vor dieser besonders gewalttätigen Truppe zu nehmen, begleiteten Fahrzeuge der diplomatischen Beobachter die Polizei bei ihren Einsätzen (19. November 1998). Die UCK warnte jedoch vor der Fortsetzung dieser Praxis, da sie die Sicherheit der Diplomaten nicht garantieren könne (30. November 1998). Die OSZE stellte diese Begleitung, die auch ein Schutz vor Angriffen der UCK war, ein“ (S. 60).

Die Aussage des Auswärtigen Amtes in dessen Lagebericht vom 19.3.99, also unmittelbar vor Kriegsbeginn, die Zahl der Flüchtlinge sei „um 100 000 höher als die Vergleichszahlen von Oktober 1998", als rund 300 000 Flüchtlinge vom UNHCR geschätzt wurden, weist Heinz Loquai zurück:

„Dies ist falsch. Denn in der Zahl vom März 1999 sind die Flüchtlinge nach Westeuropa enthalten, die in der Vergleichszahl vom Oktober 1998 fehlten. Tatsächlich waren die vergleichbaren Zahlen etwa gleich groß. ... Insgesamt zeigen die Fakten und Bewertungen der Diplomaten und Offiziere auf der Ebene der Experten ein differenziertes, doch auch klares Bild. Danach konnte von einer großangelegten Offensive der serbischen Polizei und des serbischen Militärs gegen die UCK noch keine Rede sein. Die Operationen waren örtlich und zeitlich begrenzt. Die Armee hatte bis zu den NATO-Luftangriffen auch nur in sehr begrenztem Maße Personal und Material in das Kosovo zur Verstärkung hineingebracht. Eine systematische Vertreibung hatte es noch nicht gegeben. Durch die Anwesenheit internationaler Hilfsorganisationen war die Situation der Flüchtlinge nicht ganz so dramatisch wie im Herbst 1998" (S. 44).

Zum „Hufeisenplan" schreibt Heinz Loquai: „Das Beispiel `Hufeisenplan´ zeigt auf eindrucksvolle Weise, wie leicht es sein kann, erfolgreiche politische Kampagnen zur Rechtfertigung des politischen Handelns zu führen, wenn der Nährboden bereitet ist. ... Allerdings - seine innenpolitische Funktion erfüllte der `Hufeisenplan´. Er schob die öffentliche Kritik an den NATO-Luftangriffen beiseite, er schuf für sie sogar eine zusätzliche Rechtfertigung, von der die Politiker noch gar nichts gewußt hatten, als sie die Entscheidung für den Krieg trafen. Es gibt einen Zusammenhang zwischen dem `Massaker von Racak´ und dem `Hufeisenplan´. Der Leiter der KVM, Walker zündete mit seiner unbewiesenen Version von `Racak´ die Lunte zum Krieg gegen Jugoslawien. Scharping löschte mit dem `Hufeisenplan´ die Kritik an diesem Krieg" (S. 143f).

William Walker, Leiter der OSZE-Mission, meinte zur Bedeutung des „Massakers von Racak": „Natürlich war die Episode in Racak entscheidend für die Bombardierungen" (Interview in der Berliner Zeitung, 8.4.2000). Heinz Loquai bilanziert seine Rolle so:
„Eine objektive Betrachtung kann nicht umhin, das Verhalten des Leiters der KVM als unangemessen und außerhalb aller normalen Regeln für eine Person mit diplomatischem Status im Gastland zu bewerten. Er zog mit einer Schar von Journalisten vor Ort, ließ diese frei schalten, walten und fotografieren und, wie ein Teilnehmer sagte, die Toten auch mediengerecht positionieren. Er machte keine Anstalten, die Maßnahmen zu treffen, die Dr. Ranta in ihrem Bericht als entscheidenden ersten Schritt für jede kriminaltechnische Untersuchung bezeichnete, näm-

lich das Absperren des Gebiets und das Verhindern unerlaubten Zugangs. Walker beschuldigte nur aufgrund des Augenscheins und der Aussagen der Dorfbewohner die jugoslawischen Sicherheitskräfte, er machte falsche Angaben zu den Toten. Ein derartiges Verhalten hätte sich kein Staat, der ein Minimum an Selbstachtung hat, bieten lassen" (S. 50).
Wenn auch die demokratischen Kräfte in Deutschland noch ein Minimum an Selbstachtung haben, werden sie an diesem Buch und seinen daraus zu ziehenden Konsequenzen nicht vorbei gehen können.

2. Jürgen Elsässer, Kriegsverbrechen. Die tödlichen Lügen der Bundesregierung und ihre Opfer im Kosovo-Konflikt, KVV Konkret, Hamburg, 190 S., 26,80 DM.

Gemeinsam mit Brigadegeral a.D. Heinz Loquai stellte Jürgen Elsässer sein zweites Buch zum NATO-Jugoslawienkrieg (nach dem 1999 erschienen und von ihm herausgegeben Sammelband „Nie wieder Krieg ohne uns. Das Kosovo und die neue deutsche Geopolitik") auf der Frankfurter Buchmesse im Oktober 2000 vor. Während der Großteil der deutschen Medien der NATO-Propaganda auf den Leim ging, zeigt hier ein Autor, daß es noch äußerst kritischen, nachrecherchierenden Journalismus gibt, der an Fakten interessiert ist. „Noch nie haben so wenige so viele so gründlich belogen wie im Zusammenhang mit dem Kosovo-Krieg", zitiert Elsässer den CDU-MdB Willy Wimmer, Vizepräsident der Parlamentarischen Versammlung der OSZE.

Elsässer beginnt mit der Aufarbeitung des „Massakers" von Srebrenica 1995, das er folgendermaßen bilanziert: „Demnach wurden 1.500 Serben Opfer moslemischer Übergriffe, über 1000 der Toten sind namentlich identifiziert. Auf der anderen Seite haben die Exhumierungsarbeiten, die das internationale Kriegsverbrechertribunal in und um Srebrenica vornahm, bisher 1.883 moslemische Leichen zutage gefördert. Von diesen Toten sind 72 namentlich identifiziert. Ist es proserbisch, wenn man feststellt: Das Leid hatte auf beiden Seiten ungefähr dieselbe Dimension?" (S. 34).
Beim internationalen Kriegsverbrechertribunal in Den Haag ist allerdings noch eine größere Zahl von Muslimen vermisst, deren Schicksal bis heute unaufgeklärt ist - und die Elsässer an dieser Stelle der Gesamtbilanz nicht berücksichtigt.

Der Autor hat eine Unmenge von Fakten zusammengetragen, deren Grundaussagen bereits in den Überschriften deutlich werden: „Fischers Freunde - Oder: Wie inszeniere ich einen Kriegsgrund? - Racak: Das Schweigen der Frau Ranta. Die Autopsieprotokolle dementieren die Nato-Version von einem serbischen Massaker". Zu diesem Kapitel ist hinzuzufügen, daß es Elsässer und der Berliner Zeitung gelungen ist, Kopien der 40 Autopsieprotokolle der Toten von Racak zu erhalten und auszuwerten, die die Bundesregierung nach wie vor unter Verschluß hält.

Sehr erhellend ist das Kapitel „Wie Fischer und Scharping einen serbischen Vertreibungsfeldzug erfanden: die „Operation Hufeisen", in dem Elsässer Oberst Karl Gunter von Kajdacsy, Referatsleiter des Führungsstabes der Bundeswehr, als Scharpings Hufeisen-"Schmied" ausmacht (S. 75).

In dem Kapitel „Die Lüge von der sauberen Bundeswehr" zitiert Elsässer aus dem „Spiegel-Almanach" den deutschen Leutnant David Ferk, der bereits am zweiten Einsatztag zwei Serben erschoss, mit den Worten: „Ich habe nicht getötet, weil ich wollte, sondern weil ich mußte - und glatt getroffen. Wenn schon, denn schon" (S. 125). Eine Untersuchung der Staatsanwaltschaft Koblenz sei zu dem Ergebnis „Notwehr" gekommen: „Einer der Serben in dem Lada hatte eine Handgranate hochgehalten, der andere in die Luft gefeuert - doch als die Deutschen ihrerseits einen Warnschuß abgaben, stoppten sie und legten den Rückwärtsgang ein. Trotzdem befahl Ferk: `Auf erkannten Feind Feuer frei!´, dann gaben die Soldaten insgesamt 220 Schüsse auf die beiden Serben ab", faßt Elsässer den Bericht zusammen. „Heeresinspekteur Willmann verlieh Ferk in Scharpings Auftrag für die `beispielhafte Erfüllung der Soldatenpflicht´ das Ehrenkreuz der Bundeswehr in Gold - die höchste Auszeichnung, welche die deutsche Armee zu vergeben hat" (S. 126). Es sind solche und ähnliche Details, denen Elsässer mit Akribie nachgegangen ist. Wahrscheinlich muß er Mitarbeiterinnen und Mitarbeiter gehabt haben - denn die Recherche jedes einzelnen Artikels ist von solcher Dichte und muß einen solchen Zeitaufwand gekostet haben, dass dies von einem Einzelnen wohl kaum zu bewältigen war.

Die größte politische Brisanz des Buches liegt m.E. in Elsässers Analyse der OSZE-Studie „As Seen, As Told", die die Menschenrechtsverletzungen im Kosovo seit Beginn der Mission von Ende Oktober 1998 bis zum Abzug am 19.3.1999 dokumentiert:

„ a) Von der UCK wurden 54 Menschen getötet, nämlich 36 (serbische oder albanische) Zivilisten und 18 Polizisten oder Militärs.
b) Unaufgeklärt blieben 87 Tötungsdelikte an Zivilisten, wobei 33 davon Serben oder - nach Auskünften ihrer Angehörigen - loyale Albaner waren. ...
c) Von Serben (Polizei, Militär, Paramilitärs) wurden 133 Menschen getötet, davon 46 UCK-Kämpfer und 87 Zivilisten" (S. 186).

Selbst wenn diese Zahlen insofern ungenau sein sollten, als nicht alle Tötungsdelikte der OSZE den zuletzt rund 1300 MitarbeiterInnen auch gemeldet worden sind, zeigt ihre Gesamtdimension, daß von einem Völkermord vor dem NATO-Bombardement wohl kaum gesprochen werden kann. Sollte die Zahl der 87 von der serbischen Seite getöteten Zivilpersonen nicht mehr korrigiert werden, würde das bedeuten, daß die NATO bei zwei „Kollateralschäden" auf einen Zug und einen Flüchtlingstreck mehr Zivilisten getötet hat, als die serbische Armee und Polizei während der knapp fünfmonatigen OSZE-Missionszeit.

In seinem Nachwort „Wege aus der Auschwitz-Falle" zitiert Elsässer (auf S. 158) aus Christa Wolfs „Kassandra", dem nichts hinzuzufügen ist: „Wenn Krieg beginnt, das kann man wissen, aber wann beginnt der Vorkrieg. Falls es da Regeln gäbe, müßte man sie weitersagen. In Ton, in Stein eingegraben, überliefern. Was stünde da. Da stünde, unter andern Sätzen: Laßt Euch nicht von den Eignen täuschen."

Quelle: ZivilCourage. Das Magazin für Pazifismus und Antimilitarismus der DFG-VK, Nov./Dez. 2000, S. 13,
hg. von der Deutschen Friedensgesellschaft - Vereinigte KriegsdienstgegnerInnen (DFG-VK), Schwanenstr. 16, 42551 Velbert

Nachwort

3.11.2000

Zur Zukunft der Friedensbewegung nach dem NATO-Krieg gegen Jugoslawien

Thesen von Clemens Ronnefeldt, Versöhnungsbund-Referent

1. Wir leben in Orwell´schen Zeiten

Wer die beiden Bücher von Heinz Loquai (Der Kosovo-Konflikt - Wege in einen vermeidbaren Krieg, Baden-Baden 2000) und Jürgen Elsässer (Kriegsverbrechen. Die tödlichen Lügen der Bundesregierung und ihre Opfer im Kosovo-Konflikt, Hamburg 2000) gelesen hat, braucht sehr viel guten Willen, um noch Reste von funktionierender Demokratie in Deutschland entdecken zu können: Den Scharping´schen Hufeisenplan gab es nicht, das sog. Massaker von Racak war nach Kämpfen inszeniert, ein Völkermord fand - laut OSZE-Bericht (As seen/As told, http://www.osce.org) - nicht statt.
Das Orwell´sche an dem Buch von Brigadegeneral a.D. Heinz Loquai ist, daß Enthüllungsjournalismus vielleicht kurz beachtet und von einigen SpezialistInnen zur Kenntnis genommen wird, aber offenbar keine politischen Konsequenzen mehr hat - außer dem Verlust des Arbeitsplatzes für diejenigen, die die Lügen aufdekken, wie z.B. Heinz Loquai.
Ähnliches gilt für die USA, wo z.B. die jüngst enthüllten Massaker des US-Generals Barry McCaffrey während des 2. Golfkrieges 1991 in Irak (vgl. Darmstädter Echo, 20.5.2000), der für die US-Regierung jetzt in Kolumbien als „Drogenbeauftragter" tätig ist, folgenlos bleiben.

2. Die OSZE wurde von der NATO im Jugoslawienkrieg offensiv bekämpft

Die OSZE-Mission wurde von der NATO massiv „gemobbt". Hätte sie ihre zivile Konfliktbearbeitung ungestört zu Ende (und möglicherweise zu einem Erfolg) bringen können, wäre sie aufgewertet worden und hätte künftig mehr Geld erhalten. Umgekehrt wäre die NATO in Legitimationsschwierigkeiten für ihre nationalen Budgets geraten. Diese „Gefahr" wurde von der NATO rechtzeitig erkannt und daher die OSZE konsequenterweise ausgeschaltet. Das Risiko, das Herr Walker, Leiter der OSZE-Mission, und einige andere eingingen, als sie Teile der OSZE-Mission als trojanisches Pferd für die spätere Bombardierung instrumentalisierten, war für alle anderen zivilen OSZE-MitarbeiterInnen lebensgefährlich hoch (1). Die Inszenierung von Racak, wo Herr Walker die Toten „mediengerecht positio-

nieren“ (2) ließ, dürfte der bis dato schwärzeste Tag in der Geschichte der OSZE gewesen sein.
Die Empörung sitzt bei denjenigen tief, die eine zivile Lösung anstrebten. Das Kernproblem einer künftig zivileren OSZE besteht darin, daß die NATO-Staaten innerhalb der OSZE das Sagen haben.

3. Die USA setzen auf Dominanz und Faust- statt Völkerrecht

Von US-Präsident Theodor Roosevelts Aussage im Jahre 1901: „Am Ende wird der zivilisierte Mensch begreifen, daß er Frieden nur bewahren kann, indem er seine barbarischen Nachbarn unterdrückt“ (3), spannt sich ein Bogen bis US-Präsident Bill Clinton, 1995:
„Wenn Interessen unserer nationalen Sicherheit bedroht sind, werden wir, wie es Amerika immer getan hat, uns diplomatischer Mittel bedienen, wenn wir können, jedoch auf militärische Gewaltanwendung zurückgreifen, wenn wir müssen“ (4).
Der Korrektur der US-Regierung, die nun statt von „Schurkenstaaten“ von „States of Concern“ (Risikostaaten) spricht, ist zu wünschen, daß „States of Concern“ in Zukunft nicht länger wie „Schurkenstaaten“ behandelt werden.
Das Raketenabwehrprogramm NMD könnte noch zur euroatlantischen Zerreißprobe werden.

4. Deutschland sucht als stärkste europäische Macht seinen Platz an der Sonne

„Die Zeiten, wo der Deutsche dem einen seiner Nachbarn die Erde überließ, den anderen das Meer und sich selber den Himmel reservierte, diese Zeiten sind vorüber. Wir betrachten es als eine unserer vornehmsten Aufgaben, gerade in Ostasien die Interessen unserer Schiffart, unseres Handels und unserer Industrie zu fördern und zu pflegen. ... Wir sind gerne bereit den Interessen anderer Großmächte Rechnung zu tragen, in der sicheren Voraussicht, daß unsere eigenen Interessen gleichfalls die gebührende Würdigung finden. Mit einem Wort: Wir wollen niemand in den Schatten stellen, aber verlangen auch unseren Platz an der Sonne“, meinte der damalige Staatssekretär des Auswärtigen Amtes und spätere Reichskanzler Bernhard von Bülow 1897.
Weil damals auch noch andere „an die Sonne“ wollten, wurde es 1914 sehr dunkel(5).

Seit 1992 gehören nach den Verteidigungspolitischen Richtlinien der Bundeswehr „ die Aufrechterhaltung des freien Welthandels und des ungehinderten Zugangs zu Märkten und Rohstoffen in aller Welt“ - mit dem den Kreis quadratierenden Zusatz - „ im Rahmen einer gerechten Weltwirtschaftsordnung" zu den vitalen deutschen Interessen.

5. Die Gefahr eines neuen Weltkrieges wächst

Beim Kampf um die verbliebenen Ressourcen der Erde und die Neuverteilung politischer Gewichte nach Ende des Ost-Westkonfliktes, insbesondere auch zwischen USA und Europa, spitzt sich eine Situation zu, die sowohl derer vor 1914 wie auch derer in den 30er Jahren nicht unähnlich ist: „Es ist offensichtlich, die 30er Jahre sind wieder da, und das können wir nicht akzeptieren" (Joschka Fischer, Taz, 13.4.99, vor dem Hintergrund der Ereignisse in Jugoslawien).
„Washington fürchtet eine Kettenreaktion der Gewalt in Nahost" titelte die FR am 10.10.2000 und führte aus:
„Der Vergleich, mit dem ein US-Beamter das Ziel des Gipfels beschrieben hat, den Clinton noch in dieser Woche zustande bringen will, läßt an Deutlichkeit nicht zu wünschen übrig. Es gehe darum, `nach etwas zu suchen, was eine Kettenreaktion wie im August 1914 stoppen würde´. Damals glitt Europa in den ersten Weltkrieg".
Das Einzige, was wir aus der Geschichte lernen, ist, daß wir nichts aus der Geschichte lernen - ich hoffe, daß wir diesen Satz widerlegen können und der Rubikon noch nicht überschritten ist!
Im Gegensatz zu „Neuanfängen" 1918 und 1945 ist festzuhalten, daß bei einem Ausbleiben eines sehr grundsätzlichen Richtungswechsels in den nächsten ein oder zwei Generationen grundlegende Voraussetzungen insbesondere ökologischer Natur für einen „Neuanfang" nicht mehr gegeben sein werden.

6. Die Globalisierung beruht auf struktureller Gewalt und führt zu Eskalation

Schon 1990 verdiente die undemokratische Elite Kuwaits mit westlichen Aktienpaketen (z.B. knapp 25% bei der Höchst AG in Frankfurt) mehr Gewinn als durch den Verkauf durch Erdöl. Ein hoher Erdölpreis gefährdete die wichtigste Einnahmequelle - Geld durch Geldvermehrung. Die Ölscheichs der arabischen Halbinsel verschleuderten bis vor kurzem den oft einzigen Rohstoff und enthielten große Teile der Einnahmen der eigenen Bevölkerung vor, indem sie diese im westlichen Ausland anlegten. Zur Stützung dieser strukturellen Gewalt müssen Waffen importiert werden. Um diese Einkäufe leichter finanzierbar zu machen, wurde z.B. 10 Jahre irakisches Öl vom Markt per Embargo verknappt - und dabei rund eine Million irakische Todesopfer in Kauf genommen.
Das christliche Abendland wundert sich angesichts dieser Sachverhalte über die „fanatisierten islamischen Massen", die zum heiligen Krieg aufrufen. Diese Grob-

skizze mag viele Lücken haben und interne arabische Konflikte unberücksichtigt lassen - dennoch bleibt die Frage, wie lange eine solche Rahmenpolitik gut gehen kann, bis es zur „Explosion“ kommt.

7. Die internationalen Finanzmärkte sind Triebfeder der Beschleunigungskrise

„Die Generäle der Wallstreet lieben den Krieg“, brachte Daniel Kadlec in der „Time“ die Kurssteigerungen nach dem 2. Golfkrieg auf den Punkt (6). Die Triebfeder der derzeitigen „globalen Beschleunigungskrise“ (Peter Kafka) sind m.E. nicht so sehr das Militär und nicht die Politik (wobei beide auch davon profitieren), sondern die aus dem Ruder gelaufenen internationalen Finanzmärkte. Die Eliten schicken heute kaum noch Armeen, sondern Dollar, Euro und Yen zu ihren Eroberungsfeldzügen aus, weltweit derzeit 1,5 Billionen Dollar pro Börsentag. „Das Volumen des Welthandels belief sich 1998 demgegenüber auf insgesamt 6,9 Billionen US-Dollar. Um den weltweiten Handel zu finanzieren, würden also fünf Börsentage ausreichen“ (7).

Die Börsen der Welt tanzen auf dem Vulkan - ein Platzen der Seifenblasen scheint näherzurücken.

Nach Angaben des Human Development Report 1999 der Vereinten Nation (UNDP) ging die Einkommensschere zwischen dem Fünftel der Weltbevölkerung, das in den reichsten Ländern lebt, und dem ärmsten Fünftel im Jahre 1997 auf 74:1 auseinander, während das Verhältnis 1960 noch bei 30:1 lag.

„Ein freier Markt und eine nicht ganz so freie Gesellschaft gehen Hand in Hand“, meint der US-Ökonom Edward Luttwak in seiner Beschreibung des „Turbo-Kapitalismus“.

Im Umkehrschluß gilt, daß ein etwas weniger freier Markt, wieder zu einer freieren - und auch gerechteren - Gesellschaft führen kann. Wenn die Ursachen der Globalisierung nicht angegangen werden, sind auch deren Auswüchse z.B. in Form des größten Um- und Aufrüstungsprogramms der Bundeswehr seit deren Bestehen sowie neue Krisen und Kriege im Kaukasus oder Nahen und Mittleren Osten nicht zu verhindern.

8. Die internationalen Finanzmärkte sind bei politischem Willen kontrollierbar

Vorschläge für eine Kontrolle sind:

- Die Einführung einer Steuer auf internationale Finanztransaktionen (z.B. Tobin-Steuer)
- Die Schließung der Steuerparadiese und „Off-Shore-Zentren“
- Keine Privatisierung der Alterssicherung (z.B. Pensionsfonds)
- Das Verbot von spekulativen Derivaten und der hochspekulativen „Hedge-Funds“
- Schuldenstreichung für die Entwicklungsländer

- Strengere Banken- und Börsenaufsicht für die sog. institutionellen Anleger
- Stabilisierung der Wechselkurse zwischen den drei Hauptwährungen Dollar, Euro und Yen
- Die demokratische Umgestaltung internationaler Finanzinstitutionen
- Die stärkere Besteuerung von Kapitaleinkünften und großen Vermögen

(Quelle: www.share-online.de/Finanzmaerkte).

Was derzeit wohl am meisten fehlt, nennt Peter Kafka „Strukturelle Nichtausbeutungsfähigkeit."

Erst als deren Folge ist m.E. überhaupt an eine „Strukturelle Nichtangriffsfähigkeit" oder Auflösung der NATO zu denken, - zeitlich wohl kaum umgekehrt! Trotzdem fände ich es sinnvoll, die Erreichung beider (Fern-)Ziele gleichzeitig anzustreben und auf beiden Feldern parallel und stärker als bisher vernetzt zu arbeiten.

Vorschläge zur Reformierung von WTO, IWF und Weltbank wurden in Seattle, Davos und Prag gemacht.

9. Aufklärung ist - trotz und gerade wegen der Medienmacht - enorm wichtig

Ich stimme Peter Kafka zu: „Konjunkturkrisen, Finanzkrisen, wachsende Arbeitslosigkeit, Drogenprobleme, öffentliche Armut, Flüchtlingsströme, Kriminalität, Terroranschläge, örtliche ökologische Katastrophen und vermutlich auch gesellschaftliches Chaos, Bürgerkrieg und Krieg in weiten Teilen der Erde - diese und andere Symptome werden uns und unseren Medien zunächst eher dazu dienen, die Einsicht in das tiefer liegende, umfassende Wesen der Krise weiter zu verdrängen. ... Daran müssen wir zunächst arbeiten: Sehen helfen - das heißt Aufklärung.-

Die Prediger am Rande des so schön gepflasterten Weges zur Hölle haben auf die Mehrheit immer lächerlich gewirkt - aber bei der Annäherung an die Klimax der globalen Beschleunigungskrise wächst nun auch die Zahl dieser Prediger sehr rasch! Sie werden hie und da sogar schon von Wirtschaftskreisen zu Vorträgen eingeladen. Wir müssen also noch nicht die Hoffnung verlieren, daß sie der Mehrheit die Augen öffnen, den Nebel vertreiben und sie schließlich auf andere Ideen bringen könnten" (8)!

10. Der Ausstieg aus der Beschleunigungskrise ist an Bedingungen geknüpft

Kafka nennt als Bedingung für einen Ausstieg: Vielfalt statt einfältiger Größe, Gemächlichkeit statt rasender Beschleunigung, Selbstorganisation statt zentralistischer Macht. Schon ein Konzern wie Daimler Benz mußte noch unter Edzard Reuter die schmerzliche Erfahrung machen, dass Größe nicht alles ist, ebenso

BMW mit Rover. Die geplatzten Fusionen zwischen deutschen Großbanken sowie Londoner und Frankfurter Börse scheinen mir erste Anzeichen, daß vereinzelt ein Umdenken einsetzt oder erzwungen wird.
Auch die kleine „Beschleunigungskrise" jeder einzelnen Person gilt es zu hinterfragen: Wer von uns Computerbesitzenden hat noch nicht die wachsende Zahl täglich mehr eingehender E-mails verflucht, deren Informationsgehalt überhaupt nicht mehr sinnvollerweise verarbeitet werden kann? Wieviel Wissen ist genug, um handeln zu können?
Weitere zukunftsfähige Leitideen könnten - nach Kafka - sein: Verzicht auf aggressive Techniken, die Raubbau und Ausbeutung der Natur betreiben, Aufhebung des Zinses, Aufhebung des Eigentums an Grund und Boden durch befristete Pachtverträge. Die zuletzt genannten Vorschläge dürften wohl die größten Widerstände hervorrufen. Da sich allerdings m.E. genau an ihnen der Transmissionsriemen der globalen Beschleunigungskrise befindet, macht es keinen Sinn, sie als Tabu einfach auszuklammern.
Silberstreifen am Horizont werden derzeit bereits sichtbar: Die Verteuerung des Heizöls hat noch nie in so kurzer Zeit so viele Menschen z.B. nach dem nachwachsenden Rohstoff Holz und anderen erneuerbaren Alternativen fragen lassen. Das neue Energie-Einspeisegesetz führte in kürzester Zeit zu einem Ansturm auf Solarmodule und zum Aufbau neuer Solarfabriken.

11. Die Verbesserung von Randbedingungen hat Vorrang vor Zielen

Mit Worten von Kafka möchte ich uns in der Friedensbewegung vor den Gefahren eines neuen Machbarkeitswahns warnen:
„Lassen sich vielleicht im Wirrwarr der politisch-wirtschaftlichen Organisation ein paar \`Knackpunkte´ finden, von denen bei relativ geringen Eingriffen starke Steuerwirkungen auf die künftige Selbstorganisation ausgehen würden? Steuern - wohin? Brauchen wir denn nicht vor allem erst einmal ein Ziel? Nein! Ebendies ist ja der Grundirrtum: Eine Clique von gescheiten Leuten guten Willens könne mit ihren Zielvorstellungen das \`Wohl der Massen´ organisieren ... Haben wir noch immer nicht begriffen, was dabei herauskommt - in Moskau oder womöglch auch in Brüssel? Die Entscheidung darf nicht so sehr zwischen Zielen gesucht werden, als vielmehr zwischen \`Randbedingungen´, das heißt selbstgesetzten Beschränkungen, die uns von erkannten Fehlern fernhalten. Weg von dem, was wir als falsch erkannt haben! Das ist die altbekannte Strategie gegen den Teufel. Das Bessere wächst dann \`von allein´ aus der Freiheit und Verantwortung vieler Beteiligter - wenn diese von \`Sachzwängen´ unabhängiger geworden sind. Bevor wir uns für die notwendigen Selbstbeschränkungen entscheiden, müssen wir also noch einen schärferen Blick auf die Abhängigkeiten werfen. ... das sogenannte

Energieproblem .. besteht nicht etwa darin, daß die Menschheit nicht genügend Energie zur Verfügung hätte, sondern gerade im Gegenteil: Es ist zu viel! - Wie bei jeder Sucht: Das wirkliche Problem liegt nicht darin, daß einem die Droge ausgeht, sondern darin, daß man einmal auf das Angebot hereingefallen ist (9). Bei einem Ausstieg aus der (Öl-)Sucht gemäß Hermann Scheers „Sonnenstrategie" entfällt auch die bisherige „Beschaffungskriminalität".

12. Mediengewalt und Konsumterror sind gesellschaftliche Grenzen zu setzen

Zur Rolle der Medien meint Kafka: „Die Selbstorganisation zur `Gleichschaltung´ des politischen Mehrheitswillens kommt heute fast ohne Gewalt und sichtbare Bosheit zum Zuge. In fortgeschrittenen Gesellschaften genügt dem Teufel das Geld - und es ist nicht einmal mehr festlicher Götzendienst mit größeren Opferzeremonien nötig, um es einzusammeln. Die Mehrheit opfert schon durch die Befriedigung der eigenen suchtartigen Bedürfnisse - und obendrein organisiert sie sogar noch auf demokratischem Wege, daß die Großdealer ihren Aufwand für Verdummung und Verführung als `Werbungskosten´ von der Steuer absetzen dürfen. So läßt sich doch wenigstens ein Teil des Verbraucherpreises der Drogen auf die Enthaltsameren umlegen" (10)!
Das durchschnittliche Kind in den USA sitzt bis zum 18. Lebensjahr 36 000 Stunden vor dem Fernseher und sieht dabei 15 000 Morde (11). Die Situation bei uns in Deutschland dürfte nur wenig besser sein. Was bedeutet dies für die „psychosoziale Hygiene" von Gesellschaften - und deren Gewaltbereitschaft?
Es ginge auch anders: „Sichtwechsel - Förderverein für das erste Gewaltfreie Fernsehprogramm in Deutschland e.V." (Hildburgshauser Str. 48a, 12279 Berlin) heißt eine Initiative, die ich unterstützenswert finde, weil sie interessante Fragen stellt und Anregungen gibt.
Wenn ich manchmal gefragt werde, wie es kommt, daß ich relativ gut informiert sei, antworte ich: Weil ich seit mehr als 20 Jahren ohne Fernseher lebe - und viel Zeit für Literatur und Stille zum „Verdauen" habe.

13. Innen- und Außenseite bei Individuen und Gesellschaften sind vergleichbar

Zwischen der Innenseite eines Menschen und seinen äußeren Taten besteht meist ein deutlich erkennbares Verhältnis. Ähnliches gilt m.E. auch für Gesellschaften. In welchem Verhältnis stehen die Todesurteile in den USA und die überfüllten Gefängnisse zur US-Außenpolitik? In welchem Verhältnis steht die deutsche Kriegsbeteiligung am Jugoslawieneinsatz zur deutschen Innenpolitik? Wieviel innerdeutsches Aggressionspotenzial hat sich in diesem Krieg aufgrund von Projektion nach außen abgeleitet und entladen?

In dem Spion-Thriller „Get Smart“ fragt Agent 99: „Weißt du Max, manchmal denke ich, wir sind nicht besser als sie sind; die Art, wie wir morden und töten und Leute zerstören. Worauf Smart antwortet: „Warum?, Agent 99, Du weißt, daß wir morden, töten und zerstören müssen, um alles was gut ist in der Welt zu bewahren“ (12).
Zur Überprüfung der eigenen Friedensfähigkeit empfehle ich die Übung, sich seinen größten Feind oder Gegner vorzustellen, sich zu fragen, was es ist, was einem an ihm oder ihr stört - und anschließend zu überprüfen, was die gefundenen Eigenschaften mit einem selbst zu tun haben.
Politische Arbeit „im Außen“ und persönliche Bewußtseinsarbeit „im Innen“ gehören meines Erachtens zusammen. Bei der Bewältigung der derzeitigen Situation halte ich beide Aspekte für grundlegend.

14.

Die Überprüfung der christlichen Friedensfähigkeit ist ein Beitrag zum Frieden

„Sind Christen kriegsbereiter als Nichtchristen?“, lautete ein Beitrag von Dr. Hans-E. Bosse, Theologe und Soziologe, ehemaliger wissenschaftlicher Assistent bei der Evangelischen Kirche Deutschlands. Darin schrieb er: „Eine Untersuchung des Kanadiers Laulicht führte zu folgenden Ergebnissen: `Mitgliedschaft in Kirchen mit stark entwickelter Dogmatik ist deutlich verbunden mit der Billigung größerer militärischer Streitkräfte. Mitglieder solcher Kirchen stehen der Verbreitung von Atomwaffen oft positiv, jedenfalls nicht ablehnend gegenüber. Zu einer Politik der friedlichen Koexistenz verhalten sie sich in der Regel mißtrauisch, manchmal ausgesprochen feindselig. Sowohl für die Elite wie für die allgemeine öffentliche Meinung gilt, daß man Verfechter der Abrüstung zahlreicher unter den Ungläubigen und nur nominellen Kirchengliedern findet als unter treuen Kirchgängern der Kirchen mit reich entwickelter Dogmatik. Es ist auffallend, daß Christen, die eine geringere Bindung an die Kirche (am Kirchenbesuch gemessen) aufweisen, stärker an eine persönliche Verantwortung für den Frieden glauben als jene mit einer starken Bindung“ (13).
Bosse zitiert aus einer weiteren kanadischen Studie, „daß Religiosität ebenso wie der Nationalismus, Konservatismus und Militarismus eine besondere Affinität zur Gewalt hat. Alle diese vier ideellen Einstellungen lassen `eine fast instinktive Bereitschaft´ erkennen, so heißt es in der Studie, `Gewalt anzuwenden oder mit Gewalt und Strafe zu drohen. Beides soll dazu dienen, menschliches Verhalten zu kontrollieren und Konfliktsituationen zu lösen´. ...
Eine ähnliche Gewaltfixierung beobachteten die Autoren auch bei verschiedenen Persönlichkeitsmerkmalen: neurotische Züge, Extravertiertheit, Menschenhaß und strenge Diszipliniertheit als Kindheitserbe lassen ebenfalls jeweils eine Gewalt- und Strafbereitschaft erkennen. ...

Beunruhigend ist ferner, daß im Rahmen der kanadischen Untersuchungen das Christentum - die Religion der Liebe und Barmherzigkeit - hier gerade auf der Gegenseite, nämlich auf der Seite der Zwangsfixierung (compulsion) erscheint, während Nichtchristlichkeit zusammen mit Internationalismus, Kenntnis internationaler Angelegenheiten und sozialer Verantwortung unter ihren Leitwerten ‚Mitleid' (compassion) als Gegenbegriff zu Zwang führen"(14).
Sind diese ca. drei Jahrzehnte alten Sätze überholt und damit einfach abzutun? Gibt es möglicherweise nach wie vor eine Beziehung zwischen den genannten Grundaussagen und einigen kirchlichen Äußerungen während der Bombardierung Jugoslawiens 1999? Wo werden diese Themen innerkirchlich behandelt und aufgearbeitet?
Welche innerkirchlichen Institutionen, kirchennahen oder kirchenfernen Friedensorganisationen haben den Mut, die Kompetenz und das Fingerspitzengefühl, diese Fragen zu thematisieren?
War der „konziliare Prozeß" für Gerechtigkeit, Frieden und die Bewahrung der Schöpfung nur ein vorübergehendes kirchlich-friedenspolitisches Strohfeuer? Führt die Dekade zur Überwindung der Gewalt zu einem neuen „Frühling"?

15. Die Friedensbewegung benötigt eine neue Kultur des Umgangs miteinander

„Erst allmählich ging den vielen frustrierten Linken auf, daß das Scheitern all der neu-linken Organisationen im Laufe der achtziger Jahre sehr viel zu tun hatte mit der Verdrängung des 'subjektiven Faktors'. War nicht das menschliche Klima in den meisten der ML-Organisationen von abweisender Kälte? War nicht die Vertagung der 'Frauenfrage' ein bequemes Ausweichen der patriarchalen Genossen? Und mußte man nicht mit ansehen, daß selbst in der Partei der Grünen, die mit einem Anspruch und mit dem ernsthaften Versuch begannen, einen anderen, menschlicheren Politikstil zu entwickeln, nach und nach dieselben selbstherrlichen Prestige- und Machtkämpfe zur Hauptsache wurden wie in den 'Altparteien'", fragt Gerhard Breidenstein (15). Wird die PDS die gleiche Geschichte wie die Grünen mit zeitlicher Verzögerung durchlaufen?
„Wie soll persönliche Bewußtseinsveränderung bei vielen möglich sein, solange alle gesellschaftlichen Rahmenbedingungen dem entgegenstehen und während inzwischen die elementarsten Bedingungen des Lebens zerstört werden"?, fragt Breidenstein weiter.
Ich stimme ihm zu: Persönliche Veränderung und gesellschaftliche Veränderung gehen nicht zeitlich nacheinder! Wieviele friedensbewegte Menschen wären jetzt vielleicht noch aktiv, wenn sie Unterstützung gefunden hätten bei der Integration ihrer Erkenntnisse über bedrohliche Entwicklungen und unfassbares Unrecht in

ihr persönliches Leben und Möglichkeiten, z.B. mit dem „burn-out-syndrom" besser umzugehen?
Wieviele Friedensgruppen wären nicht an Richtungsstreitigkeiten zerbrochen, wenn sie etwas z.B. von der Gewaltfreien Kommunikation nach Dr. Marshall Rosenberg gehört und diese praktiziert hätten? Wo würden sie heute stehen, wenn sie Beobachtungen von Bewertungen, Gefühle von Interpretationen und Bitten von Forderungen zu unterscheiden gelernt hätten, wenn tief verankerte menschliche Grundbedürfnisse nach Wertschätzung, Freiheit des Willens und Unabhängigkeit in unseren Friedensgruppen grundlegender berücksichtigt worden wären?
Bei meinen vielen Veranstaltungen ist mir aufgefallen, dass diejenigen Gruppen den längsten Atem haben, die sich auch menschlich am besten verstehen und miteinander feiern können.

Die Friedensbewegung heute krankt an einem Mißverhältnis:
„Den einen, insgesamt ziemlich wenigen, platzt schier der Kopf von all dem Horrorwissen, ohne daß sie es in Veränderungsenergie umsetzen könnten. Andere, wohl die meisten der ansprechbaren Mitbürger, verdrängen dies Wissen alsbald, weil sie gar nicht die Kraft haben, es auszuhalten... Und die bei weitem meisten aller Bundesbürger haben nicht einmal unsere Flugblätter gelesen, unsere Demos allenfalls nur kurz im Fernsehen gesehen und sind nie zu den mühsam vorbereiteten Informationsveranstaltungen gekommen. Ich vermute heute, daß ihre `Bequemlichkeit´ auch ein instinktiver Selbstschutz war nach dem Motto `Laß mich in Ruhe mit all dem Scheiß; ich kann eh nix dran ändern´"(16).

Was ist heute zu tun angesichts der Tatsache, daß der Höhepunkt der Krise wohl erst noch kommen wird? Wir stehen m.E. vor einer Durststrecke, die es auszuhalten gilt, ohne zynisch oder sarkastisch zu werden. Wenn wir bei jedem Schritt sofort ein Ergebnis sehen wollen und zu sehr auf schnelle „Erfolge" schielen, gehen wir dem neoliberalistischen System auf den Leim. Die „Strukturelle Nichtausbeutungsfähigkeit" und die „Strukturelle Nichtangriffsfähigkeit" bzw. Auflösung der NATO sind Langzeitprojekte.
Der Verzicht auf Rechthaberei und die Stärkung der eigenen Kritikfähigkeit kann uns dabei glaubwürdiger und einladender für neue Mitarbeiterinnen und Mitarbeiter machen.

Bei meinen vielen Veranstaltungen ist mir aufgefallen, daß diejenigen Gruppen den längsten Atem haben, die sich auch menschlich am besten verstehen und zusammen feiern können.

16. Die Stärkung widerstandsfähiger Menschen ist ein vielversprechender Ansatz

Ein Ansatz, den ich teile, stammt ebenfalls von Breidenstein:
„Alle Bürger sind im Blick, wenn es darum geht, die ideologische Vorherrschaft der heute noch Mächtigen zu unterhöhlen. Nichts wäre wirkungsvoller dafür, als wenn viele Menschen auf psychologisch-spirituellem Wege ihre Angst verlieren und ihr Selbstvertrauen gewinnen. Denn wer keine Angst mehr hat oder besser: wer mit seiner Angst vertraut ist, fällt weder auf die Feindbild-Propaganda noch auf die Sicherheitsideologien mehr herein. Wer seinen inneren Wert kennt, ist nicht mehr verführbar. Und vor allem: wer in seinen tieferen Bewußtseinsschichten wieder Anschluß gefunden hat an die Urkraft des Lebens, dem kann keine Krise mehr die Hoffnung zerstören, die wird nicht mehr resignieren, der oder die wird unerschöpfliche Kräfte gewinnen für die langwierige gesellschaftliche Veränderung“ (17).
Dies schließt für mich Zeiten der Resignation und Erschöpfung nicht aus. Hoffnung ist allerdings für mich etwas anderes als Optimismus. Optimistisch bin ich nicht, was die nähere Zukunft betrifft - aber auch keineswegs hoffnungslos.
Je härter die Krise werden wird, desto mehr werden wir uns gegenseitig als Stütze und Solidargemeinschaft brauchen.

17. NGO´s überwinden die Individualisierung und sind derzeit Hoffnungsträger

Dorothee Sölle sieht uns in einem doppelten Gefängnis: „Eine der spirituellen Schwierigkeiten in unserer Lage ist der innere Zusammenhang von Globalisierung und Individualisierung. Je globaler die Weltwirtschaft sich organisiert, je desinteressierter sie sich allen sozialen oder ökologischen Eingebundenheiten gegenüber gibt, desto mehr benötigt sie als Ansprechpartner das Individuum ohne jede Beziehung, den homo oeconomicus, jenes geschäfts- und genußfähige Einzelwesen, das - von Gott ganz zu schweigen - auch an den Tretminen, die sein Autohersteller produziert, oder am Wasser, das seine Enkelkinder benutzen werden, kein Interesse zeigt. ... Die Religion des Konsumismus braucht die älteren und schwächeren Gestalten des Opiums des Volkes nicht mehr. Es gibt überall bessere Opiate zu kaufen. ... Dieses Zusammenspiel von Weltherrschaft der Konzerne in der Globalisierung und einer neuartig inszenierten Individualisierung ohne Rest, ohne Bindung an die Geschwistergeschöpfe, erscheint hoffnungslos, ein Weiterrasen auf den apokalyptischen Untergang hin, und wird von vielen Nachdenklichen als unaufhaltsames Fatum angenommen. ... Wenn wir nur die `Herren dieser Welt´ anstarren und die Masse der unschädlich gemachten Einzelnen, dann sehen wir noch nicht mit den Augen des anderen Blickes. Die Weltangst umfängt uns dann und sperrt uns in das besteingerichtete Gefängnis, das es je gab. ...

Die Hoffnungsträger im gegenwärtigen Szenario der `global players´ auf der einen und der isoliert-amüsierten Individuen auf der anderen Seite sind Gruppen, die auf Freiwilligkeit, Kritikfähigkeit und eigene Initiative setzen. Diese Nichtregierungsorganisationen, zu denen ich auch die lebendigen Teile der christlichen Kirche rechne, sind politisch gesprochen die Trägerinnnen von Widerstand. Spirituell gesprochen verkörpern sie ein anderes Subjekt als das im Gefängnis des Konsumismus eingeschlafene. Was trägt sie? Was hält sie wach? Warum geben sie nicht auf? Ich denke, es sind Elemente von Mystik, die sich nicht auslöschen lassen. ... Das vernetzte und sich verbindende Subjekt, das in den Widerstand hineinwächst, ist nicht zerstörbar“ (18).

Anmerkungen:

(1) D. S. Lutz zitiert aus einem an ihn gerichteten Brief eines Berufsdiplomaten: „Ich möchte noch hinzufügen, dass mir von informierten Kollegen in der Mission nach Beginn der Luftschläge bestätigt wurde, daß einige KVM-Mitglieder die Mission zur Vorbereitung der Luftschläge benutzt hätten. Dies hat mich im nachhinein vor allem deswegen empört, weil die KVM (Kosovo Verifikationsmission der OSZE, Anm.: C.R.) vor allem die albanischen lokalen Mitarbeiter der KVM dadurch auf das höchste gefährdert hat ...“, D. S. Lutz, Völkermord, Moral und die Unabwendbarkeit von Kriegen. Das Beispiel Kosovo, in: Shalom, hg. im Auftrag der Evangelischen Kirche von Westfalen, Dortmund, Ausgabe 1/2000, S. 24.

(2) Heinz Loquai, Der Kosovo-Konflikt - Wege in einen vermeidbaren Krieg, Baden-Baden 2000, S. 51.

(3) Zitiert aus dem Vorwort von Rolf Winter, Die amerikanische Zumutung. Plädoyers gegen das Land des real existierenden Kapitalismus, München, 1990.

(4) Zitiert nach Jürgen Rose, Amerika, das Rom der Moderne? Zur Frage des imperialen Charakters der Außen- und Sicherheitspolitik der USA in der Ära Clinton, hg. von W&F in Zusammenarbeit mit der Informationsstelle Wissenschaft und Frieden, Bonn 1999, S. 4.

(5) Vgl. auch den Beitrag von Lorenz Knorr, Kontinuitäten deutscher Außen- und Geopolitik, in: Ralph-M. Luedtke/Peter Strutynski (Hg.) Nach dem Jahrhundert der Kriege. Alternativen der Friedensbewegung, Kassel 2000, S. 61ff.

(6) zitiert nach FR, 25.2.98.

(7) zitiert nach „Kapital braucht Kontrolle - Die internationalen Finanzmärkte: Funktionsweise - Hintergründe - Alternativen“, hg. von „Kairos Europa“ und „Weltwirtschaft, Ökologie und Entwicklung“ (WEED), Bonn 2000, S.7f. (Kontakt: www.weedbonn.org oder Bertha von Suttner Platz 13, 53111 Bonn). Auf 67 Seiten werden auch für NichtökonomInnen die wichtigsten weltwirtschaftlichen Grundzusammenhänge anschaulich erläutert.

(8) Peter Kafka, Gegen den Untergang, Schöpfungsprinzip und Globale Beschleunigungskrise, München/Wien, 1994. S. 173f.
(9) Peter Kafka, a.a.O., S. 142ff.
(10) Peter Kafka, a.a.O., S. 148.
(11) Vgl. Walter Wink, Engaging the Powers. Discernment and Resistance in a World of Domination, Minneapolis 1999, S. 23.
(12) Zitiert nach Walter Wink, a.a.O., S. 21. (Übersetzung C.R.).
(13) Hans-E. Bosse, Sind Christen kriegsbereiter als Nicht-Christen? Ergebnisse psychologischer und soziologischer Friedensforschung und kirchliche Aufgaben der Erziehung zum Frieden. In: Zukunfts- und Friedensforschung, Gesellschaft zur Förderung von Zukunfts - und Friedensforschung (Hg.), Hannover 1/1969. Eine der tiefgründigsten Studien zur Gewalt und Opferproblematik und deren Bedeutung für die Kirchen ist m.E. immer noch: Rene Girard, Das Ende der Gewalt. Analyse des Menschheitsverhängnisses, Freiburg 1983, der schlussfolgert: „Entweder müssen die Menschen sich ohne Vermittlungen durch Opfer miteinander versöhnen oder sich damit abfinden, daß die Menschheit demnächst ausgelöscht wird. Diese stets schärfere Einsicht in die Kultursysteme und Mechanismen ist nicht umsonst; sie ist nicht ohne Gegenleistung. ... Der endgültige, vorbehaltlose Verzicht auf Gewalttätigkeit zwingt sich uns auf als conditio sine qua non des Überlebens der Menschheit und eines jeden einzelnen von uns“ (S. 140).
(14) Hans-E. Bosse, a.a.O.
(15) Gerhard Breitenstein, Hoffen inmitten der Krisen. Von der Krankheit und Heilung unserer Gesellschaft, Frankfurt 1990, S. 239.
(16) G. Breidenstein, a.a.O., S. 242.
(17) G. Breidenstein, a.a.O., S. 244.
(18) Dorothee Sölle, Mystik und Widerstand, Hamburg 1998, S. 2

Stand: November 2000.
Das Kopieren der Thesen ist erwünscht.

Eine auf 4 Seiten dreispaltig layoutete Version dieser Thesen ist gegen Einsendung von Briefmarken vorab erhältlich beim Autor, Clemens Ronnefeldt, Ortsstr. 13, 56288 Krastel, pro Exemplar für 0,55 DM.

Spendenkonto für die Arbeit des VB-Friedensreferates: Sparkasse Minden-Lübbecke, Konto 400 906 72, BLZ 490 501 01, Stichwort „Friedensreferat“

Quelle: Die Thesen erschienen als Beilage der Zeitschrift Versöhnung, 4/2000, hg. vom deutschen Zweig des internationalen Versöhnungsbundes.
Abgedruckt in der Graswurzelrevolution Januar 2001, S.10-11,
hg. vom Verlag Graswurzelrevolution, Breul 43, 48143 Münster

Anhang

1. Brief des des US-amerikanischen Zweiges des Internationalen Versöhnungsbundes (Fellowship of Reconciliation, FOR) an Präsident Clinton zur Irak-Bombardierung und zum Embargo

January 15, 1999

Dear President Clinton,

wir schreiben als Antwort auf einen Brief, den Sie an die FOR vor einem Monat geschickt haben, eine Woche bevor amerikanisches und britisches Militär den Irak mit Bomben überschüttete. Wir schreiben Ihnen am Geburtstag von Dr. Martin Luther King jr., der zur Zeit seines Todes im Vorstand des FOR saß und im Auftrag von 15 000 Mitgliedern von FOR, einer halben Millionen internationaler Mitglieder und 250 irakischen Kindern, die jeden Tag an den Folgen der US // UN Wirtschaftssanktionen sterben.
Wir empfinden eine akute und tragische Unvereinbarkeit zwischen den US // UN Sanktionen und Dr. Kings Traum von der Suche nach einer gewaltfreien und in Liebe verbundenen Gemeinschaft. Diesem Brief beigefügt sind über 500 Friedensbekenntnisse, welche religiöse und säkulare amerikanische Vereinigungen unterzeichnet haben, in denen sie dem irakischen Volk den Frieden erklären und sich entschuldigen für die Art und Weise, mit der das irakische Volk von unserer Regierung behandelt worden ist. Wir senden Ihnen Kopien, da die Originale im März von einer FOR-Delegation aus Friedensnobelpreisträgern in den Irak gebracht werden wird.

Wenn Tausende von Amerikanern es mit sich vereinbaren können unseren „Feinden“ den Frieden zu erklären, sollten Sie es auch können. Wenn Tausende von Amerikanern sich gegen Sanktionen stellen, die die schwächsten und am meisten verwundbarsten Mitglieder der irakischen Gesellschaft treffen, ohne die politischen Ambitionen der Führer zu stören, sollten Sie es auch können.
Wenn Millionen Amerikaner den Geburtstag von Dr. King feiern, und dabei ihre Liebe für den Friedensapostel und seine resolute Entscheidung jede Form von Gewalt abzulehnen bekennen, sollten Sie es auch tun.
Es ist Zeit sich abzuwenden von der Gewalt und den Fehlern des letzten Monats, von Krieg, von multinationalen Ölkonzernen, die mit versteckten (Eigen)Interessen die ökonomischen Sanktionen aufrechterhalten und sich an Dr. King´s Lehren der Gewaltfreiheit zu erinnern.

In der Bibel ist zu lesen: „Wenn Deine Feinde hungrig sind, gib ihnen zu essen, wenn sie durstig sind, gib ihnen etwas zu trinken." Mahatma Gandhi erinnert uns daran, daß im Wörterbuch der Gewaltfreiheit das Wort Feind nicht existiert.

Präsident Clinton, die Bevölkerung des Irak ist hungrig, ist durstig und die Kinder sterben. Saddam Hussein ist kein Führer, den die FOR unterstützt, aber er ist auch nicht der einzige Schuldige, der zu der verzweifelten humanitären Lage im Irak beiträgt. Die Weigerung ihrer Administration, hungrige Kinder zu speisen, Durstige mit Wasser zu versorgen und die Auslieferung heilender Medizin in überbelegte irakische Hospitäler zu erlauben, verletzt nicht nur internationales Recht, sondern auch den Traum von King, Gandhi und Millionen friedliebender Amerikaner.

Wir schließen uns der Vielzahl nationaler und internationaler religiöser und humanitärer Organisationen an, die Sie bitten, die Wirtschaftssanktionen aufzuheben und einen Prozeß der Versöhnung und Waffenkontrolle zu beginnen, der darauf zielt, nicht nur den Irak, nicht nur den mittleren Osten, sondern die ganze Welt zu entwaffnen.

Wir verbinden uns mit dem früheren UN-Beauftragten Denis Halliday, dem Weltkirchenrat, dem Nationalen Kirchenrat, der US-Amerikanischen Bischofskonferenz und dem Papst in der Bitte, die Anstrengungen zu unterstützen, das ausgedehnte Leiden zu erleichtern und nicht länger gleichgültig zu sein gegenüber der Not hungernder und durstiger, sterbender Kinder im Irak.
Dies bedeutet: Stoppen Sie die Bomben, stoppen Sie die militärischen Angriffe und heben Sie die Wirtschaftssanktionen auf, damit nicht länger Kinder sterben müssen wegen der Fehler, die von einem Führer gemacht werden, den sie nicht einmal gewählt haben.

In Peace

(Rev.) John Dear, S.J.	Nicholas Arons
Executive Director	Iraq Campaign Coordinator

Quelle: Versöhnung 1/1999, S. 24-25,
hg. vom deutschen Zweig des internationalen Versöhnungsbundes

2. Aufruf zur Aufhebung des Embargos und zur Hilfe für Irak

Aufruf

- Aufhebung des Embargos
- Hilfe für die irakische Bevölkerung

Seit 1991 sind in Irak mehrere hunderttausend Menschen an den Folgen des Embargos gestorben. Als Denis Halliday Ende September 1998 als UN-Koordinator des "Erdöl-für-Lebensmittelprogramms" zurücktrat, verband er dies mit scharfer Kritik am Embargo, das dem unschuldigen Volk, nicht aber der Führung in Bagdad schade. **"Jeden Monat stürben aufgrund der Sanktionen 4000 bis 5000 Kinder, sagte Halliday" (FR, 1.10.98).**

Der deutsche Zweig des internationalen Versöhnungsbundes fordert die Bundesregierung auf, das Ende dieses sinnlosen Leidens durch einen unverzüglichen Antrag bei der UNO zur **Aufhebung des Embargos** einzuleiten sowie auf ein **Ende der Bombardierungen** zu drängen. Bis zur Erfüllung dieser Forderungen ruft der Versöhnungsbund dazu auf, das Embargo bewußt zu verletzen und **bereits jetzt Medikamente und Lebensmittel einzuführen.** Mitglieder des amerikanischen Zweiges des Versöhnungsbundes bringen seit 1991 über die Organisation "Voices in the Wilderness" regelmäßig Hilfsgüter in den Irak.

Im Dezember 1998 erhielt "Voices in the Wilderness" eine Strafandrohung in Höhe von 120 000 US-Dollar wegen der illegalen Einfuhr von Medikamenten und Kinderspielzeug.

Der deutsche Zweig des Versöhnungsbund ruft zu Spenden für Medikamente auf, die auch weiterhin über den amerikanischen Schwesterverband in den Irak gebracht werden.

Spendenkonto des Versöhnungsbundes: Stichwort "Irak",
Sparkasse Minden-Lübbecke, Kto. 400 90 672, BLZ 490 501 01.

Basra nach dem 2. Golfkrieg und dem Schiiten-Aufstand 1991, Foto: U. Gottstein

7. Dezember 1998

3. Friedensbewegung warnt vor der neuen NATO-Doktrin

- Die Allianz soll zum zentralen Instrument westlicher Interessendurchsetzung werden -

Zum 50. Jahrestag der NATO im April 1999 soll ein neues Strategisches Grundsatzdokument verkündet werden. Die vorgesehenen Änderungen sind so schwerwiegend, dass alle Alarmglocken schrillen müssen. Den Entwurf sollen die NATO-Außenminister bereits am 8.12.98, die NATO-Verteidigungsminister am 17./18.12.98 unterzeichnen. Wir wenden uns gegen die Militarisierung von Außen- und Sicherheitspolitik und rufen zum Protest auf.

Der Textentwurf ist derzeit noch nicht öffentlich. Nach den bisher bekannt gewordenen Diskussionen und Planungen soll die NATO zur umfassenden Verteidigung amerikanischer und europäischer Interessen weltweit befähigt werden. Der ehemalige Verteidigungsminister Rühe sagte, die NATO müsse in Richtung auf eine Gemeinschaft verändert werden, die ihre gemeinsamen Interessen schützen kann und will. Von amerikanischer Seite wurde sogar gefordert, der strategische Zweck der NATO habe auch mögliche Krisen in der Golfregion oder in der Straße von Taiwan zu berücksichtigen. Bei Konflikten wie etwa im Kaukasus zwischen russischen und amerikanischen Ölkonzernen bestünde die Gefahr, dass ethnische Konflikte zur Durchsetzung westlicher Interessen instrumentalisiert werden. Dies heißt: Rückkehr zur Kanonenbootpolitik - nur diesmal mit modernsten Angriffswaffen.

Diese gewalttätige Interessenvertretung soll ohne Rücksicht auf internationales Recht durchgesetzt werden, denn die Handlungsfähigkeit der NATO dürfe bei vitalen Herausforderungen nicht durch die Frage eines Mandates der UNO eingeschränkt werden. Die Selbstmandatierung der NATO im Kosovo-Konflikt war also nicht der oft genannte „Sonderfall", sondern ein gewaltiger Schritt in Richtung auf die Zerstörung internationalen Rechts. Dies heißt im Klartext: Recht des Stärkeren, statt Stärkung des internationalen Rechts.

Die Rolle der Atomaffen soll nicht neu definiert werden, um keine öffentliche Unruhe aufkommen zu lassen. Obwohl wir von Freunden umgeben sind, will die NATO sich weiterhin vorbehalten, Atomwaffen als erste einzusetzen. Diese sollen, anders als im vergangenen Ost-West-Konflikt, nun in regionalen Krisen als Abschreckung gegen biologische und chemische Waffen eingesetzt werden. Nach

Aussage des deutschen Generals Klaus Naumann, Vorsitzender des Militärausschusses der NATO, darf die Allianz das Recht auf einen atomaren Ersteinsatz nicht aufgeben. Die Möglichkeit eines Ersteinsatzes „verunsichere einen Gegner.“ Dies sei ein wichtiges Element, um den Frieden zu erhalten und Konflikte zu verhindern. Daher bekam auch Außenminister Fischer heftigste Kritik von allen (NATO-)Seiten, als er die Einlösung einer Koalitionsvereinbarung einforderte und ein Überdenken dieser Doktrin verlangte.

Der Internationale Gerichtshof in Den Haag verkündete am 8.7.96 in einem auch für die Bundesrepublik Deutschland verbindlichen Richterspruch, „daß die Androhung und der Einsatz von Atomwaffen grundsätzlich („generally“) gegen diejenigen Regeln des Völkerrechts verstoßen würden, die für bewaffnete Konflikte gelten, insbesondere gegen die Prinzipien und Regeln des humanitären Völkerrechts.“

75 US-Bischöfe appellierten im Juni 1998, die Menschheit stünde vor den schwerwiegendsten Konsequenzen, wenn die Welt von einem durch Kernwaffen repräsentierten Militarismus beherrscht werde, anstatt dem Völkerrecht Geltung zu verschaffen. Es gäbe keine Rechtfertigung für sie, sie seien zu verdammen.

Wenn die Verteidigungs- und Außenminister der NATO dennoch weiterhin meinen, sie müssten mit Atomwaffen in regionalen Konflikten drohen, müssen sie vor ein internationales Tribunal gestellt werden.

Der neue NATO-Kurs ruft förmlich nach Protest

Was die NATO-Politiker und ihre Militärs derzeit planen, läuft auf reine Machtpolitik der reichen Staaten über den Rest der Welt hinaus: Militärische Interventionen zur Durchsetzung der eigenen Wirtschafts- und Sicherheitsinteressen. Da es in einer militärisch-unipolaren Welt keinen ernst zu nehmenden Gegner mehr gibt, soll die NATO auf die Legitimation militärischen Handelns durch internationales Recht und die UN verzichten können. Was daraus folgt, ist das „Recht der Stärkeren“, also modernisiertes Faustrecht.

- Statt NATO-Faustrecht brauchen wir eine Stärkung des internationalen Rechts, das auch die schwachen Länder schützt. Deshalb müssen die UN und die OSZE gefördert und ausgebaut werden.

- Statt Interventionsarmeen mit schnellen Eingreiftruppen zur Interessendurchsetzung der wohlhabenden Staaten benötigen wir die Entfaltung der Methoden und Instrumente ziviler Konfliktbearbeitung. Diese sind möglichst vorausschauend einzusetzen, damit Gewalt und Kriege vermieden werden können.

- Statt der Nuklearwaffenstrategien mit dem Vorbehalt, Atomwaffen als erste einzusetzen, benötigen wir einen schnellen Abbau dieser Massenvernichtungsmittel sowie wirksame Kontrollen zu deren Nichtweiterverbreitung.

- Statt der internationalen Einordnung der Militär- und Außenpolitik in das globale, unipolare Militärsystem unter Führung der USA benötigen wir eine Zusammenarbeit derjenigen Staaten, die es ernst mit dem Satz meinen, daß Außenpolitik Friedenspolitik sein muß.

Wir fordern von der neuen Regierung in Bonn, sich ihrer früheren Einsichten zu erinnern und für die Beendigung der ständigen qualitativen Aufrüstung, für die Abschaffung der Atomwaffen sowie den Verzicht auf Ersteinsatzoptionen einzutreten.

Der geplante NATO-Kurs zeigt: „Militärische Friedenspolitik" ist ein Widerspruch in sich selbst. Die zivile Gesellschaft und die außerparlamentarischen Organisationen bitten wir, auf allen Ebenen der Gesellschaft gegen diesen Kurs zu protestieren.

Die folgenden Organisationen haben die vorstehende Erklärung unterzeichnet:

Aktionsgemeinschaft Dienst für den Frieden (AGDF)
Arbeitsausschuss Friedensratschlag Kassel
BundessprecherInnenkreis der Deutschen Friedensgesellschaft - Vereinigte KriegsdienstgegnerInnen (DFG-VK)
Bund für soziale Verteidigung (BSV)
Dachverband der kritischen Aktionärinnen und Aktionäre
Dachverband Kritischer AktionärInnen Daimler-Benz (KAD)
Deutscher Friedensrat
DFG-VK Baden-Württemberg
FÜNF für Frieden
Informationsstelle Militarisierung (IMI)
Internationale Ärzte für die Verhütung des Atomkrieges, Ärzte in sozialer Verantwortung (IPPNW)
Internationaler Versöhnungsbund - deutscher Zweig (VB)
International Network of Engineers and Scientists for Global Responsibility (INES)
Kampagne gegen Wehrpflicht, Zwangsdienste und Militär
Kampagne „Produzieren für das Leben - Rüstungsexporte stoppen"

medico international
Komitee für Grundrechte und Demokratie
Ohne Rüstung Leben (ORL)
Pax Christi (PC) - Internationale Katholische Friedensbewegung, Bistumsstelle Rottenburg-Stuttgart
Rüstungsinformationsbüro Baden-Württemberg (RIB)
Werkstatt für Gewaltfreie Aktion, Baden
sowie weitere regionale und lokale Organisationen

Koordinatoren des Aufrufs:

Prof. Dr. Andreas Buro, Friedenspolitischer Sprecher des Komitee für Grundrechte und Demokratie, Am Sonnenberg 42, 61279 Grävenwiesbach, Tel.: 06086-3087, Fax: 06086-243

Clemens Ronnefeldt, Referent für Friedensfagen beim deutschen Zweig des internationalen Versöhnungsbundes, Dorfstr. 3, 56288 Krastel,
Tel.: 06762-2962, Fax: 06762-950511, e-mail: BuC.Ronnefeldt@t-online.de

Quelle: Die Brücke, Forum für Antirassistische Politik und Kultur, Heft 105, Januar-Februar 1999/1, S.5-7,
hg. von: Die Brücke, Verein zur Förderung politischer, sozialer und kultureller Verständigung zwischen Mitbürgern deutscher und ausländischer Herkunft, Riottestr. 16, 66123 Saarbrücken.

1.10.1998

4. Nur eine zivile Politik kann den Frieden in Kosovo langfristig sichern

- Eine Stellungnahme zum aktuellen Kosovo-Konflikt aus dem Bereich von Friedensforschung und Friedensbewegung-

Der vorläufige Ausgang dar Holbrooke-Mission ist zu begrüßen, soweit dadurch die militärischen Kämpfe in Kosovo beendet und völkerrechtswidrige Angriffe der NATO auf Serbien verhindert werden können.

Eine möglichst starke OSZE-Beobachtermission, gegebenenfalls ergänzt durch internationale Polizeikräfte und UN-Blauhelme deeskalierender Art, sollte unverzüglich mit Zustimmung durch den UN-Sicherheitsrat und der Konfliktparteien als „Puffer" zwischen Serben und Kosovo-Albanern wirken, um den Waffenstillstand zu sichern. Wichtig ist es, sofort den freien Zugang auch für die staatlich ungebundenen ausländischen Hilfsorganisationen sicherzustellen.

Die Erleichterung über dieses Ergebnis darf jedoch nicht dazu führen, die grundsätzliche politische, zivile Bearbeitung des Konfliktes nun erneut zu vernachlässigen. Denn das Ausmaß der Entrechtung der albanischen Bevölkerung und die Brisanz der Situation in Kosovo ist im Westen seit vielen Jahren bekannt. Trotzdem wurde der Kosovo-Konflikt im Dayton-Abkommen ausgeklammert und die gewaltfreie Politik der Kosovo-Albaner erfuhr vom Westen keine wirksame Unterstützung im Sinne vorbeugender Konfliktbearbeitung. Die westlichen Regierungen versagten so denjenigen die Unterstützung, die über viele Jahre ohne Gewalt mit zivilen Mitteln um eine politische Kompromisslösung rangen und überließen sie lange Zeit der politischen Willkür Belgrads. Sie begannen erst zu reagieren, als Kosovo-Albaner den bewaffneten Kampf aufnahmen.

Vielen Analytikern des Konfliktes ist bewußt, daß er leicht zum Auslöser für einen großen Balkan-Krieg werden könnte. Diese Erkenntnis signalisiert gleichzeitig, dass er nicht im engen Rahmen des Kosovo allein gelöst werden kann. Die vielfältigen Verwerfungen und Spannungen auf dem Balkan bedürfen einer weiten politischen Perspektive zu ihrer Lösung. Die nationalistischen Rivalitäten gilt es aufzulösen zugunsten einer kooperativen Haltung zur Entwicklung der ganzen Region. Die Menschen aller Gruppierungen und Völker müssen dadurch begreifen, daß sie gegeneinander nur verlieren werden, aber im Miteinander über ethnische Grenzen hinweg alle gewinnen können. Dazu bedarf es der Unterstützung aus ganz Europa und darüber hinaus.

Die Perspektive besteht im Beginn einer Balkankooperation, die als sicher sehr langfristiges Ziel eine Verbindung mit der EU ermöglicht. Daran können sich alle Staaten und Völker beteiligen, die kooperationsbereit sind und auf gewaltsamen Konfliktaustrag verzichten. Hierüber ist mit den Gesellschaften, also den BürgerInnen in Serbien, Montenegro, in Kosovo und den anderen Balkanstaaten ein offener und öffentlicher Dialog in den vielfältigsten Formen so zu entwickeln, dass er nicht von den Herrschenden unterbunden werden kann. Die Menschen selbst müssen ihr Interesse an einer solchen Perspektive begreifen und deshalb für Frieden und Versöhnung eintreten. Das wäre gleichzeitig ein großer Schritt in Richtung Demokratisierung und zunehmender gegenseitiger Toleranz. Beide sind wesentliche Schlüssel zur Befriedung des Balkans.

Aus dem Ausland, aus den vielen Staaten Europas muss die Botschaft von oben und unten kommen: Wir sind an der Seite derer, die auf Gewalt verzichten, ihren Geschwisterkampf beenden und sich zur Kooperation zusammenfinden. Diese Botschaft muss ganz ausdrücklich die serbische Bevölkerung einschließen und ansprechen. Dies hätte eine enorme sozialpsychische Bedeutung, um das Trauma, Serbien müsste sich gegen die ganze Welt verteidigen, überwinden zu können. In diesem Zusammenhang sollte auch die baldmöglichste Rückkehr der Jugoslawischen Föderation in die OSZE auf die Tagesordnung gesetzt werden.

Das politische Instrument, um eine solche Kooperation in Gang zu setzen, könnte eine institutionalisierte Dauerkonferenz sein, wie sie im Ost-West-Konflikt in der Form der „Konferenz für Sicherheit und Zusammenarbeit" (KSZE, heute OSZE) recht erfolgreich praktiziert wurde. Diese Konferenz hätte die Aufgabe, die Fundamente für eine gemeinsame Entwicklung zu erarbeiten, die mit einem „Balkan-Marshall-Plan" verwirklicht werden sollte. An diesem Vorhaben können sich alle europäischen Staaten beteiligen, die auf Gewalt gegeneinander verzichten. Dort ginge es nicht mehr um den scheinbar ethnischen Konflikt zwischen kosovo-albanischer, serbischer Bevölkerung usw., sondern um den Dialog zwischen kooperationsbereiten Kräften auf dem Balkan. Von der EU sollten Konsultationsgespräche über eine solche Balkanzusammenarbeit, erforderliche Vorbereitungsschritte und Verfahren eingeleitet, aber auch die Bereitschaft zur materiellen Unterstützung eines solchen Vorhabens signalisiert werden. WestpolitikerInnen werden nach den erforderlichen Finanzmitteln fragen. Doch eine solche Politik ist weit billiger als militärische Interventionen. Sie ist für alle, einschließlich der EU-Staaten, viel zukunftsträchtiger und kann Fundamente für eine stabile Entwicklung auf dem Balkan legen.

Im Sinne einer zivilen Konfliktbearbeitung können ferner die folgenden Instrumente wirksam sein: Anhörungen und Vermittlungsbemühungen auf den verschiedenen Ebenen, Gewaltfreiheitspakte auch in lokalen Bereichen, Waffenrückkauf-Programme und die Bildung von Wahrheits- und Versöhnungskommissionen. Zu klären ist auch der Umgang mit Kriegsverbrechen, die wohl auf allen Seiten verübt worden sind. Es gilt die Bedingungen für den Prozeß der Konfliktbearbeitung günstig zu gestalten, während die Lösungen von den Kontrahenten selbst erarbeitet und vereinbart werden müssen.

Die Entfaltung einer Perspektive für zukünftige Entwicklung und Vertrauensbildung gehören zusammen. Darum ist es wichtig, dass auf vielen Ebenen (Kirchen, Gewerkschaften, Berufsverbänden, Wissenschaft, Medizin, Wirtschaft, usw.) Serien von Zusammenkünften organisiert werden, in welchen Erwartungen und Möglichkeiten der Entfaltung von Zusammenarbeit erörtert werden. Ganz in diesem Sinne sind alle Kräfte und Gruppierungen, die sich für eine friedliche, zivile Lösung einsetzen, zu unterstützen. Dies kann durch die Bereitstellung finanzieller Mittel erfolgen, durch Einladungen ins Ausland, um den Gruppen ein internationales Forum zu geben, durch Bereitschaft der Medien, die gewaltfreie Arbeit bekannt zu machen, durch die Ausrichtung von Regionalkonferenzen, auf denen sich Friedens- und Anti-Kriegsgruppen, Gruppen aus verschiedenen Staaten der Region besprechen und Zusammenarbeit vereinbaren können usw. Dabei muß die eigenständige Arbeit solcher Gruppen respektiert und Hilfe zur Selbsthilfe geleistet werden.

Um eine solche Entwicklung zu ermöglichen, muß der aktuelle Konflikt um den Status des Kosovo entschärft werden, ehe er später unter der neuen Perspektive überprüft und geregelt werden kann. Es erscheint daher sinnvoll, gegenwärtig eine vorläufige, möglichst großzügige Autonomie-Regelung zu vereinbaren, die in bestimmten Intervallen entsprechend den gemachten Erfahrungen und der neuen Entwicklung im Rahmen der KSZE für Südost-Europa zu überprüfen ist. In diesem Zusammenhang sollte der serbischen Seite die Aufhebung der verhängten Sanktionen zum frühestmöglichen Zeitpunkt in Aussicht gestellt werden.

Die humanitäre Hilfe, die die kosovo-albanische und serbische Bevölkerung gegenwärtig benötigt, ist nicht nur unter dem Aspekt der Linderung von Not zu begreifen, sondern auch als ein Signal an die Menschen dort, dass die europäische Politik nun ein neues Verhältnis zu den Balkanstaaten sucht, das nicht mehr auf Militäraktionen und geopolitischen Interessenkalkülen wie in der langen Vergangenheit beruht, sondern auf der Einsicht, dass die europäische Zusammenarbeit allen Menschen und Völkern in diesem Kontinent zu dienen hat. Das ist freilich eine große Herausforderung an alle Europäer.

Erstunterzeichner:

Prof. Dr. Astrid Heide-Albrecht,TU Berlin
Prof. Dr. Ulrich Albrecht, FU Berlin, Vorsitzender der Arbeitsgemeinschaft Friedens- und Konfliktforschung
Prof. Dr. Elmar Altvater, FU Berlin
Prof. Dr. Hanne-Margret Birkenbach
Prof. Dr. Andreas Buro, friedenspolitischer Sprecher des Komitees für Grundrechte und Demokratie
Dr. Dieter Deiseroth, Richter am OVG Münster
Prof. Dr. Erich Küchenhoff, Universität Münster
Prof. Dr. Dr. Dieter S. Lutz, Direktor des Instituts für Friedensforschung und Sicherheitspolitik in Hamburg
Dr. Regine Mehl
Dr. Reinhard Mutz, IFSH Hamburg
Prof. Dr. Dr. Horst-Eberhard Richter, Direktor des Sigmund-Freud-Instituts in Frankfurt/Main
Clemens Ronnefeldt, Referent für Friedensfragen des Versöhnungsbundes
Klaus Vack, Bürgerrechtler, Sensbachtal
Dr. Christian Wellmann, SCHIFF, Kiel

Kontakt und v.i.S.d.P.G.:

Andreas Buro, Friedenspolitischer Sprecher des Komitee für Grundrechte und Demokratie, Am Sonnenberg 42, 61279 Grävenwiesbach, Tel.: 06086-3087, Fax: 06086-243

Clemens Ronnefeldt, Referent für Friedensfragen beim deutschen Zweig des internationalen Versöhnungsbundes, Dorfstr. 3, 56288 Krastel, Tel. 06762-2962, Fax: 06762-950511.

Quelle: Friedensforum.Rundbrief der Friedensbewegung, Nov./Dez.1998, Bonn, S.30-31,
hg. vom Netzwerk Friedenskooperative, Römerst. 88, 53111 Bonn

31.3.1999

5. Erklärung des Versöhnungsbundes zum Kosovo/-Jugoslawienkrieg

Das erste Opfer jedes Krieges ist die Wahrheit: „Seit dem 24. März 1999 20.00 Uhr führt die NATO keinen Krieg gegen das serbische Volk; es werden nur militärische Ziele bombardiert, um das Morden zu beenden. Die Verantwortung tragen nicht wir, sondern der jugoslawische Präsident. Die NATO konnte nicht anders handeln, andere Lösungen wurden versucht und sie hatte den Einsatz schließlich oft genug angedroht."

1. Dagegen gilt es sich zu erinnern:

1. Der Abwurf von Bomben auf Menschen ist Mord, unabhängig davon, ob Täter und Opfer Uniformen tragen oder nicht.
2. Die Ankündigung eines Verbrechens ist keine Rechtfertigung für dessen spätere Ausführung. Dass ein Täter durch häufige Ankündigungen aus Sorge um sein Ansehen bei Gleichgesinnten in Zugzwang gerät, vermag ihn nicht zu entlasten.
3. Der Einsatz militärischer Mittel gegen ein anderes Land ist Krieg. Dass Kriege seit 1945 nicht mehr erklärt, sondern im Gegenteil verleugnet werden, ändert nichts an ihrer zerstörerischen Tatsache.
4. Krieg bleibt Unrecht, für beide kriegführende Seiten, weil Menschen getötet werden. Er wird nicht dadurch Recht, weil sich eine Seite zuerst ins Unrecht gesetzt hat. Gewinnen wird, wer die größere Macht, nicht wer das Recht auf seiner Seite hat.
5. Wer angreift, ohne selbst zuvor angegriffen worden zu sein, führt einen Angriffskrieg. Völkerrechtlich werden für den Ausnahmefall einer „militärischen Intervention aus humanitären Gründen" klare Bedingungen genannt, die im Fall Jugoslawiens nicht erfüllt sind. (Beschluß des Sicherheitsrates gemäß Kapitel VII der UN-Charta). Im Ergebnis beteiligt sich die Bundesregierung und beteiligen sich die in Jugoslawien eingesetzten deutschen Soldaten an einem durch Art. 26 GG verbotenen und strafbaren Angriffskrieg.
6. Das Mitleid mit den Menschen im Kosovo als Kriegsgrund müsste sich am eigenen politischen Handeln messen lassen, um glaubhaft zu sein.

a. Seit 1989 ist der schon viele Jahre zuvor schwelende Konflikt im Kosovo offen ausgebrochen, wurde aber während einer langen Phase des gewaltlosen Widerstandes der Albaner von der internationalen Politik weitgehend ignoriert, die dort geschehenen Menschenrechtsverletzungen durch internationale Institutionen nicht bearbeitet, die dort tätigen Friedensgruppen (z.B. auch das Balkan Peace Team) nicht gefördert.

b. Bis zum Feierabend des 24.3.1999 hat das Bundesamt für die Anerkennung ausländischer Flüchtlinge und haben fast alle deutschen Verwaltungsgerichte den überwiegenden Teil der alba-nischen Flüchtlinge aus dem Kosovo in ungezählten Bescheiden und Urteilen vorgehalten, es gebe keinen Grund zur Flucht aus dem Kosovo; die Situation dort rechtfertige nicht einmal ein Abschiebungshindernis wegen allgemeiner Gefahren für Leben, Gesundheit und Freiheit.

c. Bis heute unterstützt die Bundesregierung das türkische Militär durch umfangreiche Waffenlieferungen in seinem Krieg gegen die Kurden, wo es zu vergleichbaren Vertreibungen, Morden und anderen Menschenrechtsverletzungen kommt wie im Kosovo, ohne daß auch nur im Entferntesten über Interventionsmaßnahmen nachgedacht wird.

7. Auch wir wissen nicht, ob und wie sich der Konflikt im Kosovo ohne militärischen Einsatz weiter entwickelt hätte und wie er sich hätte lösen lassen.

Fest steht jedoch, daß eine Reihe politischer Möglichkeiten und Vorschläge nicht ergriffen wurden:

- Einberufung einer Balkan-Konferenz als politischer Rahmen für eine gemeinsame wirtschaftliche Entwicklung, finanziert durch einen „Balkan-Marshall-Plan",
- Schaffung eines „Übernationalen Rates" nach dem Vorbild des irischen Friedensrates,
- Errichtung eines internationalen Protektorates unter der Kontrolle der UN statt der geforderten Stationierung von NATO-Einheiten, u.a.

Fest steht auch, daß die Vertreibungen im Kosovo im großen Stil erst begannen, nachdem in Erwartung der NATO-Bombardierung die OSZE-Beobachter abgezogen wurden, und dass diese Vertreibungen auch durch die Bombardierungen bisher nicht gestoppt werden konnten.

Der Krieg vergrößert das menschliche Leid innerhalb und außerhalb des Kosovo, verschlechtert die Aussichten auf einvernehmliche Lösungen in Jugoslawien, belastet das ganze Ost-West-Verhältnis und zerstört das Vertrauen in die Geltung des internationalen Rechts.

2. Was können wir tun?

1. Unseren Widerstand gegen den Krieg öffentlich zum Ausdruck bringen, z.B. durch unsere Teilnahme an den Ostermärschen,
durch Aktionen aus Anlaß der Einberufungstermine zur Bundeswehr, ...

2. Hilfe für Flüchtlinge aus Jugoslawien leisten, z.B. auch durch Aufnahmeerklärungen wie früher bei bosnischen Kriegsflüchtlingen;

Insbesondere solche Flüchtlinge unterstützen, die sich als Soldaten und Wehrpflichtige dem Krieg in Kosovo und Jugoslawien entziehen wollen.
3. Protestbriefe an die Regierung und an die Parteivorstände von SPD und Bündnis 90/Die Grünen senden und ggf. verbinden mit Austrittserklärungen.
4. Protestbriefe an die Kirchenleitung der EKD schreiben wegen deren empörender Rechtfertigung der Kriegsbeteiligung (EKD, Präses Manfred Kock, Herrenhäuser Str. 12, 30419 Hannover).
5. Drücken Sie Ihre Trauer über die Opfer des Krieges aus. Tragen Sie ein schwarzes Band an Kleidung, Handtasche oder Autoantenne.
6. Überweisung von Spenden an den Versöhnungsbund zur Finanzierung von einer oder mehreren Protest-Anzeigen in überregionalen Zeitungen. (Stichwort: „Anzeige"). Bankverbindung: Versöhnungsbund, Sparkasse Minden-Lübbecke, Konto-Nr. 400 906 72, BLZ 490 501 01.
7. Finanzielle Unterstützung des Balkan-Peace-Teams für die Entsendung von weiteren Teams in den Kosovo, sobald dies nach Ende der militärischen Kampfhandlungen wieder möglich ist.
Bankverbindung: Balkan Peace Team: Sparkasse Minden-Lübbecke, Konto-Nr. 89 008 155, BLZ 490 501 01.

F.d.R.

Ullrich Hahn, Vorsitzender des deutschen Zweiges des internationalen Versöhnungsbundes

Weitere Hintergrundinformationen zum Kosovo können beim Friedensreferenten des Versöhnungsbundes, Clemens Ronnefeldt, abgerufen werden. (Dorfstraße 3, 56288 Krastel, Tel. 06762-2962; Fax: 06762-950511, Clemens@Versoehnungsbund.de; http://www.versoehnungsbund.de)

Quelle: Beilage in: Versöhnung 1/1999, hg. vom deutschen Zweig des internationalen Versöhnungsbundes. Die Erklärung wurde vielfach nachgedruckt.

6. Urteil des Berliner Amtsgericht Tiergarten wegen Aufruf zur Fahnenflucht

Rund 30 Personen aus der Friedensbewegung riefen am 21.4.99 in einer Anzeige der Berliner Tageszeitung (taz) die Soldaten der Bundeswehr auf, jede weitere Beteiligung am NATO-Krieg gegen die Bundesrepublik Jugoslawien zu verweigern.
Die Staatsanwaltschaft in Berlin erhob daraufhin Anklage wegen öffentlicher Aufforderung zu Straftaten gem §111 StGB (Aufforderung zur Fahnenflucht).
Am 1.2.2000 stand auch Clemens Ronnefeldt in Berlin vor Gericht, am 14.2.2000 erging das nachfolgende ungekürzte Urteil schriftlich an ihn.

im Namen des Volkes
Strafsache gegen den Diplom-Theologen Clemens Helmut Ronnefeldt , …

Richterin am Amtsgericht Brinkmann als Strafrichter
Staatsanwältin Weiß als Beamter der Staatsanwaltschaft
Rechtsanwalt Frings als Verteidiger des Angeklagten Rönsch
Rechtsanwalt Eisenberg als Verteidiger des Angeklagten Ruch
Justizangestellte Salewski als Urkundsbeamter der Geschäftsstelle

für Recht erkannt:

Die Angeklagten werden auf Kosten der Landeskasse Berlin, die auch ihre notwendigen Auslagen zu tragen hat, freigesprochen.

§ 467 StPO

Gründe:

Den Angeklagten Ronnefeldt, Röseler, Prof. Roland Roth, Rüddenklau, Urs Roth und Rönsch ist mit den beantragten Strafbefehlen zur Last gelegt worden, sie hätten am 21.4.1999 in der
„tageszeitung" zu einer rechtswidrigen Tat, nämlich zur Fahnenflucht und Gehorsamsverweigerung, aufgefordert, indem sie in dem fraglichen Artikel zunächst die Völkerrechtswidrigkeit des NATO-Einsatzes im „Jugoslawien-Krieg" (gemeint ist der Kosovo-Einsatz) postuliert und aufgrund dieser ausgeführt haben, die Beteiligung der Bundeswehr an dem Einsatz stelle einen verbotenen Angriffskrieg dar. Darauf gestützt wird in dem Artikel durch die sogenannten „Erstunterzeichner",

zu denen die Angeklagten gehören, gefordert, die eingesetzten Bundeswehrsoldaten mögen ihren Einsatzbefehl verweigern und sie sich von der Truppe entfernen. Der Angeklagte Ruch, der Anzeigenredakteur der „tageszeitung“ ist, soll sich nach Auffassung der Staatsanwaltschaft durch das Veröffentlichen Appells ebenfalls als Mittäter einer Aufforderung zu Straftaten strafbar gemacht haben.
Den Angeklagten Prof. Roth und Ronnefeldt wird darüber hinaus eine gleichartige Straftat zur Last gelegt, weil am 1.4.1999 ein gleichlautender Handzettel am Haupttor des Bundesministeriums der Verteidigung in Bonn, den Angeklagten Ronnefeldt, Röseler und Prof. Roth darüber hinaus eine weitere gleichgelagerte Straftat vorgeworfen, weil in der Zeit vom 4. bis 7.5.1999 ein gleichlautender Handzettel u.a. an die Staatsanwaltschaft Bonn versandt wurde.

Nach dem Ergebnis der Beweisaufnahme ist ein strafbares Verhalten nicht erkennbar. Die Beweisaufnahme hat zum einen ergeben, dass sie ein einziges Mal einen entsprechenden Artikel unterzeichnet und gleichzeitig damit ihr Einverständnis zu einer weitergreifenden Verteilung erteilt haben, so dass ohnehin allenfalls für alle Angeklagten jeweils nur eine strafbare Handlung – theoretisch – in Betracht kommen könnte. Darüber hinaus ist in dem veröffentlichten Artikel jedoch kein strafbarer Aufruf zu strafbaren Handlungen zu sehen. Die Voraussetzung für eine Strafbarkeit nach § 111 StGB – nur eine solche könnte bisher überhaupt in Frage kommen – ist, dass der Täter vorsätzlich zu einer rechtswidrigen Straftat auffordert. Die Angeklagten haben in dem Artikel ausgeführt, dass der Jugoslawien-Einsatz der Bundeswehr völkerrechtswidrig sei, u.a. weil eine entsprechende UN-Mandatierung fehle. Es handelt sich hierbei um eine Auffassung, die man nicht von der Hand weisen kann, die somit zumindest vertretbar ist. Nachdem der Krieg beendet ist, gehen inzwischen wohl alle Völkerrechtler von einer Völkerrechtswidrigkeit aus. Wenn aber der Einsatz als (Völker-)Rechtswidrigkeit eingestuft wird, so ist im Umkehrschluss ein Verhalten, das sich dagegen richtet, gerechtfertigt. Man kann hier auch nicht zwischen ein bißchen rechtswidrig und rechtswidrig in einer Art und Weise, die eine Auflehnung rechtfertigt, unterscheiden.

Bei der Aufarbeitung der deutschen Vergangenheit – sowohl des NS- als auch des DDR-Unrechts – wurde auch den einzelnen Soldaten auferlegt, kraft eigener Beurteilung, ohne blind Befehle zu befolgen, auf rechtswidrige Anordnungen adäquat zu reagieren und ggf. Befehle zu verweigern. Nichts anderes kann und muss aber auch hier gelten und den Angeklagten als Denkmodell zugestanden werden. Wenn sie von einer Völkerrechtswidrigkeit des Kosovo-Einsatzes ausgegangen sind, so war nach ihrer Vorstellung jede Auflehnung der eingesetzten Soldaten hiergegen (insbesondere also die hier möglichen Delikte der Fahnenflucht und Gehorsamsverweigerung) gerechtfertigt.

Ein Zuwarten der Angeklagten auf eine richterliche Entscheidung über die Völkerrechtswidrigkeit vor der Veröffentlichung des hier in Rede stehenden Artikels war weder zumutbar noch opportun.

Es ist hier festzustellen, dass keiner der Angeklagten in irgendeinem Punkt einem Irrtum erlegen ist; aufgrund der von ihnen geäußerten Auffassung aber waren nach ihrer Auffassung aber die Handlungen, zu denen aufgefordert wurde, gerechtfertigt. Bei dem Angeklagten fehlte daher der Vorsatz, zu rechtswidrigen Taten aufzufordern, so daß ein strafbares Verhalten nicht verwirklicht wurde. Da es insofer schon bei den Erstunterzeichnern an einer Straftat fehlt, konnte sich auch der Angeklagte Ruch als Anzeigenredakteur nicht strafbar machen.

Abgesehen davon, dass die Angeklagten schon nicht vorsätzlich eine Straftat begannen haben, ist aber auch festzustellen, dass wohl kaum von einer ernsthaften Aufforderung zu Straftaten auszugehen ist, sondern von einer Meinungsäußerung in einer Zeitung, die quasi pointiert in der Aufforderung gipfelt, die eingesetzten Soldaten mögen die Truppe verlassen und sich gegen den Einsatz auflehnen. Hierbei ist in Erwägung zu ziehen, dass im Kosovo nur Freiwillige aus seiten der Bundeswehr eingesetzt waren, die wohl kaum – davon sind wohl auch die „Erstunterzeichner" ausgegangen – die Berliner „tageszeitung" lesen, sich daraufhin einer anderen Überzeugung anschließen und sodann Befehle verweigern. Der veröffentliche Artikel bzw. die verteilten Handzettel sind daher rechtlich als nichts anderes als Meinungsäußerungen der Unterzeichner zu werten.

Die Angeklagten waren daher aus rechtlichen Gründen freizusprechen.

Die Kostenentscheidung folgt aus
§ 467 StPO.

Brinkmann
Richterin am Amtsgericht

Quelle: Offizierbrief, 34/35, Kassel, S. 24-25
hg. von der Männerarbeit der Evangelischen Kirche Deutschlands, Männerarbeit der EKD, Garde-du-Corps-Straße 7, 34117 Kassel

Die Staatsanwaltschaft Berlin hat gegen das Urteil Berufung eingelegt.

Pressedokumentation

Mahnwache gegen

PROTEST 50 Demonstranten vor der US-Botschaft.

MEHLEM. „Verhandeln statt verwüsten", „Stoppt den Krieg am Golf", „Hört auf mit dem Schießen" – solche und ähnliche Parolen waren am Samstag nachmittag bei der vom Bonner Friedensbüro organisierten Mahnwache und Protestkundgebung auf den Schildern der Teilnehmer zu lesen. 50 Bürger hatten sich friedlich vor der amerikanischen Botschaft versammelt, um gegen den Krieg am Golf zu demonstrieren.

Das Bonner Friedensbüro, das solche und ähnliche Friedensaktionen koordiniert und organisiert, hatte auch verschiedene Referenten zu der Veranstaltung eingeladen, unter anderem Clemens Ronnefeldt, Referent für Friedensfragen des deutschen Zweiges des Internationalen Versöhnungsbundes, der beispielsweise Öffentlichkeitsarbeit gegen Rüstungsexporte betreibt. Ronnefeldt hatte bereits 1990 an einer Friedensdelegation in Bagdad teilgenommen.

„Die Bombardierung Bagdads ist völkerrechtswidrig", sagte Ronnefeldt. Es gebe keinen entsprechenden Beschluß der Vereinten Nationen. Außerdem gehe es nur um wirtschaftliche Ziele. So seien beispielsweise die USA und Großbritannien bei den Milliarden-Ölverträgen mit dem Irak leer ausgegangen und daher verstimmt. Ronnefeldt forderte das sofortige Ende der Bombardierung. „Unschuldige Opfer sind dadurch betroffen." Eine Demokratisierung müsse in der Region erfolgen, und es müßte nicht nur mit dem Irak verhandelt werden, sondern auch mit den umliegenden Ländern. Eine Konferenz für eine ABC-waffenfreie Zone mit Israel müsse ebenfalls einberufen werden. „Vor allem muß man wieder zum Völkerrecht zurückkehren", sagte Ronnefeldt. fis

Bonner Generalanzeiger, 21.12.1998

den Krieg im Irak

„Die Bombardierung Bagdads ist völkerrechtswidrig“

Friedlich setzten sich *die Demonstranten vor der US–Botschaft für das Ende der Bombardierungen im Irak ein.* FOTO: BARBARA FROMMANN

Nachrichten

Vom Faust- zum Völkerrecht zurückkehren

Zu *USA schießen erneut in Flugverbotszone (FR vom 12. 1. 1999)*: Zur Errichtung der Flugverbotszonen im nördlichen Irak kam zwar noch eine UN-Resolution (688) zustande, diese wurde aber nicht unter Kapitel VII verabschiedet — was allein rechtlich für die derzeitigen Aktionen relevant ist. Für die südliche Flugverbotszone gab es überhaupt keine Resolution, geschweige denn eine Ermächtigung zum militärischen Handeln.

In beiden Gebieten liegen die Hauptölvorkommen, die offenbar kontrolliert werden sollen. Sollte wirklich — wie behauptet — die kurdische Bevölkerung geschützt werden, müßte die Zone über die Türkei ausgedehnt werden, und Saddam Hussein hätte 1996 nicht ungehindert einen Teil der kurdischen Führung umbringen lassen können.

1953 wurde in Iran mit Hilfe der USA die Regierung Mossadegh gestürzt, welche die Vorläuferfirma von BP verstaatlicht hatte. Die USA und Großbritannien strangulierten das Land zunächst mittels eines Embargos; die sozialen Unruhen nutzte die CIA dann, um den Schah an die Macht zu bringen. Selbst nach acht Jahren Embargo und Hunderttausenden Toten will ähnliches in Irak einfach nicht gelingen.

1972 wurden in Irak die amerikanischen und britischen Ölgesellschaften verstaatlicht. Durch den iranisch-irakischen Krieg 1988 schwer verschuldet, überfiel Saddam Hussein Kuwait. Damit wurde Irak kurzzeitig seine dortigen Milliarden-Schulden (Kriegskredite zur Eindämmung Irans) los, hatte zu den eigenen ca. 10 Prozent Öl-Weltmarktanteilen noch ca. 10 Prozent „hinzugewonnen" — und hätte erheblichen Einfluß auf den sich wegen Überproduktion im Keller befindenden Erdöl-Preis nehmen können. Die Elite Kuwaits erzielte bereits vor 1990 höhere Profite durch westliche Aktien als durch den Ölverkauf, weshalb ihr ein hoher Ölpreis kontraproduktiv erschien.

Schon im Juni 1990 präsentierte General Schwarzkopf, Oberkommandierender im zweiten Golfkrieg, den CENTCOM-Plan 1002-90 eines Krieges gegen Irak — 2 Monate vor dem Überfall auf Kuwait. Der größten „Zwangsabrüstungsaktion" der Geschichte, dem zweiten Golfkrieg von 1991, folgte das Embargo mit gleichem Ziel (. . .).

In jüngster Vergangenheit hatte Irak gewagt, milliardenschwere Ölverträge unter anderem mit Rußland, Frankreich und China, den großen US-Gegenspielern, für die Zeit nach dem Embargo abzuschließen. Die Vier-Tage-Bombardierung nimmt die neue Nato-Doktrin vorweg, die ohne UN-Mandat weltweit westliche Interessen „schützen" soll. In Kürze könnte sich ähnliches wie in Irak am Kaspischen Meer abspielen, wo heftige Konkurrenzkämpfe zwischen amerikanischen, russischen und chinesischen Ölfirmen entbrannt sind. Es wird höchste Zeit, vom Faust- zum Völkerrecht zurückzukehren.

Clemens Ronnefeldt, Versöhnungsbund
Krastel

Frankfurter Rundschau, 18.1.1999

Friedensbewegung

Rot-grüner Kosovokurs gefährlich

Vereine besorgt über Bekenntnisse zu Militärschlag

Von Thomas W. Klein

Der deutsche Zweig des internationalen Versöhnungsbundes hat in einer Stellungnahme zum drohenden NATO-Einsatz auf dem Balkan die Äußerungen des außenpolitischen Sprechers der SPD, Günter Verheugen, zu einem militärischen Kosovoeinsatz als »befremdlich« bezeichnet. In einer von Clemens Ronnefeldt, dem Referenten für Friedensfragen beim Versöhnungsbund, herausgegebenen Pressemitteilung wird der SPD-Politiker zu einer Korrektur seiner Aussagen aufgefordert. Verheugen hatte dieser Tage gesagt, die Sozialdemokraten könnten sich vorstellen, einem Militärschlag der NATO im Kosovo auch ohne ein Mandat des UN-Sicherheitsrat zuzustimmen. Der als neuer Außenminister gehandelte Joschka Fischer hat einen NATO-Einsatz ohne UN-Mandat lediglich als »problematisch« bezeichnet, und damit die Haltung seiner Partei zu einem vom Völkerrecht nicht gedeckten Einsatz der NATO offengelassen. Warnungen aus dem pazifistischen Flügel der Partei weisen bereits deutlich auf dessen Sorgen vor eigenmächtigen Entscheidungen der Parteiprominenten hin.

In der zukünftigen Regierungskoalition scheint nicht der Militärschlag, sondern nur noch umstritten zu sein, ob dieser auch ohne UN-Mandat erfolgen kann. Für den Versöhnungsbund wäre dies »der denkbar schlechteste Beginn einer rot-grünen Regierung«. Auch der »Bund für soziale Verteidigung« und die »Aktionsgemeinschaft Dienst für den Frieden« (AGDF) haben die NATO-Mitgliedstaaten aufgefordert, ihr »militärisches Muskelspiel« einzustellen. Der »Bund für soziale Verteidigung« wies darauf hin, daß ein Militärschlag auch die befürchteten neuen Flüchtlingsbewegungen nach Westeuropa wohl kaum verhindern würde.

Neues Deutschland, 10./11.10.1998

Tageszeitung (taz) Berlin, 26.3.1999

„Im Land herrscht Resignation“

■ Im Kosovo ist Krieg – von der deutschen Friedensbewegung hört man nichts. Clemens Ronnefeldt vom Internationalen Versöhnungsbund über den verschwindenden Pazifismus in der Bundesrepublik

taz: ***Zum ersten Mal seit über 50 Jahren sind deutsche Soldaten wieder im Krieg – und nichts passiert. Mit Selbstverständlichkeit, fast mit Gleichgültigkeit reagieren die Deutschen auf diese Zäsur. Woran liegt das?***

Clemens Ronnefeldt: Man kann nicht sagen, daß die Friedensbewegung in den letzten Jahren untätig war.

Das war nicht meine Frage. Ich habe Ihnen noch gar keinen Vorwurf gemacht.

Ich will nur deutlich machen, daß die Friedensbewegung dem,

Ihre Initiative in allen Ehren – aber von gesellschaftlichem Protest kann man hier wohl nicht reden. Ist aus dem pazifistischen Deutschland der 70er und 80er Jahre eine kriegsbereite Nation geworden?

Gerhard Schröder hat kürzlich gesagt, vor einem Jahr wäre er noch erschlagen worden, hätte er damals Leopard-Panzer nach Makedonien geschickt. Heute tut er das – ohne klare völkerrechtliche Grundlage. Daraus kann man schließen, daß es in diesem Jahr einen Ruck nach rechts gegeben hat,

Ansätze von Friedensgruppen wie das Balkan-Peace-Team, das Helsinki-Komitee für Menschenrechte oder die norwegische Nansen-Gruppe, die in Workshops und Seminaren Serben und Albaner zusamengenbracht haben, sind von außen in keinster Weise unterstützt worden. Es hätte viele Möglichkeiten gegeben, den Kosovo-Konflikt friedlich zu lösen. Sie sind von der internationalen Gemeinschaft entweder nicht gewollt oder leichtfertig verschenkt worden.

An welche Vorschläge denken Sie?

kam. Dahinter stecken strategische Interessen der Amerikaner. Aus einer Studie der Bundeswehr geht hervor, daß die USA das Kosovo ganz klar als Präzedenzfall sehen. Er soll ihnen ermöglichen, auf ähnliche Konflikte im Kaukasus, wo große amerikanische und russische Ölgesellschaften um Einfluß kämpfen, ebenfalls mit einer Intervention zu reagieren. Die Amerikaner haben die UNO im Kosovo-Konflikt mit Absicht ins Leere laufen lassen, um die Nato als einzige weltweit operierende Ordnungsmacht zu etablieren. Dafür werden was im Kosovo passiert, seit Jahren nicht gleichgültig gegenübersteht. Wir sind mit vielen Initiativen auf dem Balkan aktiv. Davon erfährt die Öffentlichkeit leider nur selten.

Noch einmal meine Frage: Warum gibt es in Deutschland keine öffentliche Erregung darüber, daß die Bundeswehr in ihren ersten Kampfeinsatz zieht?

Es herrscht im Land eine Resignation. Die hat wohl damit zu tun, daß viele Erwartungen an die rot-grüne Regierung bezüglich einer zivileren Außenpolitik enttäuscht worden sind. Das rot-grüne Projekt ist tot.

Und deswegen kein Protest?

Es gibt ja Protest. Wir als Versöhnungsbund beispielsweise haben dazu aufgerufen, daß sich Bundeswehrsoldaten bei diesem Nato-Einsatz völkerrechtswidrigen Befehlen widersetzen sollen, der nicht vorhersehbar war. In Jahrzehnten gewachsene grundgesetzliche und völkerrechtliche Errungenschaften werden einfach über Bord geworfen.

Die Welt hat sich seit 1989 auch radikal verändert. Ist die Friedensbewegung vielleicht einfach nur das letzte Opfer des Mauerfalls?

Tatsache ist, daß die Friedensbewegung derzeit darniederliegt. Dabei wäre das frühe Erkennen von Konflikten und ihre zivile Lösung heutzutage wichtiger denn je. Die deutsche Bevölkerung ist in den letzten Jahren jedoch Stück für Stück an die Militarisierung der Außenpolitik gewöhnt worden.

Wie definieren Sie Pazifismus angesichts der humanitären Katastrophe, die sich im Kosovo abspielt?

An die Balkan-Dauerkonferenz, die in eine Balkan-Föderation hätte münden können, oder an den Balkan-Marshallplan, mit dem die ganze Region wirtschaftlich entwickelt werden sollte. Es gab die Idee, einen albanischen Rat einzurichten. Nach dem Vorbild des irischen Rats hätte man die Grenzen nicht angetastet, aber die verschiedenen ethnischen Gruppen in einem internationalen Gremium zusammenbinden können. Möglich gewesen wäre auch ein internationales Protektorat. Das Kosovo wäre so drei Jahre lang unter UN-Kontrolle gestellt worden.

Warum wurden all die Chancen nicht genutzt?

Die Europäer haben sich zu leicht dem Druck der Amerikaner gebeugt, für die als einzige Lösung im Kosovo von Anfang an nur eine militärische Intervention in Frage kam. Dafür werden wir noch einen hohen Preis bezahlen.

Viele Menschen glauben nicht mehr, was Sie sagen. Sie sind in den letzen Jahren zu der Überzeugung gekommen, daß man angesichts solcher Diktatoren wie Saddam Hussein oder Milošević mit Moral, westlichen Werten und ziviler Konfliktregelung nicht mehr weit kommt. Fühlen Sie sich manchmal altmodisch?

Ich war seit 1992 zwölfmal im ehemaligen Jugoslawien. Ich habe vor Ort immer wieder die Erfahrung gemacht, daß es möglich ist, Konfliktparteien an einen Tisch zu kriegen. Allerdings unter einer Voraussetzung: Neutrale Gruppen ohne Eigeninteressen müssen als Vermittler auftreten. Und diese Haltung halte ich überhaupt nicht für altmodisch.

Interview: Jens König

Frankfurter Rundschau, 30.3.1999

„Man hat die UN bewußt ins Leere laufen lassen"

Der Friedensaktivist Ronnefeldt geht mit dem Verhalten der Europäer ins Gericht

Von Monika Kappus (Bonn)

Große Resignation über Rot-Grün und Gewöhnung an die schleichende Militarisierung der deutschen Gesellschaft macht Clemens Ronnefeldt vom Internationalen Versöhnungsbund mit dafür verantwortlich, daß sich kaum ziviler Protest gegen den Krieg um Kosovo regt. „Die Friedensbewegung als Massenbewegung ist derzeit sehr schwach", gesteht der Spezialist für zivile Konfliktbewältigung im Gespräch mit der *FR*. Das könne sich jedoch durch die Ostermärsche ändern.

Schon nach der Wiedervereinigung habe sich in Deutschland das Gefühl breitgemacht, wieder Machtpolitik auf dem Balkan betreiben zu können — etwa mit der vom damaligen Außenminister Hans-Dietrich Genscher (FDP) vorangetriebenen Anerkennung Kroatiens. Bei den Verhandlungen über eine neue Nato-Doktrin falle auf, daß speziell die deutschen Unterhändler den Mittelmeerraum ins Blickfeld rückten.

Hinter dem Krieg um Kosovo stehe unter anderem der ungelöste Ost-West-Konflikt. Die Nato wolle sich als einzige Ordnungsmacht an den UN vorbei etablieren. Mit dem Angriff auf Jugoslawien werde ein Muster erprobt, nach dem die USA die Nato auch einsetzen könnte, um den Kampf gegen Rußland um „überlebenswichtige Rohstoffe im Kaukasus" auszufechten, wie ein Studie der Universität der Bundeswehr in Hamburg belege.

Allerdings schließt Ronnefeldt nicht aus, „daß der Kosovo-Krieg sich zum Sprengsatz für die Nato selbst entwickelt, der sie ihren 50. Geburtstag im April nicht mehr in ihrer derzeitigen Staatenkoalition erleben läßt". Das Konfliktpotential lasse sich nicht regional begrenzen. Die albanische Minderheit in Mazedonien werde gestärkt, Bosnien-Herzegowina destabilisiert, die türkischen und griechischen Streitkräfte seien in Alarmbereitschaft, Rom und Athen scherten möglicherweise aus der Angriffsfront aus.

Daß deutsche Pazifisten erst vereinzelt gegen den Angriffskrieg aufbegehren, führt Ronnefeldt mit auf „die Lähmung und Resignation zurück, die enttäuschte Erwartungen an ein rot-grünes Reformprojekt erzeugen". Diejenigen, die auf eine zivilere Außenpolitik gesetzt hätten, sähen sich getäuscht. Außenminister Joschka Fischer (Grüne) hätte nach Ansicht Ronnefeldts nicht zulassen dürfen, daß die UN ausgeschaltet wurden. Gerade als EU-Ratspräsident hätte er darauf bestehen müssen, die OSZE-Beobachtermission aufzustocken oder Belgrad für eine UN-Truppe unter Beteiligung Rußlands zu gewinnen. Statt dessen habe man die UN „bewußt ins Leere laufen lassen". Die Europäer seien eingeknickt und hätten nicht genügend Rückgrat gegenüber den USA gezeigt.

Die fünf Millionen Mark, die die Bundesregierung für zivile Konfliktbearbeitung bereitgestellt habe, seien ein Hoffnungspflänzchen gewesen. Doch angesichts der Ausgaben für den Kosovo-Krieg werde deutlich, wie schwach die Unterstützung durchaus agiler ziviler Kräfte sei und „welchen enormen Druck die Rüstungsindustrie ausübt". Der Rüstungsetat sei auch unter Rot-Grün nicht zusammengestrichen worden. Die Bundeswehr werde zu einer Zwei-Klassen-Armee aufgerüstet, aufgeteilt in Krisenreaktions- und Verteidigungskräfte. „Erstere werden nach den verteidigungspolitischen Richtlinien von 1992 der Aufrechterhaltung des Zugangs zu Märkten und Rohstoffen dienen", sagt Ronnefeldt bitter.

Aus der Friedensbewegung hervorgegangene Initiativen müßten jetzt vor allem Stimmung für ein Ende der Nato-Bombardements erzeugen. Dazu gehöre auch, involvierte deutsche Soldaten zur Befehlsverweigerung aufzurufen. Die Nato wisse selbst nicht, wie es weitergehen solle, nachdem sich das Leid seit Kriegsbeginn potenziert habe. Womöglich müßten „positive Sanktionen" wie etwa ein Balkan-Marshallplan Jugoslawien zum Einlenken bewegen.

„Wir brauchen Waffenstillstand"

100 Demonstranten protestierten gegen den Nato-Einsatz in Jugoslawien

MAINZ. In Mainz wird Protest gegen die Militäraktionen der Nato in Jugoslawien laut. Rund 100 Demonstranten versammelten sich am Donnerstag abend in der Emmeransstraße zu einer Friedenskundgebung. Ihre Forderung: „Nein zum Krieg". Mehrere Friedensinitiativen und linke Gruppierungen hatten zu der Veranstaltung aufgerufen.

Clemens Ronnefeldt vom Versöhnungsbund erläuterte als Hauptredner die Gründe für den Widerstand. „Die humanitäre Katastrophe hat sich durch die Nato-Bomben nicht verringert, sondern verschlimmert. Statt eine Begrenzung des Krieges zu erreichen, droht seine Ausweitung."

Ronnefeldt erklärte, daß es Alternativen zu einem Eingriff der Nato gegeben habe. So sei kein Versuch gestartet worden, ähnlich wie im Nordirland-Konflikt einen Rat zu installieren, in dem alle Konfliktparteien vertreten sind. Und während die Schweiz die Konten eingefroren habe, auf denen Geld für Waffen gesammelt wurde, habe Deutschland eine solche Maßnahme abgelehnt. Ronnefeldts Schlußfolgerung: „Die Nato soll als ein ordnungsschaffendes Element auf dem Balkan etabliert werden."

Das geschieht nach Ansicht der Protestler gegen das Völkerrecht. Die Nato habe sich selbst zu ihren Aktionen ermächtigt, die Vereinten Nationen spielten dagegen keine Rolle mehr. An diesem Rechtsbruch sei auch Deutschland beteiligt: „Deutsche Soldaten nehmen an strafbaren Handlungen teil."

Zwar ist Ronnefeldt es leid, daß die Aktiven der Friedensbewegung gewaltfreie Lösungen vorschlagen sollten, während die Befürworter militärischer Aktionen „die Kohlen immer wieder ins Feuer werfen". Für zwei Forderungen bat Ronnefeldt die Öffentlichkeit aber doch um Unterstützung: „Wir brauchen einen sofortigen Waffenstillstand. Und wir müssen den Flüchtlingen helfen, um Leid zu verringern." (ver)

Mainzer Rhein-Zeitung, 3/4.4.1999

Warnung vor

Kritischer Rückblick auf den Kosova-Krieg

red.– Zu einer Informationsveranstaltung zum Thema „Der Krieg im Kosova – ein Jahr danach" hatte das Ausländerpfarramt in Zusammenarbeit mit dem Friedensforum Stromberg-Waldalgesheim, dem Netzwerk am Turm, der DFG-VK Bad Kreuznach und dem Katholischen Bildungszentrum eingeladen. Als Referent des Abends begrüßte Siegfried Pick den Referenten für Friedensfragen beim deutschen Zweig des internationalen Versöhnungsbundes, Clemens Ronnefeldt aus Krastel.

Anhand zahlreicher Quellentexte der Kosovo-OSZE-Mission und des Auswärtigen Amtes belegte der Referent, dass die einseitige Schuldzuweisung an die serbische Seite aufgrund der inzwischen öffentlich zugänglichen Texte nicht länger haltbar sei. So habe sich beispielsweise die Jugoslawische Armee nach der Vereinbarung zwischen Milosevic und Holbrook vom Oktober 1998 zur OSZE-Stationierung an die getroffene Abmachung zum Truppenrückzug gehalten, von Seiten der albanischen UCK seien daraufhin allerdings die geräumten Gebiete unverzüglich neu besetzt worden. „In dieser Phase hätte Druck auf die albanische Seite ausgeübt werden müssen – statt dessen entschied sich die NATO, zur Luftwaffe der UCK zu werden", so Ronnefeldt, der sich seit 1992 in Flüchtlingslagern in Kroatien und Bosnien-Herzegowina engagiert. Selbst danach, als die serbische Polizei und Armee mit unverhältnismäßiger Härte zurückschlug, habe es noch Chancen gegeben, eine diplomatische Lösung zu finden.

Die neue Nato-Doktrin, die am 24.4.99 auf dem 50-jährigen Gipfel in Washington feierlich verkündet worden war, beinhalte als ein wesentliches Element Militäreinsätze auch ohne Zustimmung der UNO. „Der Kosovo-Jugoslawienkrieg war gewissermaßen der Testlauf, ob sich das westliche Militärbündnis trauen würde, sich über die Interessen Russ-

Allgemeine Zeitung Mainz, 22.3.2000

neuer Kriegsgefahr

Clemens Ronnefeldt fordert Balkan-Dauerkonferenz

lands und Chinas hinwegzusetzen", so der Referent. UNO und OSZE seien quasi entmachtet worden, um die NATO als weltweit funktionierende Ordnungsmacht etablieren zu können.

Anhand einer Studie der Universität der Bundeswehr in Hamburg belegte Ronnefeldt, dass der Einsatz der NATO in diesem Krieg auch als Präzedenzfall für künftige mögliche Einsätze im Kaukasus angesehen werde, wo sich russische und amerikanische Ölkonzerne schon jetzt heftige Konkurrenzkämpfe lieferten.

Die NATO, deren Glaubwürdigkeit auf dem Spiel stand, sei keineswegs eine neutrale Vermittlungsinstanz gewesen, sondern habe durch ihre Eigeninteressen die Eskalation noch erheblich verschärft. Nach Aussage des früheren CDU-Staatssekretärs im Verteidigungsministerium, Willy Wimmer, der seit einigen Jahren Vizepräsident der Parlamentarischen Versammlung der OSZE ist, hätten vor allem die USA die OSZE bei einer zivilen Lösung, die durchaus möglich gewesen sei, sogar aktiv behindert.

Ronnefeldt forderte zu einem kritischen Umgang mit Nachrichten in Kriegszeiten auf. Eine Aufarbeitung dessen, war wirklich geschehen sei, sei dringend notwendig. Flüchtlinge und Kriegsdienstverweigerer in Kosovo wie auch in Serbien seien nach wie vor auf Hilfe angewiesen, noch immer existierende Friedens- und Menschenrechtsgruppen könnten auch aus Deutschland unterstützt werden

Für die Lösung der nach wie vor offenen Fragen forderte Ronnefeldt die Einrichtung einer Balkan-Dauerkonferenz nach Vorbild der KSZE/OSZE. Eindringlich warnte er vor einer neuen Kriegsgefahr durch die beabsichtigte Abtrennung Montenegros, sowie vor neuen Kämpfen an der südserbischen Grenze, wo die Spannüngen zwischen der serbischen und albanischen Bevölkerung sich verschärften.

Frankfurter Rundschau **FREIE**

Die Seite Drei

„Happy“ dürften bei Scharpings „Erfolgsstory“ nur die

Zu *Motivationsschub in Zeiten knapper Kassen (FR vom 5. 5. 2000):* „Die Partnerschaft zwischen Bundeswehr und Wirtschaft“, jubilierte der Minister (Anm. d. Verf.: Rudolf Scharping), „verspricht zu einer Erfolgsstory zu werden“, so schrieb Axel Vornbäumen und führte aus: „Wenn ein General dafür Anreize bekomme, dass er Profit macht, dann, so ein Manager, sei die Bundeswehr auf dem richtigen Weg“.

Wie das mögliche „Happy End“ dieser „Erfolgsstory“ aussehen könnte, hat im Bonner „Behörden Spiegel“, Novemberausgabe 1998, Generalmajor a. D. Dr. Johannes Gerber, bis 1980 stellvertretender Kommandierender General des III. Korps in Koblenz, (. . .) ausgeführt. Unter der Überschrift „Zur Wirtschaftlichkeit der Bundeswehr“ gab er einen Vorgeschmack dessen, was Minister Scharping nun beginnt, in die Tat umzusetzen.

Gerber: „Wie aus aktuellen Ereignissen erkennbar, wird sich auch der Einsatz militärischer Dienstleistungen nicht vermeiden lassen. Dazu bedarf es gut ausgebildeter und auftragsgemäß ausgerüsteter Interventionsverbände. . . . Die Politiker als die Träger des Primats der Politik und die militärische Führung als Exekutive mit der Institution des Befehls und Gehorsams bekommen damit eine bisher noch nicht definierte Verantwortung. Sie kann berechenbar gemacht werden durch die Frage nach der Rentabilität eines militärischen Eingreifens, Rentabilität als die betriebswirtschaftliche Überlegung einer Kosten-Nutzen-Rechnung einer militärischen Unternehmung. Unter Kosten ist hier vor allem das Wertvollste, über das das Primat der Politik verfügt, der Einsatz seiner Bürger, des Humankapitals der europäischen Nationen, zu verstehen“.

Gerhard Schröder scheint schon einmal den Taschenrechner bemüht zu haben, als er den deutschen Soldaten in Kosovo für ihren Einsatz mit den Worten dankte: „Sie nehmen damit uns in Deutschland die Notwendigkeit ab, die Menschen bei uns zu beherbergen“ *(FR vom 24. 7. 1999).* Der Vordenker Dr. Johannes Gerber geht noch einige Schritte weiter: „Die Verschuldung der Bundesrepublik liegt am Rande der Verfassungswidrigkeit, Artikel 115 GG. . . . Für militärische Unternehmungen, die im öffentlichen Interesse liegen, könnten öffentliche Anleihen aufgelegt werden. Für militärische Unternehmungen, die beispielsweise einzelne Branchen begünstigen, z. B. Ölproduzenten, könnten diese als Sponsoren oder für Teilunterstützung herangezogen werden. Weiterhin ist zu denken an Betreiberfonds für Depots, Schulen, Kasernen mit dem Ziel wirtschaftlicher Nutzung nicht benötigter Teile“.

Ihre Zuschriften erreichen uns
auf dem Postweg:
Frankfurter Rundschau
Redaktion Freie Aussprache
60266 Frankfurt am Main
oder als E-Mail mit vollständiger Anschrift und Telefonnummer unter der Adresse:
FR-LESERBRIEFE@COMBOX.DE
Anhängende Dateien und MIME-kodierte Mails können nicht verarbeitet werden.

Frankfurter Rundschau, 15.5.2000

Vertreter eines wirtschaftlichen Neoliberalismus sein

Werden wir bald - natürlich im Pay-TV - Werbespots der Art sehen: „Dieser Golfkrieg wurde Ihnen präsentiert von Exxon/Amoco/BP/Shell . . ."? Gerber schlägt folgende Unterscheidung vor: „Den europäischen Militärbetrieben sind zwei Ziele gesetzt: Verteidigung des Nato-Territoriums und weltweiter Einsatz zum Schutze der Menschenrechte. . . . Die Aufträge sind zu unterschiedlich. Es ist daher folgendes vorzuschlagen: Die Landesverteidigung ist zu vereinen mit der Zivilverteidigung in eine selbständige Institution im Sinne eines öffentlichen Betriebes. Nur eine solche Institution ist berechtigt, die Bezeichnung Bundeswehr zu tragen. Die militärischen Dienstleistungen für humanitäre Zwecke, Krisenmanagment etc. bedürfen einer anderen Organisation, anderen Personals und Ausstattung.

Auf Grund der unterschiedlichen Aufträge muß eine Verzahnung als unwirtschaftlich angesehen werden. Sie verhindert den reibungslosen Ablauf beider Aufträge. Ihre Bezeichnung sollte Deutsche Streitkräfte lauten, wie bei anderen Armeen üblich. Beide Institutionen müssen in einen Rahmen gestellt werden, der unternehmerisches Denken und Handeln ermöglicht. Unternehmerische Freiheit ist notwendig, um die Einsätze selbstverantwortlich auf eigener ökonomischer Grundlage zu führen. Es darf nicht fremdbestimmt werden über Einsätze oder Verlängerung derselben, die vorher nicht vereinbart waren, deren Finanzierung nicht sichergestellt ist.

Gesteuert werden die beiden Unternehmen über eine Holdinggesellschaft als Finanzierungs- und Investitionsgesellschaft. Sie ist eine Gruppe von Personen aus dem politischen Bereich und der Exekutive. Sie steuert durch Zuteilung von Mitteln jeweils nach aktueller Lage den Schwerpunkt der militärischen Dienstleistung". So weit Gerber. Wenn dieses mögliche „Happy End" der von Minister Scharping eingeleiten „Erfolgsstory" Realität werden wird, soll niemand sagen, es sei nicht vorhersehbar gewesen.

„Happy" dürften dann allerdings lediglich die Vertreter eines ungezügelten Neoliberalismus sein, für den ursprünglich von den Grundgesetz-Vätern anvisierten Zweck der Bundeswehr wäre damit das „Ende" gekommen. Wem die Vision des Generalmajor a. D. (noch) utopisch-phantastisch erscheint, der möge sich einen Augenblick bewusst machen, was er einem Menschen geantwortet hätte, der 1988 behauptet hätte, die Nato würde im Jahre 2000 ein Großmanöver „Schild des Friedens" in den Staaten Ukraine, Bulgarien und Estland durchführen. Vermutlich wäre dieser Person von der Bevölkerungsmehrheit eine Untersuchung auf geistige Zurechnungsfähigkeit angeraten worden - und dennoch ist dies heute Wirklichkeit.

Clemens Ronnefeldt, Internationaler Versöhnungsbund, Krastel

Veröffentlichungen in dieser Rubrik sind keine redaktionelle Meinungsäußerung. Die Redaktion behält sich das Recht auf Kürzungen vor. (Red.)

War der Krieg gegen Jugoslawien ein Muster für zukünftige Kriege? Oder war er „ein abschreckendes Beispiel"? Was ist Friedenspolitik heute? Zu dieser Frage hatte die nrw taz münster zu einer Podiumsdiskussion geladen. Konkret ging es darum, welche Lehren aus dem Jugoslawien-Krieg gezogen werden, welche Rolle die Grünen spielen und wie die Friedensbewegung künftig agieren kann.
Dass Konsequenzen gezogen werden müssen, ist mehr als deutlich. Der Krieg gegen Jugoslawien war eine deutliche Zäsur: Erstmals beteiligte sich die Bundeswehr aktiv an einem Krieg, und dann auch noch unter

„Zu einer Koalition der Vernunft kommen": Die Diskussion in Münster

„Friedenspolitik muss sich mit Ökonomie befassen"

Clemens Ronnefeldt ist Referent für Friedensfragen bei der deutschen Sektion des internationalen Versöhnungsbundes.

Kriege werden derzeit vornehmlich in der südlichen Halbkugel ausgetragen. In etwa der Hälfte aller afrikanischen Staaten herrscht Krieg. Jetzt die gute Nachricht: Es gab im vergangenen Jahr 134 zwischenstaatliche Konflikte; 34 wurden gewaltsam ausgetragen, 100 mit diplomatischen Mitteln beigelegt. Mir scheint eine gewisse Verengung vorzuliegen darauf, Diktatur und Gewaltherrschaft militärisch zu überwinden. Deswegen ein paar Erinnerungen. Wie ist Südafrika zur Umkehr gebracht worden? Durch Boykottmaßnahmen. Wie hat man auf der Halbinsel Krim den Konflikt gelöst, als Tausende von Krimtataren zurückgekommen sind? Die OSZE organisierte eine Konferenz, an der auch Nicht-Regierungsorganisationen beteiligt waren. Zauberkünstler in Sachen Diplomatie.

Meine Frage: Was ist Friedenspolitik heute? korrespondiert mit der Frage: Wo sind die Herausforderungen? Ich zitiere aus einem

Tageszeitung (taz) Münster, 4.1.2001

einer rot-grünen Regierung. Eine Zäsur, die Bündnis 90/ Die Grünen nach der Zustimmung auf der Bielefelder Bundesdelegierten-Konferenz am Himmelfahrtstag 1999 bei den nächsten Wahlen spüren konnten: Viele Wähler blieben zu Hause. Eine Zäsur, die auch in Nordrhein-Westfalen Gräben zwischen Friedensbewegung und der Partei aufrissen.
Wir dokumentieren die Diskussionsbeiträge in Auszügen. Der vollständige Text der Veranstaltung „Was ist Friedenspolitik heute?" lässt sich demnächst im Internet nachlesen: www.taz-nrw.de

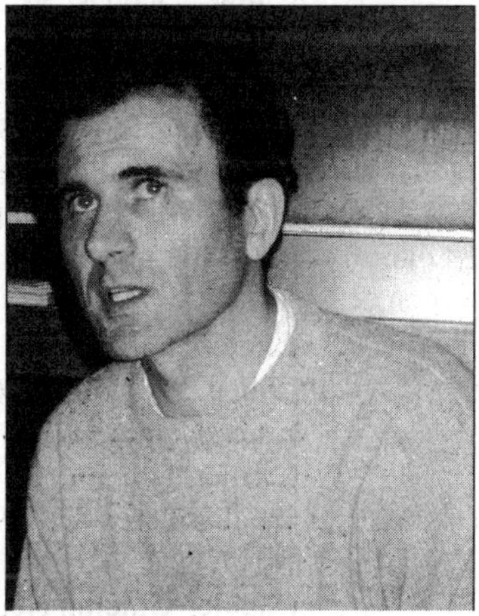

Clemens Ronnefeld FOTOS: KATHRIN VOGLER

Bericht der Vereinten Nationen: „Die Kluft zwischen Armen und Reichen hat sich verschoben von 1960 von 1:30 zu 1:74 im vergangenen Jahr." Friedenspolitik heute muss sich mit den ökonomischen Randfragen beschäftigen. An den Weltbörsen werden pro Tag 1,5 Billionen Dollar umgesetzt. Davon sind 97,5% reine Spekulationsmasse, Futures. „Ein freier Markt und eine weniger freie Gesellschaft gehen Hand in Hand." Meine Befürchtung ist, dass Militär dazu missbraucht wird, diese Unfreiheit der Globalisierung weiter auszubilden.

Was Friedenspolitik für mich ausmacht, heißt im militärpolitischen Umfeld die Anti-Minen-Kampagne, die den Nobelpreis bekommen hat, die Kampagne gegen das Kindersoldatentum, die Kampagne gegen Rüstungsexport. Im wirtschaftspolitischen Umfeld heißt für mich Friedenspolitik heute die Kampagne zur Reform von WTO, IWF und Weltbank. Die Kampagne zur Einrichtung eines internationalen Strafgerichtshofes. Und die Kampagne für ein demokratisches Kontrollorgan der internationalen Finanzmärkte. „Friedenspolitik heute" heißt Einführung einer Steuer auf internationale Finanztransaktionen; Verbot von spekulativen Derivaten; Stabilisierung der Wechselkurse zwischen den drei Hauptwährungen.

Ich will noch etwas dazu sagen, was Friedenspolitik für mich nicht ist. In den verteidigungspolitischen Richtlinien von 1992 werden die vitalen Sicherheitsinteressen Deutschlands genannt, unter Punkt 8 die Aufrechterhaltung des freien Welthandels und des ungehinderten Zugangs zu Märkten und Rohstoffen in aller Welt. Derzeit läuft die größte Reform der Bundeswehr seit ihrem Bestehen. Der wichtigste Punkt: Die Krisenreaktionskräfte werden von 60.000 aufgestockt auf 150.000. Im Grundgesetz heißt es in Artikel 87a: Der Bund stellt Streitkräfte zur Verteidigung auf. Ich stelle die Frage, ob diese Zahl noch mit dem Grundgesetz vereinbar ist. Es ist die Rede von Landesverteidigung und Bündnistreue außerhalb Deutschlands. Ist das noch Landesverteidigung, wenn außerhalb Deutschlands verteidigt wird?

Nach der derzeitigen Planung soll die Bundeswehr wie ein Wirtschaftsunternehmen geführt werden. Die Politiker und die militärische Führung bekommen damit eine bisher noch nicht definierte Verantwortung. Sie kann berechenbar gemacht werden durch die Frage nach der Rentabilität eines militärischen Eingreifens, eine Kosten/Nutzen-Rechnung. Unter Kosten ist der Einsatz der Bürger zu verstehen.

Es ist an der Zeit, dass wir zu einer Koalition der Vernunft kommen, um dieses Grundgesetz zu retten und nicht dem Ausverkauf preiszugeben.

„Ich frage mich: Ist das noch Landesverteidigung, wenn außerhalb Deutschlands verteidigt wird?"

Personenregister

Zum Autor:

Clemens Ronnefeldt, Dipl.-Theol., geb. 1960

1978: Kriegsdienstverweigerung und Zivildienst (1979-81) in Osthofen (Rhh.)
1981-1986: Studium an der Johannes-Gutenberg-Universität in Mainz und an der Phil.-Theol. Hochschule St. Georgen in Frankfurt a.M. von 1981-1986 (Diplom)
1982-83: Studienbegleitende Ausbildung zur Friedensarbeit an der Heimvolkshochschule Internationales Freundschaftsheim in Bückeburg.

Aus Sympathie für die lateinamerikanische Theologie der Befreiung arbeitete Clemens Ronnefeldt von 1986-1991 in einem selbstverwalteten Umweltschutzpapiergroßhandel im Hunsrück und unterstützte die dortige Friedensbewegung um den Cruise-Missile Stationierungsort Bell/Hasselbach.
Von 1986-1992 war er ehrenamtlicher Sprecher der katholischen Friedensbewegung Pax Christi im Bistum Mainz.
1990 gründete er u.a. zusammen mit Beate Ronnefeldt, Mediatorin und Kommunikationstrainerin, mit der er seit 1986 verheiratet ist, die Initiative Frieden am Golf (IFAG), mit der beide im November 1990 nach Bagdad reisten.

Seit 1992 ist Clemens Ronnefeldt Referent für Friedensfragen beim deutschen Zweig des internationalen Versöhnungsbundes und bereist seitdem die Balkanregion zur Unterstützung dortiger Friedensgruppen und Flüchtlingsinitiativen.
Seit 1994 begleitet er zusammen mit Alois Bauer, Referent für Frieden und Gerechtigkeit im Bistum Mainz, im Auftrag der Zivildienstseelsorgestellen Trier, Limburg, Mainz und Speyer Zivildienstleistende bei Einsätzen in Flüchtlingslagern auf dem Balkan.
1997 richtete er mit Unterstützung von United Nation Volunteers eine Beratungsstelle für rückkehrende Flüchtlinge für die Friedensfachkraft des Versöhnungsbundes, Cima Zdenac, in Sanski Most (Bosnien-Herzegowina) ein.
Seit 1992 gehört er dem Vorstand der Kampagne „Produzieren für das Leben - Rüstungsexporte stoppen" (Wiesbaden) an.

Internationaler Versöhungsbund - deutscher Zweig

Der Versöhnungsbund ist eine Vereinigung von Menschen, die sich aufgrund ihres religiösen Glaubens oder ihrer humanistischen Grundhaltung zur Gewaltfreiheit als Lebensweg und als ein Mittel persönlicher, sozialer und politischer Veränderung bekennen.

Er wurde im Geiste der Bergpredigt gegründet. Heute vereinigt er, außer Christinnen und Christen, auch Angehörige anderer Weltreligionen sowie Menschen ohne religiöse Bindung, die auf die Wirksamkeit und verändernde Kraft von Liebe und Wahrheit setzen.
Zweige des Internationalen Versöhnungsbundes haben sich auf allen Kontinenten und in fast allen westeuropäischen Ländern gebildet. Aufgrund vielfältiger Friedensinitiativen in der Zeit des Kalten Krieges ist auch eine enge Verbindung mit zahlreichen Menschen und Gruppen in Osteuropa entstanden. In Alkmaar (Niederlanden) besteht ein Sekretariat, das die internationale Arbeit koordiniert. Bei den Vereinten Nationen hat der Verband einen Beraterstatus. An der Gründung vieler anderer Organisationen und Initiativen für Gerechtigkeit und Frieden wie War Resisters International oder Service Civil International, Eirene oder Peace Brigades International war der Versöhnungsbund mit seinen Impulsen maßgeblich beteiligt.

Der Versöhnungsbund wurde auf einer Konferenz 1914 in Konstanz gegründet. Christen aus verschiedenen Ländern versuchten, den drohenden Krieg abzuwenden, weil sie Kriege grundsätzlich für unvereinbar mit dem Geist Christi hielten. Der Kriegsausbruch führte zum Abbruch der damaligen Konferenz. Die Teilnehmer jedoch gründeten anschließend den Versöhnungsbund als pazifistischen Verband in England und den USA, nach dem Krieg ebenfalls in Deutschland.

1919 schlossen sich Zweige aus zehn Ländern im Internationalen Versöhnungsbund zusammen. Der bestehende Militarismus - dies war das Hauptziel der Gründer - sollte überwunden und die Anerkennung der Kriegsdienstverweigerung durchgesetzt werden.

Im 2. Weltkrieg wurden viele Mitglieder des deutschen Versöhnungsbundes inhaftiert, weil sie den Dienst mit der Waffe verweigerten; zwei von ihnen - der katholische Priester Max Josef Metzger und der evangelische Publizist Hermann Stöhr - wurden wegen dieser Entscheidung umgebracht.

Nach dem Krieg kamen neue Aufgaben hinzu: Die Versöhnungsarbeit zwischen West und Ost, die Solidarität im Einsatz für Befreiung in Ländern der 2/3 Welt und der Erhaltung der natürlichen Lebensgrundlagen. Die Arbeit des Verbandes trug auch in Deutschland zur Gründung vieler Initiativen in der Friedensarbeit bei, darunter Aktion Sühnezeichen, Ohne Rüstung Leben, Bund für Soziale Verteidigung, Kampagne Produzieren für das Leben - Rüstungsexporte stoppen.

Der Versöhnungsbund arbeitet in erster Linie an der Basis, wo die einzelnen Mitglieder leben und je nach ihren persönlichen Möglichkeiten im Sinne der Ziele des Versöhnungsbundes tätig sind. Mitglieder haben sich in örtlichen Gruppen und in regionalen Verbänden zusammengeschlossen.

In einem Referat für Friedensfragen werden Hintergründe internationaler Militärpolitik und Rüstungsexporte recherchiert. Länderschwerpunkte sind Irak und das ehemalige Jugoslawien.

In einem Referat für ökumenische Arbeit und internationale Austauschprogramme werden Begegnungen zwischen vorwiegend jungen Menschen aus Deutschland, den Niederlanden, den USA, Tanzania, Osteuropa und Indien vermittelt.

Am Feiertag Christi Himmelfahrt beginnt jährlich eine viertätige Jahrestagung zu friedenspolitischen Themen wie z.B. der Dekade zur Überwindung von Gewalt.

Der Versöhnungsbund gibt den Vierteljahresrundbrief „Versöhnung“ und die Zeitschrift „Gewaltfreie Aktion“ heraus, die über Theorie und Praxis gewaltfreier Politik informieren.
Der Bezug beider Verbandsorgane ist im Mitgliedsbeitrag enthalten.

Wenn sie die Arbeit des Versöhnungsbundes unterstützen möchten, können sie dies durch ihre Mitgliedschaft oder durch steuerlich absetzbare Spenden tun.

Jeder Betrag, Dauerauftrag oder Einzugsermächtigung für das Konto des Versöhnungsbundes, Sparkasse Minden-Lübbecke, Kto.-Nr. 400 90 672, BLZ 490 501 01, ist herzlich willkommen.
Bitte geben Sie auf dem Überweisungsträger eine der nachfolgenden Stichworte als Zweckbestimmung an:

- „Irak“
- „Jugoslawien“
- „Referat für Friedensfragen“
- “Referat für Ökumene und Internationales“

Wenn Sie Mitglied werden möchten, schreiben Sie an den
Internationalen Versöhnungsbund - Deutscher Zweig
Geschäftsstelle
Ringstr. 9a
32427 Minden
Tel. 0571-850875
Fax: 0571-8292387
e-mail: Geschaeftsstelle@versoehnungsbund.de
homepage: www.versoehnungsbund.de